Les Etats-Unis et la démocratie

Collection « Penser le temps présent »

Cette collection a pour ambition de proposer au lecteur un ensemble de travaux – études et essais – portant sur les thèmes d'actualité ou aptes à éclairer les grands événements du temps présent.

Déjà parus

EPPREH-BUTET (Raphaël) (dir.), *Barack Obama à la présidence des États-Unis, Un bilan*, 2019.

LEE (Tony C.), *La Chine contre l'Occident et le Japon, Une étude psycho-culturelle sur l'origine du conflit (1990-2010)*, 2017.

COUE (Philippe), *Dragons furieux. Les avions spatiaux chinois*, 2017.

COOSEMANS (Thierry), *Les libéraux dans l'Union européenne. Richesse et diversité des partis libéraux dans 15 États membres. Tome 1 : Grande-Bretagne, Allemagne, Italie, France, Espagne, Portugal, Grèce – Tome 2 : Pays-Bas, Belgique, Grand-Duché de Luxembourg, Danemark, Suède, Finlande, Irlande, Autriche*, 2016.

EPPREH-BUTET (Raphaël), BEN BARKA (Mokhtar), *Le président Barack Obama à l'épreuve du pouvoir, Bilan de son premier mandat et perspectives d'avenir*, 2015.

BENBIH (Rachid), *Migrants d'Afrique de l'Ouest au Maroc*, 2015.

BENZENINE (Belkacem), *Penser la laïcité dans les pays arabes. De la Renaissance arabe à nos jours*, 2014.

CONTI (Bartolomeo), *L'islam en Italie. Les leaders musulmans entre intégration et séparation*, 2014.

GABRIEL-OYHAMBURU (Kattalin), *Du nationalisme au terrorisme basque*, 2014.

COSSE (Jean-Pierre), *Alain Juppé et le Rwanda*, 2014.

DA COSTA (Pascal), *États-Unis, Europe, Chine. Des États au cœur des crises financières et économiques mondiales*, 2013.

Anne E. Deysine

Les Etats-Unis et la democratie

L'Harmattan

Du même auteur :

La Justice aux États-Unis, QSJ, 1996.

Les États-Unis aujourd'hui, Permanence et changements, La Documentation française, 2006.

Les Etats-Unis, Une nouvelle donne, La Documentation française, 2010.

La Cour suprême des Etats-Unis : droit, politique et démocratie, Dalloz 2015

5-7, rue de l'École-Polytechnique ; 75005 Paris

http://www.editions-harmattan.fr

ISBN : 978-2-343-18617-7

EAN : 9782343186177

SOMMAIRE

Introduction

Bien qu'ils aiment à se qualifier de « première démocratie au monde », les États-Unis ont vécu la majeure partie de leur histoire sous un régime d'*apartheid* et nombre de leurs institutions sont tout sauf démocratiques, en partie parce que les Pères fondateurs craignaient autant la tyrannie que la démocratie. Dès lors, accuser le Président Trump de « miner la démocratie américaine » ou de susciter des « crises constitutionnelles » suppose de se mettre d'accord sur le caractère démocratique du système et des institutions. Si l'érosion des normes a commencé avant Trump, il y a changement d'échelle car celui-ci se livre à des attaques quotidiennes contre les normes écrites, la liberté de la presse, l'indépendance du pouvoir judiciaire et ne respecte pas non plus les normes non écrites, ces traditions pourtant indispensables au bon fonctionnement du système américain.

Plusieurs questions vont guider notre réflexion. Quelle est la part de l'existant et celle de la responsabilité de D. Trump dans la détérioration des institutions et le démantèlement des droits ? Dans ce contexte, les institutions américaines peuvent-elles résister à ces assauts et freiner la montée du populisme ou bien au contraire l'accompagner ? Si les institutions ont montré leur impuissance, un sursaut de la société civile et une mobilisation au niveau local et des États peuvent-ils changer la donne électorale ? Pour les partisans d'un sursaut démocratique, les suffrages qui vont s'exprimer en 2020 devraient conduire à un double changement : défaite de D. Trump, mais aussi élection d'un candidat qui ne soit ni populiste ni autocratique. La réponse se trouve à la fois dans l'Amérique profonde et dans les institutions qui accordent un poids disproportionné aux petits États et comtés, alors qu'ils ne représentent qu'un peu plus de 40 % de la population et de la croissance américaine. Ces questions et les réponses sont importantes pour les Américains : les dommages portés aux institutions sont sérieux, le démantèlement des droits civiques et politiques, économiques et sociaux s'est accéléré. Elles importent aussi pour le reste du monde : l'érosion de la composante institutionnelle du rêve américain contribue à la baisse au plan mondial du rayonnement des valeurs occidentales que sont le pluralisme, les libertés et les droits humains.

Retour sur l'élection de 2016

Le 9 novembre 2016, à 21 heures, aux États-Unis (3 heures du matin en France), l'impossible se produit : D. Trump va gagner... Ces États, que médias et spécialistes pensaient « sûrs », sans lesquels le candidat Trump ne pouvait emporter la majorité du collège électoral, ont commencé à tomber dans son escarcelle. Et peu à peu, on s'est rendu compte que D. Trump n'est pas un accident de l'Histoire mais l'émanation de forces profondes qui façonnent l'Amérique. Suivit l'espoir que la résistance et les contre-pouvoirs freinent le Président. La mobilisation a commencé dès le lendemain de l'élection, avec les grandes marches des femmes dans la capitale fédérale et dans de nombreuses villes américaines. La résistance s'est organisée : les médias, qui révélaient chaque jour un nouveau scandale, les États fédérés, la société civile, tous mobilisés contre le Président.

Il y a des explications diverses à l'élection de D. Trump. Certaines tiennent à l'effondrement des classes moyennes, d'autres au rôle omniprésent de l'argent en politique et à la connivence entre les diverses élites ; elles ont alimenté un populisme de droite (Trump) et un de gauche (Sanders en 2016, Ocasio-Cortez en 2018). Les crises successives ont frappé de plein fouet une classe moyenne devenue désespérée et ont créé une catégorie d'Américains dont le niveau de vie n'a pas augmenté depuis trente ans et qui se jugent, à juste titre, délaissés et méprisés par les élites, ceux qu'Hillary Clinton a qualifiés de « déplorables ». Ce sont des hommes blancs de 50 ans au chômage, victimes de la crise des opiacés et dont le taux de suicide est élevé ; ce sont les populations rurales et suburbaines, qui ont décroché du rêve américain. Cette classe moyenne blanche, ruinée par la crise de 2007-2008 qui a fait disparaître ses emplois, ses maisons et pour nombre d'entre eux ses retraites placées en Bourse est en même temps inquiète sur son identité. Elle a un sentiment aigu de son déclassement dans une Amérique devenue « colorée » et encore plus « libérale » au plan sociétal sous B. Obama. L'élection de B. Obama et son rejet quasi viscéral par une partie de l'opinion ont servi de tremplin à la montée du *Tea Party* (et à son message anti-État teinté d'une bonne dose de racisme) qui a remporté 70 sièges aux élections de mi-mandat de 2010. Une partie de l'Amérique blanche déclassée qui a voté pour D. Trump en 2016 est nostalgique du 19e siècle et d'une époque où les Blancs régnaient encore en maîtres.

Le racisme, blessure non cicatrisée de l'esclavage, pourtant aboli en 1865, a coloré la campagne de D. Trump, ses discours et ses actes. Plusieurs candidats républicains avaient déjà par le passé flatté le racisme des électeurs sur le thème de la suprématie blanche, mais de façon indirecte. D. Trump n'a pas eu ces états d'âme ; pour la première fois, un candidat a fait campagne de façon presque ouvertement raciste et exprimé sans complexes son hostilité aux non-Blancs, n'hésitant pas à utiliser les immigrés comme boucs émissaires. Ce n'est pas une surprise car il est connu pour son refus de louer ses appartements à des Africains-Américains, ce qui lui a valu de multiples démêlés avec la justice. Il est aussi connu pour ses positions racistes dans deux affaires, celle des « Cinq de Central Park [1] » et celle des *Birther*. Dans le second épisode, plus récent, D. Trump a amplifié la campagne mettant en cause la légitimité d'Obama qui, selon lui, n'aurait jamais dû être élu Président puisque il serait né hors des États-Unis [2]. L'arrivée de D. Trump signifie la fin des espoirs – surestimés – d'une ère post raciale et le retour des suprématistes blancs. Les Amendements post-guerre de Sécession n'avaient pas empêché les anciens États fédérés de vider de leur sens les nouveaux textes. Durant la période de Reconstruction, 130 000 Noirs se sont inscrits sur les listes électorales, 2 000 ont été élus à diverses fonctions et trois États ont eu une majorité de

1. À New York en 1989, cinq jeunes Noirs furent accusés sans preuve d'avoir violemment attaqué et violé une femme blanche. À cette occasion, Trump acheta quatre pages de publicité dans le *New York Times* pour réclamer leur condamnation à mort et donc le rétablissement de cette peine dans l'État de New York. Lorsqu'après une dizaine années de prison, ces hommes furent innocentés grâce à leur ADN et reçurent quelques millions de dollars à titre de compensation, Trump n'exprima aucun regret.

2. B. Obama produisit son acte de naissance à Hawaï, mais rien n'y fit.

législateurs noirs : Caroline du Sud, Mississippi et Louisiane. Au Congrès des États-Unis ont siégé 16 représentants et 2 sénateurs noirs. Mais dès le départ des troupes fédérales, les États du Sud sont parvenus à revenir en arrière et dix ans plus tard seuls 1 000 Noirs étaient inscrits sur les listes électorales. Les partisans de l'*Alt Right* voudraient revenir en arrière et effacer les années 1960 car ce sont le mouvement des droits civiques de ces années et le vote des lois CRA (droits civiques) et VRA (droit de vote) qui ont instauré un début d'égalité et une amélioration du sort des Africains-Américains et des minorités. Ces lois ont à nouveau mis l'accent sur l'égalité des droits, absente depuis la Déclaration d'indépendance, et sur un droit de vote effectif alors qu'il était inappliqué dans les États du Sud. La manifestation d'extrême droite à Charlottesville en août 2017 était organisée contre le projet de démolition de la statue du général confédéré Robert Edward Lee. Un partisan de l'*Alt Right* y causa la mort d'une jeune femme en fonçant dans la foule avec une camionnette, mais D. Trump a refusé de condamner l'extrême droite affirmant qu'il y avait eu des excès « des deux côtés », alors que les contre-manifestants n'avaient participé à aucune violence.

La situation actuelle aux États-Unis est aussi le produit de la montée en puissance de la droite conservatrice et religieuse [1] et plus globalement le résultat de cinquante années d'idéologie radicale de droite qui a pris peu à peu le contrôle du parti Républicain. Le point de départ a été la candidature de B. Goldwater à l'élection présidentielle de 1964. Puis tout a basculé avec l'élection de D. Reagan, quand l'ancien acteur/gouverneur a convaincu les Américains que l'État « n'est pas la solution mais le problème ». C'est devenu le credo idéologique du parti Républicain désormais voué à la destruction du « gouvernement », donc de l'État, des programmes sociaux du *New Deal* et des droits acquis dans les années 1960.

L'élection de D. Trump s'explique aussi par des causes structurelles qui tiennent au système politique et électoral et à l'Histoire. D. Trump a pu être élu grâce au système prévu par la Constitution pour l'élection du Président, un scrutin au suffrage certes universel mais indirect par le biais du collège électoral. C'est un legs de

1. Cl. J. Bertrand, « La droite religieuse », *Vingtième siècle*, 1998, 19, p. 17-30 et M. Ben Barka, *La droite chrétienne américaine*, Privat, 2006.

l'histoire américaine et du chantage imposé par les petits États qui craignaient d'être submergés par les grands lorsqu'ils ont accepté d'appartenir à la même Union. Le résultat est qu'en 2016, comme en 2000, le Président élu n'a pas emporté la majorité des suffrages populaires; H. Clinton a obtenu 3 millions de voix de plus que D. Trump, qui a néanmoins remporté la majorité du collège électoral. En d'autres termes, les médias se sont trompés parce qu'ils n'ont pas suffisamment tenu compte du fonctionnement réel du système électoral, et parce qu'ils n'ont pas voulu accorder foi aux résultats des sondages, dont le site *fivethirtyeight* qui a toujours prédit les résultats avec exactitude. Ensuite, l'élection s'est tenue dans une atmosphère de polarisation croissante, de sentiment anti-élites et anti-minorités que la campagne Trump a su exploiter en ciblant les circonscriptions susceptibles de basculer et que les Démocrates, trop présomptueux, avaient considérées comme acquises.

L'homme qui a fait campagne pendant dix-huit mois est un « animal politique » doté d'un flair sans précédent. Il est le produit d'une enfance dorée, d'études dans une académie militaire et d'une double carrière dans l'immobilier et la télé-réalité. Ses relations avec un père millionnaire à la tête d'un empire immobilier à Brooklyn et dans le Queens ont joué un rôle central. Le fils n'a eu de cesse de s'imposer dans la Grande Pomme, Manhattan, objet de toutes ses convoitises. Ses faillites, ses divorces tumultueux, les émissions de télé-réalité *The Apprentice* l'ont fait connaître et expliquent la mégalomanie et la fragilité du candidat, mais aussi sa capacité à utiliser les médias, son sens politique et sa capacité à identifier ce qu'attendent les électeurs. Le Président qui entre à la Maison-Blanche le 20 janvier 2017 est un promoteur immobilier peu scrupuleux qui a fait faillite à plusieurs reprises et n'a pas hésité à traiter avec la mafia ou les oligarques russes quand c'était « bon pour son business ». C'est aussi un *show man* qui fait depuis trente ans les délices de la presse *people* et des tabloïds new-yorkais (du type *New York Post*), le produit d'un narcissisme sans limite alimenté par une vie d'enfant gâté qui a toujours pu imposer ses désirs et sa volonté. Mais ce narcissisme est indissociable d'une grande ignorance et d'une forte dose d'insécurité. D. Trump ne peut supporter la critique et a besoin d'être sans cesse complimenté, voire adulé. Son équipe l'a compris, qui a transformé les réunions de cabinet en démonstrations de flagornerie servile dignes des pires régimes autoritaires. Et si, parmi les leaders mondiaux, certains le critiquent et l'attaquent de front, d'autres au contraire semblent avoir compris le « mode d'emploi » et cherchent à le complimenter/rassurer de façon à tenter d'obtenir ce qu'ils souhaitent. D. Trump est aussi un personnage à facettes multiples, en partie Républicain (mais opposé au libre-échange, credo des Républicains) et proche des Démocrates et des Indépendants sur certaines questions sociales et sociétales. En face, Hillary « la compétente » était le mauvais choix, la candidate-symbole même du « système » et de « l'*establishment* » que la classe moyenne blanche a rejetés de toute son âme. Décrite par son adversaire comme « à la solde du grand capital », de Davos et de Wall Street, elle a aussi été affaiblie par le sexisme ambiant et plusieurs scandales orchestrés par l'équipe de campagne de Trump, les médias comme Fox et les messages des réseaux sociaux alimentés par les Russes.

L'impact de la Présidence Trump devrait en principe être limité par les contre-pouvoirs au cœur des institutions. Quand les Pères fondateurs ont rédigé la Constitution en 1787, ils avaient pour priorité d'éviter la confiscation du pouvoir par un *leader* tyrannique, d'où la création d'un système fragmenté et décentralisé. C'est la raison pour laquelle le document constitutionnel est axé sur les freins et contrepoids (*checks and balances*), le partage des pouvoirs au plan vertical (le fédéralisme) et au plan horizontal (entre les trois branches) que Madison explicite dans *Le Fédéraliste* [(1)] n° 10. Le fédéralisme divise les pouvoirs entre les États fédérés et le niveau national (*federal government*), ce qui se traduit par la liste en principe limitative de pouvoirs accordés au Congrès. Et cela demeure la règle même si, au fil des années et durant certaines périodes, la Cour suprême s'est appuyée sur la clause du commerce et la clause dite « élastique » pour accorder d'autres pouvoirs au Congrès et donc au niveau fédéral. Sa jurisprudence a évolué en sens inverse dans les années 1990 et les États demeurent le législateur de droit commun ainsi que le stipule le 10e Amendement qui renforce le principe du fédéralisme en précisant explicitement que tous les pouvoirs non

1. *Le Fédéraliste* est un recueil d'articles rédigés par Madison, Hamilton et Jay, publiés sous le pseudonyme de Publius et destiné à convaincre les États de ratifier la Constitution.

attribués au gouvernement fédéral appartiennent aux États et au peuple. L'autre frein est la séparation des pouvoirs et le contrôle que chaque branche peut exercer sur les deux autres. Ce dispositif fragmenté et décentralisé nuit considérablement à l'efficacité du système – qui n'était pas la priorité des rédacteurs – mais il crée aussi un nombre considérable de points de résistance et de contre-pouvoirs. Lorsque ces freins ont bloqué les politiques de B. Obama, les progressistes ont incriminé ces institutions jugées dysfonctionnelles. Les mêmes se réjouissent des obstacles placés sur la route du Président Trump et de ses entreprises de démantèlement.

Aujourd'hui, se pose la question de l'évolution du système et des possibilités de le réformer. Il faut constater que l'exécutif, voulu subordonné au législatif, est monté en puissance depuis A. Lincoln et F. D. Roosevelt et est devenu une « Présidence impériale » qui a accru ses prérogatives de façon spectaculaire. D. Trump, arrivé au pouvoir par les urnes, se contente dans une large mesure de jouir des pouvoirs considérables que ses prédécesseurs se sont arrogés au fil du temps. Il est donc très puissant, mais en principe il n'est pas tout-puissant : il a besoin du Congrès, de la bonne volonté des agences et est soumis au contrôle des médias et du pouvoir judiciaire. Le dysfonctionnement actuel du Congrès [1] l'empêche de jouer son rôle ; c'est le résultat de la polarisation, du système des primaires et des atteintes diverses au processus électoral, découpage électoral partisan et sommes illimitées déversées dans les campagnes électorales. La « confiscation » du siège de Scalia [2] et les abus de la procédure [3] durant le processus de nomination empêchent le Sénat d'apporter « avis et consentement » comme le prévoit la Constitution. Un autre « frein » central prévu par la Constitution est

1. Voir Thomas Mann et Norm Ornstein, *The Broken Branch: How Congress Is Failing America and How to Get It Back on Track*, OUP, 2007.

2. Après le décès du juge Scalia le 13 février 2016 et la nomination de Merrick Garland par B. Obama, les Républicains au Sénat ont refusé d'auditionner le candidat, considérant qu'il appartenait au prochain Président de pourvoir au siège devenu vacant.

3. Sous B. Obama les nominations étaient bloquées et sous D. Trump, le processus est tellement accéléré, voire bâclé, ce qui équivaut à une négation du rôle du Sénat.

le pouvoir judiciaire indépendant qui figure à l'Article III, avec à sa tête une Cour suprême qui est à la fois juridiction supérieure et cour constitutionnelle et qui est devenue un réel contre-pouvoir. Depuis la décision *Marbury v. Madison* de 1803, elle peut en effet déclarer une loi, mais aussi un acte du Président, contraire à la Constitution. Le pouvoir judiciaire fédéral a gagné au cours du 20e siècle une large autonomie administrative et de fonctionnement qui lui a permis de concentrer sa compétence sur les questions de son choix. Les juridictions fédérales et la Cour suprême ne sont en principe pas alignées sur des préférences partisanes, du moins de manière formelle ; pourtant elles sont infléchies [1] par les priorités politiques. Ainsi les interprétations jurisprudentielles des années 1990 ont imposé des exigences lourdes en matière d'intérêt à agir [2] (*standing*) pour les requérants alléguant des préjudices constitutionnels. Le recours au contentieux était devenu un outil efficace utilisé par États, entreprises, groupes et société civile et, pour les conservateurs, il fallait limiter l'accès aux juridictions, ce qui fut fait.

Les États-Unis se sont construits comme une République « limitée » accordant des pouvoirs limités au niveau fédéral personnifié par le Congrès qui se voit attribuer un certain nombre de pouvoirs énumérés à l'Article I, section 8. Et si le gouvernement du peuple par le peuple et pour le peuple était au cœur de la Déclaration d'indépendance, il est absent de la Constitution car les Pères fondateurs avaient pour priorités d'empêcher l'émergence d'une tyrannie et de lutter contre les risques inhérents à la démocratie. Leur méfiance vis-à-vis du peuple ou envers la « populace » explique le choix du collège électoral pour l'élection présidentielle, celui d'une deuxième chambre comptant deux sénateurs par État, et le choix d'un suffrage indirect à l'origine pour la nomination des sénateurs.

---

1. Voir Mark Tushnet, « The Supreme Court - The new Constitutional Order », 113 *Harvard Law Review*, 29, 34, 1999 et *Taking the Constitution Away from the Courts*, Princeton Paperback, 2000.

2. Même lorsque le requérant parvient à établir son intérêt à agir (*standing*) et à obtenir l'intervention de la juridiction, les acteurs étatiques disposent de multiples possibilités pour faire traîner les choses et ne pas obéir. Voir Anne Deysine, *La Cour suprême des États-Unis*, Dalloz, 2015 (chap. 3).

Outre ces filtres destinés à protéger la jeune République contre les risques de tyrannie de la majorité et des excès démocratiques, amender la Constitution a été rendu difficile. La procédure prévue au Titre V exige des majorités qualifiées aux deux étapes de l'adoption, puis de la ratification. En conséquence, le collège électoral est pratiquement impossible à modifier car il faudrait un amendement à la Constitution impossible à faire passer en raison du poids des petits États qui sont les bénéficiaires du système. Celui-ci n'est devenu démocratique que tardivement, après une guerre civile, l'adoption de trois Amendements et le vote des lois des années 1960 qui ont permis l'évolution des États-Unis vers le gouvernement du peuple, par le peuple et pour le peuple et davantage d'égalité.

Dans cet essai, je voudrais replacer la période actuelle, le mouvement populiste, dans un contexte plus large d'érosion des normes qui n'a pas commencé avec D. Trump même s'il a augmenté le catalogue des assauts menés contre la primauté du droit (*rule of law*) qui est la référence constante aux États-Unis, contre les normes écrites et les traditions qui sous-tendent le système politique américain. Il s'agit de tenter de remettre à sa juste place l'impact du Président Trump en partant de l'état de l'Amérique et des institutions lorsqu'il arrive au pouvoir. À travers des exemples de dysfonctionnements sur lesquels, en les accentuant, D. Trump a braqué le projecteur, il sera possible de dresser un bilan de la situation, démocratique ou non, et de juger les actes et politiques de D. Trump, non par rapport à un portrait idéalisé de ce qu'aurait été la démocratie américaine et le respect de la *rule of law* avant son élection mais de la réalité du fonctionnement institutionnel. Il apparaît alors que D. Trump est le révélateur de traits historiques (le racisme), culturels (la méfiance/hostilité envers l'État) et de tendances économiques (le déclassement de la classe moyenne), tous étroitement liés aux dysfonctionnements du système visibles depuis plusieurs décennies. Non seulement l'érosion des normes et les violations n'ont pas commencé avec lui, mais le phénomène ne se limite pas à la Présidence. Le comportement du Congrès et la façon dont le Sénat a joué avec les règles en fonction du rapport de force politique entre la Maison-Blanche et la Chambre haute font partie du problème et des dérives.

Il était tentant de se référer à la démocratie libérale et à son contraire la démocratie illibérale. La première est tout autant idéologie politique que forme de fonctionnement de la démocratie représentative selon les principes du libéralisme et donc de la protection des droits des minorités et de l'individu. Le terme de démocratie illibérale forgé par Fareed Zakaria [1] a été repris par Yascha Mounk [2] pour qui la démocratie libérale est en train de se désagréger, en évoluant d'un côté vers la démocratie non libérale et de l'autre vers un libéralisme non démocratique.

Ces aspects seront évoqués, mais j'ai choisi de centrer mon propos autour de la *rule of law* ou primauté du droit parce c'est une notion centrale dans le système américain, particulièrement attaquée par D. Trump (bien qu'il prétende la défendre) et parce que ce prisme permet d'aborder les différentes composantes du système institutionnel et des droits et libertés. Cela apparaît clairement dans les critères dégagés par le *World Justice Institute* aussi bien que dans les grilles de lecture développées par Huq et Ginsburg [3] et dans la notion d'érosion des normes chez Levisky et Ziblatt [4].

Rule of law ou primauté du droit

Au cœur du système américain on trouve le concept central de *rule of law* ou primauté du droit. Selon Albert Venn Dicey [5] qui l'a théorisé, le concept comporte trois aspects qui se recoupent :

1. Fareed Zakaria, « The rise of illiberal democracy », *Foreign Affairs,* nov./déc. 1997.

2. Yasha Mounk, *The People v. Democracy, Why Our Freedom is in Danger & How to save it,* Harvard University Press, 2018.

3. Aziz Huq, Tom Ginsburg, *How to Save a Constitutional Democracy,* Chicago University Press, 2019 ; « How to lose a Constitutional Democracy », *UCLA Law Review* 78 (2018).

4. Steven Levitsky, Daniel Ziblatt, *How Democracies Die,* Crown, 2018.

5. Les principes qu'il expose dans son œuvre majeure *An Introduction to the Study of the Law of the Constitution* (1915) sont considérés comme faisant partie de la Constitution non codifiée du Royaume-Uni. Il a popularisé le terme *rule of law* dans *The Law of the Constitution* (1885).

l'égalité de tous devant la loi, l'assujettissement du pouvoir politique, monarque compris, aux lois du pays et l'idée que personne, dirigeants compris, n'est au-dessus des lois et du droit. L'élaboration des lois, leur application, les rapports entre les différents types de loi sont eux-mêmes gouvernés par le droit et un gouvernement, même démocratiquement élu, ne peut agir de façon discrétionnaire. Il doit être soumis aux lois existantes tout comme les autres citoyens ; c'est essentiel pour qu'il y ait égalité de tous devant la loi ; de même, aucune personne physique ou morale ne peut jouir de privilèges qui ne s'appliquent pas aux autres et ne peut être à l'abri de sanctions, qui elles-mêmes doivent s'appliquer sans considération de classe, de statut ou des pouvoirs respectifs des justiciables. Le principe fondamental au cœur de la *rule of law* est la nécessité de limiter le pouvoir politique. Le droit qui doit « primer » a alors pour mission de lutter contre l'arbitraire et la violence et de préserver les citoyens contre les tentations oppressives du pouvoir et celles de son expression ultime, l'État. On voit ici que le principe de primauté du droit comporte une dimension anti politique : à travers le culte de la règle de droit et le contrôle du juge, cette primauté entend contrôler le pouvoir politique, y compris le pouvoir démocratique.

Le projet *World Justice* a décliné le concept de *rule of law* en principes essentiels, puis en sous-catégories afin d'élaborer un indice de perception de la « primauté du droit » et d'ensuite classer les pays selon ces critères. Bien que les critères soient anglo-saxons et favorisent des pays comme les États-Unis, ceux-ci ne sont que 20e sur les 126 pays classés. Dans la typologie du projet, le premier principe est le mélange de séparation des pouvoirs et de freins et contrepoids que l'on trouve au cœur de la Constitution des États-Unis. Ce sont les moyens constitutionnels et institutionnels par lesquels les pouvoirs des gouvernants et des agents sont limités et contrôlés. Certains de ces moyens sont de nature constitutionnelle, d'autres sont plus informels ou indirects, ainsi l'action de la société civile qui ne peut s'exercer que s'il existe un système ouvert, une presse libre et un pouvoir judiciaire indépendant. Le deuxième principe est l'absence de corruption entendue au sens large, incluant les pots-de-vin mais également l'influence indue exercée par des intérêts privés ou publics et l'abus de biens sociaux ou de fonds publics. Il prend tout son sens quand on le compare à la définition très étroite que donne la Cour suprême de la corruption.

Le troisième critère est un « gouvernement ouvert », la façon dont les dirigeants partagent l'information et permettent la participation civique et la mise en cause du gouvernement. Puis viennent les droits fondamentaux, l'ordre et la sécurité, la façon dont les règles sont mises en œuvre et appliquées ou non (sans prendre en compte la quantité de régulation et les domaines et activités qui font l'objet d'une réglementation). Pour les trois volets touchant à la justice, l'indépendance de celle-ci et l'absence de corruption sont des éléments clés. Cette grille, très anglo-saxonne et pragmatique, est loin d'être parfaite mais elle apporte des éléments utiles.

La démocratie selon Huq et Ginsburg

Pour Huq et Ginsburg, les trois prédicats de base d'une démocratie libérale sont des élections libres à l'issue desquelles le vaincu accepte sa défaite, la liberté d'expression et d'association et la primauté du droit aux plans administratif et juridictionnel. Pour eux, deux types de menaces existent, la « réversion », qu'ils définissent comme un effondrement rapide accompagné d'un virage autoritaire, et la « rétrogression », caractérisée par un glissement graduel des pratiques dissimulé sous le masque du droit et de la légalité. Ils jugent le risque de réversion peu élevé [(1)] aux États-Unis en dépit du lien relevé [(2)] par eux entre inégalités économiques et acceptation d'un régime autoritaire. La seule tenue d'élections libres et concurrentielles peut être trompeur ; c'est une condition essentielle mais non suffisante s'il manque la primauté du droit et le respect des droits civiques et politiques. Pour qu'il y ait « rétrogression », il faut que le recul vers la *democratorship* ou « démocrature » se produise dans les trois dimensions à la fois. Ce qui permet d'exclure selon eux F. D. Roosevelt qui a pourtant accompli plus de deux mandats et s'apprêtait à modifier la composition de la Cour suprême et des

1. « How to lose a Constitutional Democracy », *UCLA Law Review 78 (2018)*, p. 15.

2. Huq, *op. cit.*, p. 4.

juridictions fédérales à des fins politiques [1]. Mais F. D. Roosevelt ne s'est pas attaqué aux autres composantes, le droit de vote par exemple, et on peut considérer que la période du *New Deal* a permis une participation politique accrue des citoyens et une amélioration de leurs droits économiques. Huq et Ginsburg distinguent cinq voies principales de glissement vers la démocrature. Le premier est le recours à des amendements constitutionnels afin de marginaliser l'opposition politique ou de diminuer le pluralisme. C'est une tentation permanente mais difficile à mettre en œuvre aux États-Unis en raison de la lourdeur de la procédure d'amendement de l'Article V qui requiert de convaincre 38 États. Pourtant le poids disproportionné accordé aux petits États du centre des États-Unis pourrait être un facteur de risque. Rien n'empêcherait un parti majoritaire discipliné et jouissant d'un soutien suffisamment fort au niveau des États de l'utiliser pour se maintenir au pouvoir et restreindre les libertés. Un Président pourrait décider d'en finir avec la règle des deux mandats prévue au 22e Amendement. La rigidité de l'Article V qui fut si critiquée par les progressistes est aussi leur meilleure protection, mais celle-ci n'est pas absolue. Les autres voies de glissement vers la « rétrogression » sont la détérioration des mécanismes de « freins et contrepoids », la centralisation du pouvoir exécutif, le rétrécissement de la sphère publique et l'élimination de la concurrence politique. Les Démocrates ont longtemps espéré que le jeu des contre-pouvoirs pourrait protéger les institutions et la démocratie. À cet égard, le procureur spécial nommé après le limogeage du directeur du FBI en mai 2017 a été un réel contre-pouvoir mais il a aussi été pendant 22 mois considéré comme un sauveur. La remise du rapport au ministre de la Justice William Barr n'a pas mis fin à la saga et ne satisfait que le Président qui en a tiré la conclusion, qui n'y figure pas, de sa « totale exonération ». Et la controverse a continué.

Le rétrécissement de la sphère publique est une notion centrale et le phénomène est indéniable. Depuis les années 1980, il y bien eu « rétrécissement de la sphère publique » en raison de la polarisation de l'opinion et des médias. La Constitution des États-Unis contient de réelles protections en matière de libre expression et de liberté

1. Ce qu'on a appelé *court packing plan*.

de la presse. Telle qu'interprétée aujourd'hui, la clause de libre expression du 1er Amendement limite les recours pour diffamation et à la réglementation de la liberté d'association comme instrument visant à limiter la libre circulation des idées. De son côté, la clause de « libre débat » (Article I de la Constitution) protège les membres du Congrès et leur permet de porter à l'attention du public les cas d'abus de pouvoir sans craindre de représailles, ce qui contribue à la qualité du débat public. Mais le dispositif laisse subsister des failles dangereuses. La liberté d'association est en danger dès lors que le gouvernement invoque la sécurité nationale, comme ce fut le cas durant la « chasse aux sorcières » de la période maccarthyste et après la décision de la Cour suprême de 1961 qui validait la loi sur le contrôle des activités subversives [(1)]. De nos jours, c'est la qualification d'« organisation terroriste » qui impose des limitations importantes validées par la Cour suprême [(2)]. De même, le 1er Amendement ne protège qu'imparfaitement la liberté d'association et n'empêche pas les attaques personnalisées contre certains journalistes ou certains médias. *In fine*, tout dépend de l'interprétation que donne la Cour suprême. Elle a en particulier refusé de sanctionner en 2012 [(3)] les allégations mensongères d'un individu qui invoquait des actes de bravoure inexistants car pour elle, la suppression d'expression par le gouvernement peut rendre l'exposition des mensonges plus difficile. L'inconvénient est que les lois des États visant à sanctionner les fausses nouvelles ont désormais peu de chances d'être validées

---

1. *Communist Party of the United States v. Subversive Activities Control Board*, 367 US 1 (1961) ; voir « L'interprétation par la Cour suprême de la liberté d'expression d'après le 1er Amendement de la Constitution des États-Unis pendant la période maccarthyste », *RFEA*, 1992, p. 125-136 .

2. Par exemple dans la décision *Holder v. Humanitarian Law Project*, 561 US 140 (2010). Anne Deysine, *La Cour suprême, op. cit.*, ch. 5.

3. *United States v. Alvarez*, 567 US 709 (2012). Le gouvernement ne peut réglementer les fausses nouvelles que lorsqu'il y a intention de causer un préjudice juridiquement identifiable.

quel que soit le sujet, avec un risque d'élimination du pluralisme politique que soulignait Richard Hasen dès 2013 [1].

L'existence et le fonctionnement d'une démocratie libérale requièrent un fondement épistémique partagé [2]. Selon Elizabeth Anderson, la grande question est la confiance que l'on peut avoir (ou non) que les institutions démocratiques vont produire les bonnes décisions selon des critères extérieurs. Selon la théorie de l'avantage comparatif de la démocratie, plus le groupe de ceux qui prennent les décisions est large, meilleures sont les chances d'atteindre des décisions empiriquement exactes ou bonnes. Lorsque l'information est systématiquement dissimulée ou faussée par le gouvernement, la démocratie ne peut remplir son mandat épistémique. C'est en particulier le cas si le Président a recours à un langage identitaire et diviseur de façon à défendre ses politiques et accroître son soutien parmi les électeurs n'appartenant pas à des minorités. Le manque d'informations exactes facilite la violation des droits individuels et permet au gouvernement d'arguer de ces violations pour encore accroître son soutien. Ces risques ne sont pas théoriques et cette même coalition anti démocratique peut viser divers éléments de la société civile, avocats, ONG ou journalistes. La manipulation de l'information et de l'environnement informationnel contribue à la perpétuation de l'arrangement politique existant et sape les fondements mêmes d'une société démocratique.

Le rétrécissement de la sphère publique est un danger en soi et parce qu'il ouvre la voie à l'élimination de la compétition politique. Parce que la démocratie repose sur l'alternance au pouvoir et l'acceptation par le vaincu du résultat des élections, toutes mesures qui visent à discréditer le parti dans l'opposition accroissent les risques de glissement. L'élimination de la compétition politique à la suite de manipulations diverses par les coalitions politiques en place contribue à ancrer un parti au pouvoir, facteur favorisant la rétrogression. La jurisprudence de la Cour suprême, en renforçant la mainmise des deux grands partis sur le processus politique et

1. R. Hasen, « A Constitutional Right to Lie in Campaigns and Elections? » 74 *Montana Law Review*, 53, 69, 2013.

2. Elizabeth Anderson, « The Epistemology of Democracy », 3 *Episteme* 8, 2006.

en facilitant l'exclusion de candidats multipartis, a diminué la participation effective des tiers partis au scrutin [3].

L'érosion des normes chez Levitsky et Ziblatt

Le système des États-Unis est fondé sur des normes constitutionnelles et des normes législatives, mais il repose aussi sur l'acceptation tacite de normes non écrites. C'est l'érosion de ces normes non écrites commencée bien avant la présidence Trump, qui s'est accélérée durant celle-ci et modifie le fonctionnement institutionnel et la nature démocratique du régime. Deux politistes, Steven Levitsky et Daniel Ziblatt [4], considèrent que ce qu'ils appellent l'érosion des normes est la menace la plus grave pesant sur les démocraties contemporaines qui ne sont plus rayées de la carte à la suite d'un coup d'état ou d'une révolution et ne s'effondrent pas sous les coups de guerres ou d'épidémies. Elles s'érodent petit à petit de façon presque imperceptible. Elles pourrissent de l'intérieur, empoisonnées par certaines pratiques comme l'omniprésence de la « corruption légale [5] » et par des dirigeants qui utilisent le pouvoir à leur profit et se servent de leurs positions pour infléchir les règles et pervertir le processus démocratique. À cet égard, D. Trump est le

3. La décision *Timmons v. Twin Cities Area New Party* (117 S Ct 1364 [1997]) peut être lue comme la validation constitutionnelle d'un duopole politique afin d'éviter les risques d'instabilité, ce que critiquent les juges minoritaires dans leur opinion dissidente ; voir Richard L. Hasen, « Entrenching the Duopoly: Why the Supreme Court Should Not Allow the States to Protect the Democrats and Republicans from Political Competition », *The Supreme Court Review*, Vol. 1997 (1997), p. 331-371.

4. Steven Levitsky et Daniel Ziblatt, *How Democracies Die*, *op. cit.*

5. Anne Deysine, « The Definition of Corruption in the United States: A Case Study of Deregulation by Litigation », in *Corruption and Governmental Legitimacy*, Lexington Books, 2017.

symptôme[1] autant que la cause des maux qui minent la démocratie américaine. Si les *leaders* autoritaires contribuent à détruire la démocratie, les vrais fossoyeurs sont les partis politiques, la classe politique et les choix qu'ils font lorsqu'ils sont confrontés à ce type de dirigeants démagogues et dictatoriaux. D'eux dépend la survie ou la disparition des démocraties. Or, le Parti républicain, afin de favoriser ses intérêts et ses élus à la chambre et au Sénat, n'oppose aucune résistance aux attaques de la Présidence actuelle contre les institutions qu'ils ont pourtant juré de défendre en prêtant serment lors de leur prise de fonction. La satisfaction du *leader* Républicain au Sénat, M. McConnell, est révélatrice, quand il annonce que « 2017 a été la meilleure année pour les conservateurs depuis les trente années qu'il siège au Sénat ». Oubliés les affronts du Président, les attaques contre le FBI, les médias, lui-même, le ministre de la Justice; oubliés les mensonges répétés de fraude électorale et d'écoutes téléphoniques. Car ce qui compte, c'est le vote des baisses d'impôts, la dérégulation tous azimuts et la nomination de juges conservateurs censés ne pas « légiférer ». Quant aux Démocrates, ils ont attendu la révélation d'un appel téléphonique problématique avec le Président ukrainien pour lancer l'enquête préalable à une éventuelle mise en accusation. Globalement, les membres du Congrès semblent rassurés et dédouanés car les membres de l'exécutif font de la résistance[2], ce qui constitue une autre perversion du système.

Quand D. Trump veut « renvoyer dans leur pays » quatre élues « colorées » du parti Démocrate, par définition américaines, quand un jour plus tard il laisse la foule à un de ses meetings de campagne scander « Renvoyez la chez elle ! » en parlant de l'élue démocrate à la chambre originaire de Somalie et devenue américaine, c'est la continuation d'une tendance qui remonte aux années 1980. Le silence des Républicains à la Chambre et au Sénat est grave car il indique à l'opinion publique que ce type de propos et d'attitude

---

1. Ce que souligne B. Obama de retour sur la scène politique dans son intervention du 7 septembre 2018. « Obama says Trump is 'a symptom, not a cause' », CNBC, 7 sept. 2018.

2. C'est ce qui ressort de *Peur,* l'ouvrage de B. Woodward (2018).

est devenu acceptable. Si le *leadership* républicain s'opposait au Président, il pourrait limiter les excès mais, par peur ou lâcheté, les élus restent silencieux et normalisent l'obscénité devenue quotidienne. Le républicain Justin Amash qui avait été le seul à préconiser la mise en accusation du Président et qui quitta le parti à l'été 2019 a eu le courage d'affirmer que les réactions des électeurs sont « la conséquence inévitable de la démagogie du Président » et de conclure : « C'est ainsi que les épisodes les plus tragiques de notre histoire ont commencé ». Les autres élus Républicains à la chambre, à l'exception de quatre d'entre eux (sur 196), ont refusé de se joindre à la résolution des Démocrates condamnant « les comportements racistes qui ont légitimé et accru la peur et la haine des nouveaux Américains et des personnes de couleur ». Par leur silence, ils contribuent à l'érosion des normes et font preuve de moins de moralité et de sens de leurs responsabilités que les électeurs qui ont estimé à 65 % (45 % chez les Républicains) que c'est raciste de vouloir renvoyer « chez eux », dans leur pays d'origine, les Américains appartenant à des minorités.

Pour Levitsky et Ziblatt, les normes non écrites, les règles informelles et les conventions sont la colonne vertébrale d'une démocratie. Beaucoup d'entre elles sont sous-tendues par le pragmatisme et la conscience que ce qui est bon pour un parti à court terme peut ne pas l'être à long terme. Car les majorités changent et ceux qui sont aujourd'hui dans la majorité seront un jour dans l'opposition. Selon Levitsky et Ziblatt, les deux normes essentielles à la survie d'une démocratie sont la tolérance mutuelle (*mutual toleration*) et la mansuétude institutionnelle (*institutional forbearance*) qui ont protégé le système de freins et contrepoids et ont longtemps été considérées comme évidentes et acquises. La tolérance mutuelle, c'est le fait d'accepter des idées différentes et de reconnaître que le parti opposé n'est pas l'ennemi. L'indulgence (ou mansuétude) est un mélange de réserve et de modération, l'attitude dont devraient faire preuve les politiciens lorsqu'ils font usage de leurs prérogatives institutionnelles. Ces normes qui ont sous-tendu la démocratie américaine pendant la majeure partie du 20e siècle ont été érodées par l'abus de pratiques détournées de leur fonction ou intention originelle. Le *filibuster* (ou blocage au Sénat) est un bon exemple : il y en a eu 385 en cinq ans (de 2007 à 2012), soit un nombre égal à celui des sept décennies entre la Première Guerre mondiale et la fin de l'administration Reagan. *Idem* pour le taux de confirmation des juges fédéraux aux cours d'appel ; alors que 90 % des candidatures proposées par le Président dans les années 1980 étaient approuvées, le taux est tombé à 50 % durant la Présidence Obama. Ce qui peut expliquer que les Démocrates, désireux de mettre fin à cette obstruction, aient modifié les règles de *filibuster* pour les postes de juges fédéraux. Mais en privilégiant le court terme, ils ont permis à D. Trump d'obtenir, assez facilement car sans blocage possible, la confirmation d'un nombre record de juges d'appel, 43 en 30 mois de Présidence. Ceci rejoint l'idée voisine que les principes constitutionnels ne peuvent pas tout car certains droits ne figurent pas explicitement dans la Constitution et ne peuvent donc jouir de sa protection. Il apparaît alors que les *leaders* politiques et les coalitions en place jouent un rôle aussi important que les principes constitutionnels. Ils peuvent choisir le court terme partisan et contribuer ainsi à l'érosion des normes, ce que font les Républicains au Congrès ou bien, dans un mode idéal, ils pourraient privilégier la pérennité des institutions.

La réflexion sera menée en trois temps. La première partie traite de l'érosion des normes écrites et non écrites qui a commencé bien avant D. Trump qui n'a fait que profiter des acquis d'une Présidence dite impériale s'appuyant sur la thèse de l'exécutif unitaire (ch. 1). C'est dans cette partie que sont abordés les assauts du Président Trump contre les deux autres branches et les médias (ch. 2) mais aussi son irrespect des traditions non écrites comme l'exigence de loyauté à sa personne, la non-divulgation de sa déclaration d'impôts (ch. 3) et la politisation des rouages de l'État. La seconde partie est consacrée aux freins et contrepoids, composante essentielle quelles que soient les grilles de lecture, et qui montrent leurs limites. Il faut constater que le premier contre-pouvoir, le Congrès, a démissionné de son rôle pendant deux ans (ch. 4) et que la résistance a été jusqu'en 2019 essentiellement le fait des composantes de l'exécutif, dont le procureur spécial Muller (ch. 5) et du pouvoir judiciaire (ch. 6). La troisième partie propose quelques éclairages sur les conséquences des atteintes aux institutions et des politiques menées par l'administration Trump. Dans deux domaines, celui des droits civiques et politiques (ch. 7) et celui des droits économiques et sociaux (ch. 8), le recul est net. Avant de conclure, j'évoquerai ce que j'appelle la contagion du mauvais exemple (ch. 9). Sans entrer dans les détails des différentes politiques du Président et de la perte de *leadership* au bénéfice de la Chine entraînée par le retrait des Etats-Unis de l'accord TPP ou de l'accord de Paris sur le climat, les actes et les paroles du Président Trump érodent le *soft power* des États-Unis qui repose sur le rêve américain et sur la Constitution. En violant les règles du document sacré, en montrant lui-même qu'il n'a aucun respect pour le pouvoir judiciaire et pour les journalistes et en professant son admiration pour les dictateurs, D. Trump envoie de très mauvais signaux entendus par tous les autocrates de la planète. Le résultat est une perte d'influence des États-Unis, mais également des valeurs occidentales et des droits de l'homme qui à défaut d'être respectés par les États-Unis – qui ont toujours eu un double discours – ne comptent même plus au nombre des priorités du Président de la première puissance mondiale.

Partie I

L'érosion des normes

Chapitre 1
Un Président impérial irresponsable ?

Les attaques répétées contre les institutions et les valeurs constitutionnelles minent l'État de droit et la primauté du droit. Pourtant, ces assauts n'ont pas commencé avec D. Trump ainsi qu'en témoigne un article de John Dean dont le rôle fut central durant l'affaire du Watergate et qui écrit sur la Présidence de G.W. Bush [1]. D. Trump se contente d'accélérer les tendances et d'amplifier les attaques ; s'il peut agir ainsi, c'est parce que ses prédécesseurs ont ouvert la voie. Il va juste un peu plus loin, bénéficiant de l'indulgence du Congrès pendant deux ans, de la complicité active du Sénat durant la totalité de son mandat et du soutien inconditionnel de sa base et des médias de droite.

Avant de voir comment D. Trump viole les normes constitutionnelles et légales (ch. 2) et les normes non écrites (ch. 3), il importe de montrer la montée des pouvoirs du Président puis les difficultés à mettre en jeu sa responsabilité.

Un Président devenu tout puissant

Le 20e siècle a été marqué par la montée en puissance de la Présidence et pour utiliser les mots du constitutionnaliste Edward

1. John Dean, *Worse than Watergate, the Secret Presidency of George W. Bush*, Little Brown and Co., 2004.

Corwin [1], « faire l'histoire de la Présidence est faire l'histoire de l'accroissement de ses pouvoirs ». Les colonies puis les jeunes États ont combattu le roi et le Parlement anglais, et leur première Constitution, les Articles de Confédération, ne prévoyait pas de pouvoir exécutif. Dans la Constitution actuelle, adoptée en 1787, le premier pouvoir est le législatif qui fait l'objet de l'article I. Le bref article II traite du Président, à la tête l'Exécutif, chargé de faire appliquer et respecter la loi et « commandant en chef » ; il est consacré essentiellement au mode d'élection du Président au suffrage indirect par un collège électoral. Le contraste est grand avec le développement considérable de la fonction présidentielle au cours du 20e siècle dû à des facteurs économiques, médiatiques et de politique étrangère. Après le populiste A. Jackson (1828-1837), A. Lincoln a voulu capitaliser sur le fait que le Président, dans le système américain, est le seul élu au suffrage universel et s'est appuyé sur cette légitimité d'un lien avec le peuple. Th. Roosevelt (1902-1909), W. Wilson (1912-1920) et surtout F. D. Roosevelt (1932-1945) ont construit l'institution présidentielle moderne.

F. D. Roosevelt a créé le premier « État administratif » composé d'une administration puissante et d'agences à pouvoir réglementaire créées par le Congrès mais placées sous l'autorité du Président. Il est celui qui crée le noyau du pouvoir administratif de la Présidence en 1939 avec le Bureau exécutif du Président (EOP) qui comptait 225 personnes à sa mort. C'était une petite révolution car les premiers Présidents n'avaient à leur disposition qu'un secrétaire et un coursier ; lorsqu'ils ont souhaité avoir un militaire à leur côté, ils ont dû lui demander de prendre une disponibilité. Cette montée en puissance s'est poursuivie en raison des guerres : Seconde Guerre mondiale, guerre froide, puis guerres de Corée et du Vietnam, en Irak et en Afghanistan. Les excès de la Présidence ont été dénoncés dès le *New Deal* même si le nom de « Présidence impériale » ne fut utilisé que plus tard [2] et les critiques sont généralement le fait du parti qui

1. Edward S. Corwin, *The President's Office and Powers. History and Analysis of Practice and Opinion*, New York University Press, 1940, p. 107.

2. Arthur Schlesinger, *The Imperial Presidency*, Mariner Books, 1973, rééd. 2004 ; Rudalevige Andrew, *The New Imperial Presidency, Renewing Presidential Power after*

n'occupe pas la Maison-Blanche [1]. Les mensonges et dérapages de la guerre du Vietnam puis de l'affaire Watergate ont affaibli la Présidence et plusieurs lois ont tenté de remédier aux principales dérives. Les attentats du 11 septembre 2001 et les guerres qui ont suivi ont permis de reconstruire une Présidence toute-puissante que certains voudraient « unitaire » [2]. Les pouvoirs du Président ont continué d'augmenter dans un contexte de guerre contre le terrorisme [3] et de surveillance de masse, et ils sont d'autant plus dangereux que les contre-pouvoirs ont davantage de difficultés à fonctionner dans le climat de polarisation partisane. Comme l'écrivent Matthew Crenson et Benjamin Ginsberg, « l'expansion du pouvoir présidentiel est à la fois un symptôme et une cause de la décomposition du processus démocratique américain » [4].

Aujourd'hui, le Président cumule les fonctions : chef d'État, chef de gouvernement, chef de la diplomatie et commandant en chef des armées. Il est à la tête de l'administration et ses prérogatives exécutives se sont accrues au fil du temps et de la montée en puissance économique, militaire et diplomatique des États-Unis. Élu par le peuple, le Président a un mandat pour gouverner et est responsable devant le peuple, non devant le Congrès, sauf par la voie de l'*impeachment*. Il s'agit donc bien d'une mutation du pouvoir exécutif reposant sur le lien entre le peuple et le Président qui s'adresse directement à l'opinion publique *via* les outils de communication médiatique. Cette démocratisation complète l'institutionnalisation de la Présidence par la création de l'appareil bureaucratique et administratif qui s'est opérée durant la même période. C'est aussi un changement de nature puisque la

---

Watergate, University of Michigan Press, 2006.

1. Anne Deysine, dans : Vinel Jean Christian et al. *L'empire de l'exécutif américain*, 1933–2006, Atlande, 2008.

2. Voir *infra*.

3. Erwin Chemerinsky, « The Assault on the Constitution: Executive Power and the War on Terrorism », *U.C. Davis Law Review*, vol. 40, No. 1, Nov. 2006, p. 1-20.

4. M. Crenson, B. Ginsberg, *Presidential Power: Unchecked and Unbalanced*, New York, Norton, 2007.

Présidence devient capable de gouverner seule sans le soutien du parti présidentiel ni celui du Congrès. La période exceptionnelle durant laquelle Franklin Roosevelt a opéré cette transformation lui a permis de systématiser l'activisme présidentiel et de gouverner par décret, d'abord en politique étrangère. Le gouvernement par décret s'est pérennisé et est devenu la routine aussi en période de paix. Certes, les décrets comportent des limites intrinsèques : le Congrès peut les annuler et ils sont susceptibles d'être contestés devant les tribunaux mais ils permettent au Président d'orienter la loi dans un sens conforme à ses attentes, dès lors que ce n'est pas contraire à la Constitutionou à la loi.

Aujourd'hui, la réalité du pouvoir se trouve au sein de la Maison-Blanche où les conseillers qui ont un accès permanent au Président ont beaucoup plus de poids que les ministres. La série *West Wing* (« À la Maison-Blanche ») rend bien compte de cette nouvelle donne. Mis à part le Bureau exécutif du Président (EOP), une dimension de l'institutionnalisation est la création d'une fonction publique fédérale de trois millions de personnes, alors qu'elle n'en comptait que 8 000 en 1801 et environ 11 000 au milieu du 19e siècle (pour l'essentiel des postiers et des douaniers). Le système dit « des dépouilles », généralisé par le Président Jackson, a permis de récompenser les fidèles jusqu'à l'adoption de la loi Pendleton de 1883 qui ouvre la voie à une fonction publique autonome qui a servi de barrière institutionnelle limitant une mauvaise utilisation du pouvoir à des fins d'enrichissement personnel ou de gains électoraux.

La prééminence donnée aux conseillers sur les ministres et secrétaires en charge des ministères est une solution autant qu'un problème. C'est une solution dans un monde complexe car elle permet au Président de définir ses priorités et d'avancer là où le processus législatif ordinaire a échoué, mais elle coupe la Présidence des autres institutions que sont le parti présidentiel et le Congrès. L'autonomie quasi totale dont jouit le Président le place en danger constant de franchir la ligne rouge et de ne pas tenir compte des mises en garde du législatif ou de son parti. Au sein de l'exécutif, il est peu de conseillers qui osent prévenir ou contredire un Président prisonnier dans sa tour d'ivoire. Ainsi que l'écrit François

Vergniolle de Chantal [1], «si la démocratisation de la Présidence contient en germe le blocage institutionnel avec le Congrès, son institutionnalisation rend possible les abus (*overreach*). Ces deux risques sont au cœur de la dynamique politique et institutionnelle des États-Unis depuis les années 30».

Les tentations de la Présidence unitaire

La théorie de la Présidence unitaire [2] émerge dans les années 1980, en particulier au sein du ministère de la Justice lorsque Edwin Meese était *Attorney General* et au sein de la *Federalist Society* [3]. Elle a été notamment défendue par John Yoo et David Addington et invoquée de façon explicite durant l'administration G. W. Bush. S'appuyant sur la clause du pouvoir exécutif (*vesting clause*, art.II, section 1) et la clause d'exécution des lois (*take care clause*, art. II, section 3), elle considère que la Constitution exige un exécutif unitaire sous la dépendance hiérarchique et totale du Président, ce qui limite(rait) considérablement les pouvoirs dont jouit le Congrès de contrôler la Présidence. Selon cette théorie, le Président détiendrait la totalité du pouvoir exécutif et pourrait contrôler tous les fonctionnaires de l'Exécutif au sens large, ce qui inclut aussi bien les membres des agences indépendantes (qui *a priori* jouissent d'un mandat long et d'une certaine inamovibilité) et les procureurs spéciaux (*independent counsels,* qui en principe devraient pouvoir enquêter au sein de la branche exécutive sans risquer de se voir limoger). Avec la théorie de l'exécutif unitaire, le Président est maître pour tout ce qui touche à la branche exécutive et il ne peut y avoir intervention des autres branches dans le champ de l'article II. Pour la majorité des auteurs, aucune des trois branches du gouvernement fédéral

1. François Vergniolle de Chantal, *L'impossible présidence impériale, le contrôle législatif aux États-Unis*, CNRS éditions, 2016.

2. Pour une thèse favorable à un exécutif unitaire : Steven Calabrese, Anthony Colangelo, Christopher Yoo, «The Unitary Executive in the Modern Era, 1945-2004», *Iowa Law Review*, vol. 90, No 2, 2005.

3. Elle a été créée en 1982 pour contrebalancer la trop forte influence (selon les conservateurs) des progressistes dans les facultés de droit et parmi des juges.

n'est un monolithe isolé [1] ; elle fonctionne au contraire au sein d'un écosystème pluriel d'acteurs. La théorie de la Présidence unitaire a par exemple servi de base et de socle exégétique aux déclarations de promulgation (*signing statements*) des Présidents et en particulier de George W. Bush. C'est ce que développe Hamed Jendoubi dans sa thèse [2] consacrée à un sujet moins visible actuellement mais qui n'a pas perdu de son intérêt [3]. Les Présidents récents ont eu recours à ces outils dans lesquels ils émettent des réserves sur l'application de certaines dispositions d'une loi ou une loi entière qu'ils ont signée, réserves qui peuvent être de nature constitutionnelle ou non. En principe, le Président peut soit signer et promulguer une loi, soit s'y opposer en apposant son veto. C'est donc une pratique pour le moins douteuse qui empiète sur les pouvoirs du Congrès [4] et a essentiellement pour objet de protéger au plan théorique et constitutionnel les prérogatives [5] du Président.

Les pouvoirs du Président, chef de l'exécutif

Le Président est le seul élu de la nation tout entière, même si c'est au suffrage indirect. À ce titre, il jouit de l'autorité de son poste (*bully*

---

1. Neal K Katyal, « Internal Separation of Powers: Checking ToDay's Most Dangerous Branch from Within », *Yale Law Journal* 2314 (2006).

2. « Répéter pour imposer : les déclarations de promulgation de l'administration G. H. Bush, entre défense et légitimation rhétorique des prérogatives constitutionnelles de la Présidence », Hamed Jendoubi, thèse, Lyon 2019.

3. D. Trump utilise aussi les déclarations de promulgation. Whittington Keith, « Much Ado about Nothing: Signing Statements, Vetoes and Presidential Constitutional Interpretation », *William and Mary Law review*, vol., 2017 p. 1751-1791.

4. Louis Fisher, *Signing Statements in Constitutional Conflicts between Congress and the President*, University Press of Kansas, 2007 ; Charlie Savage, *Power of the Pen: Signing Statements in Takeover: the Return of the Imperial Presidency and the Subversion of American Democracy*, Brown and Co., 2007.

5. Christopher Yoo, « Presidential Signing Statements: a New Perspective », *University of Pennsylvania Law review*, vol. 164, 2016, p. 1801-1834.

pulpit[1]), amplifiée par de nouveaux moyens de communication. F. D. Roosevelt a su profiter des entretiens radiophoniques au coin du feu, puis J. F. Kennedy a compris la puissance de la télévision. Le Président Trump utilise le tweet pour galvaniser ses partisans et annoncer ses choix politiques.

Le Président est à la fois à la tête de l'exécutif et commandant en chef. Il est à la tête de la branche exécutive et d'un « État administratif» de plusieurs dizaines d'agences indépendantes créées par le Congrès au fil des années pour réglementer un secteur et rattachées à l'Exécutif. Les premières furent créées dans les premières années de la jeune République et les principales durant le *New Deal* par F. D. Roosevelt pour sortir les États-Unis de la grande dépression (FCC, SEC)[2]. Cet accroissement de la taille de l'administration s'est poursuivi durant les années 60 et 70 (création de l'Agence de protection de l'environnement, EPA), puis les années 90 (CSPC, Commission de protection de la sécurité des produits de consommation). En tant que chef de l'Exécutif, le Président a recours aux décrets présidentiels (*executive orders*) et il pourvoit aux postes de juges fédéraux et aux positions élevées de l'administration. En principe, les décrets présidentiels interviennent à la marge puisque le Congrès détient le pouvoir législatif, vote la loi et le budget. Mais lorsque le Congrès ne peut ou veut légiférer, le Président peut agir sur des points limités par voie de décret et au fil du temps les Présidents ont usé ou abusé[3] des décrets. Le Président Obama y a eu recours lorsque le Congrès a refusé d'adopter une réforme de l'immigration. Il a décidé de hiérarchiser les priorités

1. L'expression renvoie à l'idée de tribune mais aussi d'intimidation (*bully*). On parle aussi de « Présidence rhétorique ».

2. Ces agences administratives sont dotées de pouvoirs législatifs (édicter des règles), exécutifs (veiller à leur bonne application) et quasi judiciaires (poursuivre en cas de non-respect). Voir Anne Deysine et al., *L'empire de l'exécutif américain, 1933-2006*, Atlande, 2008 ; *Les institutions des États-Unis*, Document d'Études, La Documentation française, 2004.

3. Andrew Rudalevige, « The Contemporary Presidency: Executive Orders and Presidential Unilateralism », *Presidential Studies Quarterly*, vol. 42, No. 1, *The Presidency and Economic Governance in Hazardous Times*, 2012.

en matière de lutte contre l'immigration illégale, de concentrer les ressources humaines et financières sur la déportation des criminels dangereux et ceux qui risquaient de porter atteinte à la sécurité nationale. Et deux textes (DACA et DAPA) ont exclu explicitement deux types d'illégaux en situation irrégulière, les enfants arrivés tout jeunes sans être responsables de cette situation et les parents qui avaient donné naissance à des enfants sur le sol américain, devenus donc citoyens américains. Le Président Trump a signé en grande pompe de nombreux décrets d'importance variable et dont l'impact est selon les cas fort ou limité par les actions en justice.

Le pouvoir de nomination du Président figure à l'article II section 2 de la Constitution qui stipule que le Président avec « l'avis et le consentement » (*advice and consent*) du Sénat a le pouvoir de nommer juges fédéraux, ambassadeurs et hauts responsables de l'exécutif. La Constitution ne dit rien sur le pouvoir de révocation et, en conséquence, il a incombé au Congrès et aux juridictions fédérales de définir l'autorité qu'a le Président de limoger les responsables de son administration. La loi de 1789 qui crée le ministère des Affaires étrangères, inclut spécifiquement le pouvoir absolu du Président de limoger le secrétaire d'État, ministre des Affaires étrangères. Après la guerre civile, le Congrès a adopté la loi de 1867 (en passant outre au veto d'Andrew Johnson) qui exige du Président qu'il obtienne l'approbation du Sénat pour limoger [4] un responsable nommé avec l'approbation de ce même Sénat. Les juridictions fédérales ont saisi toutes les opportunités pour éviter de se prononcer ; néanmoins en 1926, la Cour suprême a jugé inconstitutionnelle une loi de 1876 qui exigeait l'assentiment du Sénat pour limoger certains types de fonctionnaires du service des postes [5]. En 1933 le Président Roosevelt a voulu tester cette liberté et limoger William Humphrey qui siégeait à la commission fédérale du commerce (FTC) en raison

4. Lorsque Andrew Johnson tenta de passer outre et de limoger son secrétaire à la guerre Edwin Stanton, le Congrès commença la procédure de mise en accusation qui fut votée à 126 voir contre 47, mais échoua à une voix près au Sénat. Le Président ne fut donc pas destitué et deux décennies plus tard le Congrès abrogea la loi de 1867.

5. *Myers v. United States*, 272 US 52 (1926).

de divergences sur les politiques à suivre. Mais, en 1935, la Cour suprême a limité le pouvoir de révocation du Président à ses proches collaborateurs et ceux qui travaillent à la Maison-Blanche [1]. En 1958, dans l'affaire qui opposait D. Eisenhower à Wiener qu'il voulait limoger, la Cour réitéra sa position : le Président n'a pas la possibilité de limoger pour des raisons expressément politiques. L'affaire Watergate et le limogeage d'Archibald Cox ont à nouveau posé la question. Alors que le Congrès avait donné autorité au ministre de la Justice pour nommer un procureur spécial chargé d'enquêter et de poursuivre les délits liés au cambriolage du siège du Parti démocrate dans l'hôtel Watergate, le Président Nixon a voulu révoquer le procureur spécial Cox. Le ministre de la Justice refusa et démissionna ainsi que son second et il fallut un troisième couteau, Robert Bork, pour exécuter l'ordre. Depuis, des règles ont été mises en place (voir ch. 5).

De nos jours, les Présidents jouissent d'une grande latitude pour agir par voie de décrets, nommer et limoger leurs ministres et ceux qui sont nommés au sein de la branche exécutive.

Le Président Commandant en chef

Le rôle du Président en politique étrangère a varié selon les époques. George Bush junior et son équipe étaient en faveur d'une vision extensive du modèle hamiltonien, s'appuyant sur la doctrine des « pouvoirs inhérents » venant s'ajouter aux pouvoirs explicites énumérés dans la Constitution. Lorsque le Congrès a cherché à s'imposer, les juridictions fédérales saisies ont dû se prononcer en matière de séparation des pouvoirs, tout en reconnaissant le rôle prépondérant du Président dès lors qu'il s'agit de questions militaires et de politique étrangère. C'est ce qui explique une décision de 1936 [2] concluant que la résolution conjointe et les actes du Président ne constituent pas une délégation inconstitutionnelle des pouvoirs énumérés. Le juge Sutherland, auteur de l'opinion majoritaire, y dessine une nette distinction selon qu'il s'agit

1. *Humphrey's Executor v. United States*, 295 US 602 (1935).

2. *United States v. Curtiss-Wright Export Corp.*, 299 US 304 (1936).

d'affaires intérieures ou extérieures. Au contraire, dans l'affaire dite de la réquisition des aciéries [1] intervenue durant la guerre de Corée, la Cour conclut à l'inconstitutionnalité de la saisie des aciéries par le Président Truman, le décret présidentiel constituant une violation de la Constitution. Le juge Black insiste sur la différence entre ce qui relève de la politique intérieure, ici la réquisition des aciéries, et les questions de politique étrangère dans lesquelles est reconnu le rôle légitime du Président en tant que commandant en chef. Le juge écrit : « Le pouvoir de commandement du Président n'est pas absolu comme il pourrait l'être dans un système militariste ; il est soumis aux limitations d'une République constitutionnelle dont l'organe d'élaboration des lois est un Congrès représentatif ».

La Présidence impériale est marquée par deux dérives principales, les envois de troupes sans déclaration de guerre par le Congrès et l'utilisation des accords exécutifs en lieu et place de traités qui requièrent l'approbation par le Sénat. Pour réagir à la première dérive, le Congrès a voté en 1973 le *War Powers Act (WPA)* [2] qui n'a pas changé la pratique présidentielle. Les Présidents continuent de justifier leurs interventions comme l'exercice de leurs prérogatives constitutionnelles de chef des armées, contournant ainsi les exigences de la loi de 1973. Certains observateurs ont conclu que la loi WPA aurait paradoxalement contribué à un renforcement des prérogatives de l'exécutif. Quant à l'abus du recours aux accords exécutifs, il apparaît dans les chiffres. Leur nombre est passé de 27 (contre 60 traités) durant les cinquante premières années de la République à 13016 (et seulement 759 traités) durant la période 1940-1989. Ce type d'accord qui a fait l'objet de recours en justice a été jugé par la Cour suprême comme n'étant pas une délégation inconstitutionnelle [3] des pouvoirs législatifs du Congrès et de sa capacité à signer des traités. Ils représentent aujourd'hui 90 % des accords internationaux signés par les États-Unis, mais il faut néanmoins nuancer : certains accords exécutifs (en matière de

1. *Youngstown Sheet & Tube Co. v. Sawyer*, 343 US 579 (1952).

2. Voir Vinel et al., *L'Empire de l'exécutif américain, 1933-2006*, Atlande, 2008, p. 340-341.

3. *Field v. Clark*, 143 US 649 (1892).

commerce international) ont été préalablement autorisés par une loi du Congrès. Pourtant, ils donnent la possibilité au Président de contourner l'opposition ou l'inaction du Congrès. C'est un avantage en terme d'efficacité, mais une brèche dans le système de freins et contrepoids.

Les périodes de guerre et l'existence d'une menace réelle ou supposée sur la sécurité du pays ont fourni les conditions favorables à l'accroissement des pouvoirs au sein de l'exécutif. Le Président peut faire appel à l'outil du « rassemblement patriotique autour du drapeau » (*Rally around the flag*) créant un consensus politique autour du chef de l'État. L'attaque de Pearl Harbor, les attentats terroristes du 11 septembre 2001 ont donné au Président la possibilité de capitaliser sur l'émoi populaire et d'obtenir un soutien inconditionnel lorsqu'il a recours aux pouvoirs d'urgence ou qu'il demande au Congrès de voter des législations lui déléguant des prérogatives exceptionnelles pour faire face aux situations de crise. Ceci explique le vote de lois liberticides du type loi *Patriot*[1] votée cinq semaines après les attentats de 2001 ou loi *FISA* de 1978 sur les pouvoirs de surveillance de l'État renforcée à plusieurs reprises[2]. Le Président n'hésite pas à créer des tribunaux militaires exceptionnels, que ce soit en juillet 1942 ou en novembre 2001. La Cour suprême les valida en 1942 ; et si elle les déclara contraires à la Constitution en 2006[3], elle acceptait implicitement de les valider si une loi était votée, ce qui fut fait et constitue une modification de l'équilibre constitutionnel interne. L'internement des immigrés

1. Le *USA Patriot Act* allonge la durée de la garde à vue, facilite les écoutes téléphoniques, l'interception des communications électroniques, les perquisitions dans les entreprises et la collecte d'informations dans les établissements d'enseignement, les cabinets médicaux et les bibliothèques.

2. En 2008 et en 2018 par la proposition S. 139, « Amendements à la loi FISA de 2017 » qui autorise à nouveau jusqu'à 2023 deux sections contestées, le Titre VII et la section 702.

3. *Hamdan v. Rumsfeld*, 548 US 557 (2006). La décision dans une opinion concurrente spécifiait que si les tribunaux militaires étaient créés par le Congrès, ils obtiendraient son approbation. Ce fut fait un peu plus tard en 2006 quand le Président W. Bush a obtenu du Congrès le vote du *Military Commissions Act*.

japonais et des Américains d'origine japonaise dans les camps pendant la Seconde Guerre mondiale est un exemple ; la validation de ces actes par la Cour suprême dans les deux décisions [1] de 1943 et 1944 est le signe de l'acquiescement de la Cour suprême à cette nouvelle répartition des pouvoirs. Pourtant, en 2006 et 2008, elle infligea deux camouflets à l'administration Bush en statuant contre les commissions militaires [2] et jugea que les prisonniers de Guantanamo devaient bénéficier des garanties de l'*habeas corpus.*

La machine de sécurité nationale

L'émergence d'une bureaucratie garante de la sécurité nationale [3] à laquelle on fait référence sous l'expression *National Security State* témoigne de la nouvelle relation entre gouvernement civil et institutions militaires et de sécurité dont l'influence va croissante. L'ensemble des agences [4] qui constituent l'appareil de renseignements est responsable du renforcement *de facto* du pouvoir de l'exécutif. Toute l'organisation de la communauté du renseignement est mise au service de la Présidence, renforçant ainsi la centralisation décisionnelle et la dissymétrie entre la Présidence

1. *Hirabayashi v. United States*, 320 US 81 (1943), *Korematsu v. United States*, 323 US 214 (1944).

2. *Hamdan v. Rumsfeld*, 548 US 557 (2006), *Boumedienne v. Bush*, 553 US 723 (2008).

3. Le dispositif de sécurité nationale date de l'année 1947 et de la loi de sécurité nationale adoptée sous la Présidence Truman. La NSA, créée en 1952 par décret présidentiel confidentiel du Président Truman, a fonctionné dans le plus grand secret jusqu'à 1970, date à laquelle une commission du Congrès, la commission Church, a rendu un rapport révélant qu'elle avait espionné les adversaires de la guerre du Vietnam. Voir *L'Empire de l'exécutif, op. cit.* p. 373.

4. Le dispositif de sécurité nationale est devenu une hydre géante dont il est difficile de déceler la tête. Une étude du *Washington Post* de 2011 (*Top secret America*) identifie 46 départements, ministères, agences impliqués dans une activité de sécurité nationale et au total 1 271 organisations gouvernementales et 1 931 sociétés privées travaillant sur différents programmes de contre-terrorisme et sécurité intérieure répartis sur plus de 10 000 sites sur le territoire américain.

et les autres acteurs. Sans aller jusqu'à adhérer pleinement à la thèse développée par Michael Glennon [1] d'un double gouvernement qui placerait les agences de renseignement et plus largement l'appareil de sécurité nationale en dehors de tout contrôle par les acteurs politiques classiques, il importe de relativiser. Il apparaît que le Président n'aurait que peu de contrôle sur ces rouages qui fonctionnent à la marge et dans une bulle protégée de tout réel contrôle par un Congrès dysfonctionnel malgré les recommandations de la commission Church et un pouvoir judiciaire qui à force de « déférence » et de « tropisme exécutif » a renoncé à jouer son rôle de rempart contre la tyrannie.

Alors que le rôle du pouvoir judiciaire est de protéger les libertés individuelles, le processus de sélection des juges fédéraux permet d'éliminer ceux qui ne seraient pas des soutiens fiables du dispositif de sécurité nationale. Beaucoup de juges fédéraux ont été procureurs, et nombreux sont ceux qui ont travaillé au sein de l'administration, du département de la Justice ou à la Maison-Blanche [2]. Ils sont donc tout à fait sensibilisés aux nécessités du pouvoir exécutif et prêts à faire preuve de « déférence », invoquant la « modestie judiciaire » pour ne pas intervenir dans une affaire d'écoutes téléphoniques ou statuer en faveur du pouvoir. C'est particulièrement vrai de la cour FISC créé par la loi FISA de 1978 dont personne n'avait entendu parler jusqu'à il y a quelques années. Le système de nomination prévu par la loi n'implique aucune intervention du Président et des sénateurs. Ces juges sont choisis de façon totalement discrétionnaire par le président de la Cour suprême parmi les juges siégeant déjà dans une juridiction fédérale. Si l'on regarde la composition actuelle de la cour FISC, tous les juges ont été nommés par des Présidents républicains. Dans ces conditions, on peut imaginer qu'ils ne feront pas de vagues, d'autant que la procédure à la cour FISC ne prévoit ni procédure accusatoire, ni exigence d'un procès contradictoire. Seul

---

1. Michael Glennon, « National Security and Double Government », *Harvard National Security Journal*, volume 5, 2009 ; *National Security and Double Government*, OUP, 2016.

2. Le juge Rehnquist qui devint ensuite président de la Cour, le président actuel, John Roberts, ou encore le juge Alito qui a travaillé dans les communications chiffrées avant de devenir procureur fédéral puis juge à la Cour suprême.

le gouvernement a le droit de s'exprimer et la procédure est secrète, comme le sont, dans leur quasi-totalité, les décisions rendues. Dans ces conditions, tout contrôle est impossible, ce qui accroît les risques que fait courir la « guerre contre la terreur », risques que souligne Erwin Chemerinsky [1].

Tentation du secret et privilège de l'exécutif

Tous les Présidents se sont efforcés d'échapper aux contrôles mis en place par les Pères fondateurs, que ce soit les commissions d'enquête du Congrès ou les demandes d'information en vertu de la loi sur l'accès aux documents publics (FOIA). Ils ont tenté de résister aux demandes d'information concernant leurs actes et leurs politiques en invoquant, selon les cas et selon les périodes, le privilège de l'exécutif (qui garantit un certain degré de confidentialité), la législation sur les secrets d'État ou les exigences de la « sécurité nationale ». Le privilège de l'exécutif ne figure pas dans la Constitution et ne fait pas partie des pouvoirs énumérés, ce qui explique que Raoul Berger, tenant de l'approche originaliste [2], qualifie ce privilège de « mythe constitutionnel » et insiste sur l'obligation du Président de communiquer des informations sur l'état de l'Union. Il a fallu la décision *US v. Nixon* de 1974 [3] pour que la Cour suprême reconnaisse l'existence d'un privilège de l'exécutif tout en jugeant que celui-ci ne saurait être absolu, ce qui a contraint le Président Nixon à remettre les enregistrements.

Le privilège de l'exécutif a été invoqué avant 1974 par les premiers Présidents, Washington, Adams et Jefferson, mais aucun ne s'est appuyé sur une justification constitutionnelle, seulement des motifs de « bien public », sécurité ou justice. Le premier à avoir invoqué d'obscures références aux « pouvoirs constitutionnels de l'exécutif »

1. Erwin Chemerinsky, « The Assault on the Constitution: Executive power and the War on Terrorism », *U.C. Davis Law Review*, vol. 40, No. 1, Nov. 2006 p.1-20.

2. Selon la thèse originaliste, seul le texte « original » ou initial de la Constitution doit être pris en compte.

3. *United States v. Nixon*, 418 US 683 (1974).

est le populiste Andrew Jackson. Le privilège de l'exécutif a été évoqué par George W. Bush qui a résisté au pouvoir de surveillance (*oversight*) du Congrès et empêché les membres de son administration de témoigner devant les commissions du Congrès, puis par B. Obama lorsque le Congrès demandait des informations sur les ratés du programme *Fast and Furious* de vente d'armes dans le cadre de la lutte contre la drogue. Le Président Obama s'est conformé avec réticence aux demandes des Républicains à la tête des commissions lors de l'enquête sur le rôle des services fiscaux (IRS) [1] soupçonnés d'avoir faire preuve de partialité vis-à-vis de certaines organisations conservatrices ou lors de l'enquête Benghazi [2] sur les causes de la mort de l'ambassadeur Christopher Stevens.

Les refus et atermoiements des Présidents n'étaient pas systématiques, à la différence de D. Trump qui refuse *a priori* toute comparution de ses proches et toute communication de documents en avril/mai 2019. Or, la transparence est l'une des valeurs fondamentales de la démocratie américaine, indispensable pour assurer la responsabilité des gouvernants qui doivent en principe être redevables (*accountable*) de leurs actes. Le juge Brandeis qui siégea à la Cour suprême de 1913 à 1939 avait écrit : « La lumière du soleil est le meilleur désinfectant ». Dans son livre *L'argent des autres* publié en 1914 et toujours d'actualité, il argumente contre les banquiers de l'époque et prône la transparence comme seule susceptible de « leur faire honte et d'induire un fonctionnement plus efficace du marché ». C'est vrai aussi en politique. C'est la raison pour laquelle, après l'affaire du Watergate et les multiples tentatives du Président Nixon pour étouffer l'affaire, le Congrès a adopté plusieurs lois et en particulier la loi sur l'éthique dans le gouvernement (*Ethics in Government Act*) de 1978 qui comporte un volet « Divulgation de patrimoine ».

1. « IRS Apologizes For Aggressive Scrutiny Of Conservative Groups », *NPR*, 27 oct. 2017.

2. Voir www.vox.com/2018/11/20/17996104/benghazi-attack-clinton-obama.

L'impossible mise en jeu de la responsabilité du Président

Les Pères fondateurs ont considéré que les électeurs avaient la possibilité de ne pas réélire leur Président et en cas d'abus manifeste et de violation de la Constitution, le Congrès disposait de l'arme de la mise en accusation.

L'*impeachment*

La Constitution prévoit la mise en jeu de la responsabilité politique du Président par la procédure de mise en accusation par la chambre des Représentants pour « trahison, corruption ou autres crimes et délits ». L'étape suivante est l'éventuelle destitution par le Sénat, peu envisageable en 2019 : si les Démocrates ont repris la majorité à la chambre en 2018, ils sont toujours minoritaires au Sénat où le vote de destitution requiert une majorité des deux tiers. À la différence des crimes ordinaires qui relèvent du droit pénal, les « crimes et délits » (*high crimes and misdemeanours*) passibles d'une mise en accusation sont de nature politique. Le concept de mise en accusation emprunté au droit anglais est expliqué par Edmund Burke : « Des hommes d'État qui abusent de leur pouvoir seront accusés et jugés par leurs pairs pas sur les détails (*niceties*) d'une jurisprudence étroite, mais en vertu de principes élargis et solides de moralité publique ». Ainsi que l'a souligné Alexander Hamilton dans *Le Fédéraliste*, ces crimes touchent à des préjudices infligés à la société elle-même. C'est le cas des articles de mise en accusation de Richard Nixon adoptés par la Commission judiciaire en 1974 qui incluaient l'abus de pouvoir et l'entrave à la justice. La condition, de nature politique, est que le détenteur du poste a manqué à ses obligations et n'a pas exercé sa responsabilité, explicitée à l'article II de la Constitution, de « s'assurer que les lois sont exécutées fidèlement ». En conséquence, des actes présidentiels qui ne sont pas nécessairement des crimes au sens pénal, peuvent justifier une mise en accusation. Seules trois procédures de mise en accusation ont été mises en œuvre, dont deux ont abouti à la mise en accusation par la chambre (première étape) des présidents Jackson (après la guerre de

Sécession) et Clinton en 1998. Aucune n'a abouti à la destitution (par le Sénat) puisque Richard Nixon a préféré démissionner avant d'être mis en accusation. La question de la responsabilité se pose de façon générale et s'est régulièrement posée durant l'administration G. W. Bush et dès les premiers jours de la Présidence Trump en raison des assauts quotidiens contre les normes constitutionnelles (séparation des pouvoirs, indépendance du Judiciaire, liberté de la presse) ainsi que les traditions non écrites (non-divulgation de sa déclaration d'impôts). Pourtant, malgré la persévérance des médias, la nomination d'un procureur spécial et de multiples actions en justice, tant que les Républicains sont majoritaires au Sénat et privilégient la victoire partisane à court terme, quels que soient les abus commis, aucune destitution n'est possible. Pourtant, D. Trump est loin de la ligne politique des Républicains et plusieurs de ses politiques, comme la fermeture partielle de l'administration fédérale (*shutdown*) fin 2018 (ch. 2) ou la décision contre l'avis de ses conseillers et des Républicains au Sénat de retrait des forces spéciales de Syrie, nuisent aux Américains et mettent en danger les institutions et les États-Unis. Le recours aux pouvoirs d'urgence afin de contourner le Congrès (qui a refusé d'affecter les milliards demandés pour la construction du mur de séparation avec le Mexique) est une atteinte à la séparation des pouvoirs et un empiétement sur les pouvoirs budgétaires du Congrès et de la chambre. D'où l'importance de l'*impeachment* sur le plan des principes (ch. 4) et les risques de « précédent » si le Congrès n'agit pas.

Rechercher la responsabilité civile ou pénale du Président

Outre le recours au 25e Amendement, qui pose les conditions dans lesquelles il serait possible de remplacer un Président jugé inapte à exercer ses fonctions, il est possible de rechercher la responsabilité du Président par la voie juridictionnelle qui inclut la voie civile et la voie pénale. Depuis les mésaventures de B. Clinton et une décision de la Cour suprême[1], on sait que l'immunité en matière civile dont

1. *Clinton v. Jones*, 520 US 681 (1997).

jouit le Président n'est pas illimitée. Elle s'applique aux actes commis en tant que Président, mais pas à ceux de nature privée qu'il a pu commettre avant de devenir Président. Les accusations d'agression sexuelle ou de harcèlement sexuel portaient sur la période durant laquelle Bill Clinton était gouverneur de l'Arkansas ; aussi la Cour suprême a-t-elle donné le feu vert à l'action en justice intentée devant les juridictions fédérales. Il serait sans doute possible que les femmes qui accusent D. Trump d'agression sexuelle ou allèguent des contacts inappropriés puissent le poursuivre en justice. Certaines affaires remontent à 1980 ; d'autres sont plus récentes – 2007 pour Summer Zervos, l'ancienne candidate au jeu de télé-réalité *The Apprentice*. Deux autres, la star du porno et Karen McDougal (dont l'histoire a été achetée par un média proche du Président afin de l'« enterrer »), cherchent à se libérer de l'accord de non-divulgation signé avec D. Trump. Une juge de New York a autorisé la poursuite de l'action en diffamation de Summer Zervos et affirmé qu'un Président pouvait être poursuivi devant les juridictions étatiques pour des actes ne touchant pas à sa fonction, « personne n'étant au-dessus de la loi ».

La question de la responsabilité pénale est plus délicate. Les Pères fondateurs ont implicitement placé le Président à l'abri des poursuites pénales ordinaires durant son mandat. Pourtant, s'il s'avérait que le candidat Trump a en juin 2016 chargé son avocat Michael Cohen de « promettre un triplex de 50 millions de dollars » à Poutine si le projet de tour Trump à Moscou se réalisait, ce serait une violation de la loi FCPA de 1976 qui interdit la corruption et le versement de pots-de-vin à l'étranger. S'il a effectivement ordonné à Michael Cohen d'acheter le silence de deux femmes avec lesquelles il a eu une liaison, c'est sans doute une violation des lois sur le financement des élections (FECA). Mais le Président ne peut en principe pas être inculpé tant qu'il est en fonction. Bien que les avis divergent sur la possibilité d'une éventuelle inculpation par un procureur spécial, deux mémos du ministère de la Justice de 1997 et de 2000 concluent par la négative. En invoquant des arguments qui touchent à la séparation des pouvoirs et à l'organisation du pouvoir (parce qu'une inculpation empêcherait le Président de mener à bien sa mission), ils concluent qu'il n'est pas possible de poursuivre un Président en exercice. Le juge Kavanaugh qui avait travaillé dans l'équipe du procureur spécial Kenneth Starr chargé d'enquêter sur

Bill Clinton avant de devenir juge puis de siéger à la Cour suprême depuis octobre 2018 avait écrit dans le même sens, ce qui lui fut reproché lors des auditions de confirmation du 4 septembre 2018. Dans son rapport rendu public fin avril 2019, le procureur Mueller laisse entendre qu'il n'intente pas de poursuites pour obstruction à la justice en partie par manque de preuves suffisantes, mais surtout parce que les lignes directrices du ministère de la Justice lui interdisent d'inculper le Président. Mais le long rapport détaille les nombreux crimes et délits commis par les proches du Président, son directeur de campagne, son avocat, son conseiller à la sécurité nationale et dix exemples de ce qui ressemble fort à des entraves à la justice.

La Constitution précise qu'il est possible de poursuivre le Président pénalement une fois qu'il a été destitué ou à la fin de son mandat. Mais, à court terme, destitution et poursuites sont hautement improbables.

Chapitre 2
Les assauts contre les normes écrites

Le Président Trump a prêté serment de faire respecter la loi et la Constitution, mais il foule aux pieds les institutions qu'il ne comprend pas et ne veut pas comprendre, la lettre de la Constitution et l'esprit du document, les normes non écrites sur lesquelles les États-Unis se sont construits. Critiques contre les médias, contre le FBI, tentatives d'ingérence dans les poursuites, non-communication de sa déclaration d'impôts et refus de placer ses avoirs financiers dans un *blind trust* : il n'accepte ni la notion de contre-pouvoir, seul rempart contre la tyrannie, ni celle de primauté du droit.

Parmi les assauts quotidiens et permanents, il est possible de distinguer deux types d'atteintes qui parfois se juxtaposent. Les premières sont de nature constitutionnelle et avec les attaques répétées de D. Trump contre le Congrès, le pouvoir judiciaire et les médias, la primauté du droit est en danger. Il s'attaque frontalement à la séparation des pouvoirs et au principe de « gouvernement limité » tel qu'explicité par James Madison et ne supporte ni les critiques des médias ni les décisions contraires des juges. Tout ce qui s'oppose à son pouvoir – qu'il voudrait absolu – est critiqué et stigmatisé comme « ennemi du peuple » ou complot de « l'État profond », autrement dit comme une vaste conspiration contre sa personne.

Les assauts contre le Congrès et le pouvoir judiciaire

Assauts contre le Congrès

Les assauts contre le Congrès ont été peu visibles durant deux ans car la majorité républicaine dans les deux chambres a supporté stoïquement les excès, changements de dernière minute et atteintes aux prérogatives du Congrès, ses membres craignant d'être débordés à droite lors des primaires de 2018. La donne a changé après janvier 2019, quand la majorité démocrate nouvellement élue à la Chambre a pris les rênes du pouvoir et la présidence des commissions. Dans le cadre de leur pouvoir de contrôle, ces commissions ont lancé des auditions (voir ch. 4) et l'administration Trump a en un premier temps interdit à ses collaborateurs de comparaître devant le Congrès. Il s'agit d'un refus systématique de toute comparution, ce qui revient à nier ce pouvoir essentiel du Congrès, branche égale (*co-equal*) du gouvernement, reconnu par la Cour suprême. Il a par exemple donné instructions au département du Trésor de refuser de communiquer ses déclarations de revenus réclamées par la Commission des moyens (*Ways and Means*) [1].

Une autre pratique de la Présidence Trump, cause d'inquiétude, est la tendance à limoger les responsables de ministères et d'agences qui ne sont pas loyaux et à les remplacer par des individus loyaux généralement sans compétence [2]. En cas de risque de non-confirmation par le Sénat, le Président nomme un directeur par

1. Le secrétaire au Trésor Steven Mnuchin déclara qu'il manquait à la requête une motivation législative légitime (*lacks a legitimate legislative purpose*), ce qu'il décida de déterminer lui-même alors que cette détermination relève du pouvoir judiciaire.

2. D'autres Présidents ont nommé des proches ou des alliés politiques n'ayant pas les compétences requises à des postes importants. Ainsi, la nomination par G. W. Bush de Michael Brown à la tête de l'agence en charge des catastrophes naturelles et urgences fédérales (FEMA) dont la mauvaise gestion de l'ouragan Katrina a eu des conséquences lourdes. Mais dans ce domaine aussi D. Trump va plus loin : il a nommé ainsi davantage d'ambassadeurs pour des raisons de proximité politique

intérim qui reste en place plusieurs mois [1] en violation de la procédure de nomination prévue dans la Constitution [2].

L'abus des décrets

Le Président est à la tête d'un « État administratif » de plusieurs dizaines d'agences indépendantes et d'une administration qui compte plus de trois millions de fonctionnaires. D. Trump jouit donc en apparence de pouvoirs importants. Il peut signer des décrets, annuler des décrets pris par le Président Obama ou donner instruction aux agences indépendantes à pouvoir réglementaire, telles que la FCC (compétente en matière de communications fédérales) ou l'EPA (Agence pour la protection de l'environnement). Mais l'impact réel de ces décrets est très variable selon le type d'actions envisagées et de règles visées. Pour celles qui sont en préparation au sein de l'agence mais non encore adoptées, il est facile de les bloquer ou de les vider de leur contenu. De même, pour les règles à venir, le Président peut infléchir la façon dont les règles seront préparées et modifier les critères. Il a ainsi ordonné que l'on cesse de prendre en compte l'impact sur l'environnement lors de la préparation de réglementations nouvelles, que son prédécesseur avait cherché à généraliser. En revanche, les règles déjà en place et appliquées sont difficiles à modifier ou à vider de leur substance car elles sont le produit d'un processus formalisé par la loi APA de

---

et de versements à sa compagne qu'aucun de ses prédécesseurs au cours des 40 dernières années.

1. « Trump relies on acting Cabinet officials more than most presidents. It's not an accident », *Washington Post*, 8 avril 2019.

2. Il a aussi obtenu une interprétation favorable de la loi anti-népotisme (5 U.S.C. § 3110) adoptée après que J.F. Kennedy ait placé son frère Bobby à la tête du ministère de la Justice. Ses prédécesseurs, D. Reagan ou B. Obama, se sont pliés aux recommandations du bureau de conseil juridique (OLC) du ministère de la Justice. Mais en 2017, ce bureau a opportunément modifié sa position et conclu que la loi anti-népotisme ne s'applique pas aux nominations par le Président à des positions au sein de la Maison-Blanche, ce qui a permis à D. Trump de nommer sa fille et son gendre à des postes de conseillers spéciaux.

1946 [1] qui prévoit plusieurs étapes incontournables. La première est la notification au public (*Advance Notice of Proposed Rulemaking*) des changements envisagés, suivie de l'étape de sollicitations des avis et commentaires du public concernant ces changements. L'agence doit ensuite répondre à ces commentaires et les prendre en compte avant de pouvoir adopter de nouvelles règles qui devront être justifiées de façon rigoureuse car la menace d'une action en justice est constante. Dans l'hypothèse d'une insuffisante prise en compte d'éléments factuels, d'une justification insuffisamment rigoureuse de la modification ou de l'existence d'un vice de forme, les nouvelles règles seront contestées devant les juridictions fédérales, ce qui retarde leur mise en œuvre à défaut de les bloquer définitivement.

Parce que le Congrès est dysfonctionnel depuis plusieurs décennies, G. W. Bush et B. Obama n'ont pu faire adopter les nécessaires textes législatifs en matière de contrôle des armes à feu ou d'immigration et ont eu recours à l'arme du décret présidentiel pour pallier l'immobilisme du Congrès. Mais D. Trump privilégie systématiquement les décrets, témoignant de son mépris pour les institutions et les autres acteurs constitutionnels : Congrès, pouvoir judiciaire ou États fédérés [2].

L'instrumentalisation du shutdown

Selon la Constitution, le Congrès vote le budget mais en raison de la polarisation croissante, le processus budgétaire et l'adoption du budget sont devenus des terrains privilégiés d'affrontement. L'opposition entre Bill Clinton et les Républicains fin 1994, qui a mené à une fermeture des services fédéraux (*shutdown*) et la mise au chômage technique de 3 millions de fonctionnaires, était de nature partisane. Avec B. Obama, il y a eu plusieurs fermetures, également partisanes. Avec D. Trump, le conflit a changé de nature. De partisan, il est devenu une attaque contre le Congrès. En effet, alors que Démocrates et Républicains s'étaient mis d'accord mi-novembre 2018 pour adopter un budget de compromis incluant un peu de financement de la sécurité à la frontière et des mesures de

1. *Administrative Procedure Act* (APA- 5 USC. §551).

2. Certains de ces actes ont été contestés devant les juridictions fédérales.

régularisation des « rêveurs », c'est D. Trump qui, au dernier moment, aiguillonné par la droite dure et des journalistes de Fox News, a rejeté le compromis et entraîné la fermeture du gouvernement fédéral. Ce *shutdown*, le plus long de l'histoire des États-Unis, a mis au chômage technique 800 000 personnes en janvier 2019. Non content d'instrumentaliser la procédure budgétaire à des fins partisanes, le Président s'est efforcé de rendre les conséquences de sa décision moins visibles et moins difficiles à supporter en violant les règles d'application de la fermeture. Alors que les agences sont censées ne faire fonctionner que les services essentiels, il les a autorisées à utiliser d'autres ressources financières, comme les droits d'entrée pour les parcs nationaux, de façon à permettre un fonctionnement *a minima* et rendre moins visibles les conséquences de ses actes.

Le recours aux pouvoirs d'urgence

En invoquant les pouvoirs d'urgence début 2019, le Président s'en prend directement au cœur des institutions, à la séparation des pouvoirs et aux pouvoirs budgétaires du Congrès. Alors que le Congrès avait spécifiquement refusé de financer l'intégralité de ce que le Président demandait pour son mur, D. Trump a signé le projet de loi de finances afin de permettre la réouverture des services fédéraux. Puis il a immédiatement déclaré l'état d'urgence afin d'utiliser pour « son » mur 8 milliards de dollars affectés à d'autres fins, ce qui va à l'encontre de la volonté clairement exprimée du Congrès et empiète sur les pouvoirs budgétaires (*spending powers*) attribués au Congrès par l'article I de la Constitution. Les Présidents ont régulièrement recours aux pouvoirs d'urgence bien que la Constitution ne prévoie rien à leur sujet. C'est la raison pour laquelle le Congrès a légiféré en 1976 en adoptant le *National Emergency Act* qui ne définit pas ce qu'est une « situation d'urgence », laisse une grande latitude au Président mais requiert néanmoins qu'il spécifie quels pouvoirs il entend mobiliser et qu'il tienne le Congrès régulièrement informé.

L'état d'urgence n'est théoriquement déclaré que pour un an, mais il peut être renouvelé, ce qui explique que sur les plus de 150 états d'urgence déclarés par les Présidents successifs, plusieurs dizaines sont toujours en vigueur. D. Trump rappelle que ses prédécesseurs ont souvent déclaré des *national emergencies* depuis 1976. Mais ces pouvoirs n'ont en aucun cas été invoqués pour court-circuiter le Congrès ou aller directement à l'encontre de ses choix clairement exprimés, ici le refus de financer un mur physique plutôt que des outils de détection. Jusqu'ici les dérives majeures ont été évitées sans doute parce que les prédécesseurs du Président Trump respectaient les normes implicites qui sous-tendent le système. Aujourd'hui, les risques de dérive autocratique sont réels et le Congrès sait qu'il doit réagir en s'opposant aux pouvoirs d'urgence (ce que prévoit la loi de 1976), en amendant la loi ou en contestant le recours aux pouvoirs d'urgence devant les tribunaux (voir ch. 4).

Le risque de glissement autocratique a été jugé suffisamment grave par l'auteur de l'article « The Alarming Scope »[1] qui propose un scénario digne du *Complot contre l'Amérique* de Philip Roth. Une fuite a révélé que l'organisation Trump était bien impliquée dans des contacts illégaux avec les oligarques russes, la situation économique se détériore et un certain nombre de Républicains commence à prendre ses distances avec l'administration tandis que le soutien en faveur de la mise en accusation prend de l'ampleur. Le Président, s'appuyant sur des informations confidentielles, donc impossibles à vérifier, brandit alors la menace d'une cyber-attaque menée par l'Iran destinée à interférer avec l'élection 2020. Après une escalade verbale orchestrée par son conseiller à la sécurité nationale, il ne reste plus au Président qu'à invoquer la section 706 de la loi sur les communications et à assumer le contrôle sur l'Internet à l'intérieur des États-Unis car « il importe d'empêcher la propagation de la désinformation iranienne ». Le Président autorise alors le département du Trésor à geler les actifs de toute personne ou organisation soupçonnée de soutenir les activités de l'Iran contre les États-Unis.

S'appuyant sur les pouvoirs conférés par les diverses lois d'urgence, le gouvernement peut alors fermer plusieurs sites Web de gauche et interdire certaines organisations de la société civile en alléguant qu'ils sont soumis à l'influence iranienne. Le Président a aussi à sa disposition la loi sur l'insurrection utilisée par D. Eisenhower en 1957 pour envoyer les troupes à Little Rock et par G. H. Bush

1. « The Alarming Scope of the president's Emergency Powers », *The Atlantic*, Janv./ fév. 2019. L'article a été écrit avant que Mueller ne rende son rapport.

en 1992 pour mettre fin aux émeutes déclenchées par le verdict dans l'affaire Rodney King. Personne n'a critiqué le recours aux troupes dans ces cas bien précis; mais *quid* s'il s'agissait d'envoyer les troupes pour contraindre à l'obéissance les villes sanctuaires (en matière d'immigration) ou encore pour mater des manifestations anti-Trump qualifiées d'émeutes ? Rien dans la Constitution ne prohibe l'utilisation des troupes à des fins internes et à des activités de police. Le *Posse Comitatus Act* (1) de 1878, qui n'interdit pas ce type d'utilisation, précise que l'autorité de recourir aux militaires à des fins de maintien de l'ordre doit dériver de la Constitution ou d'une loi, et l'*Insurrection Act* de 1807 apporte l'autorité nécessaire. Tel qu'amendé au fil des années, le texte autorise le Président à déployer des troupes à la requête d'un gouverneur ou d'un législatif de façon à aider à mater une insurrection au sein de l'État.

Le refus de tout droit de regard (oversight) *par le Congrès*

Alors que les refus des Présidents antérieurs étaient limités à certaines informations, D. Trump refuse de se plier à toutes les demandes du Congrès. En quelques jours, début mai 2019, il a refusé de communiquer ses déclarations de revenu demandées par la Commission sur les moyens en vertu d'une loi (2); il a interdit au ministre de la Justice de communiquer le rapport Mueller dans son intégralité ainsi que les éléments rassemblés au cours de l'enquête et a interdit à l'ancien conseiller juridique de la Maison-Blanche de témoigner, sans même invoquer quelque privilège que ce soit. D. Trump n'a pas hésité à poursuivre en justice le président de la commission qui a cherché à obtenir des documents financiers auprès de la société d'expertise comptable Mazars ou à aller en justice pour interdire à Deutsche Bank, qui lui a prêté beaucoup d'argent, et à Capital One, sa banque privée, de coopérer à l'enquête menée par les commissions des finances et du renseignement sur le blanchiment d'argent russe. À la différence de ses prédécesseurs qui

---

1. Le *Posse Comitatus Act* est voté après la guerre civile afin de mettre fin au recours aux forces armées au service du respect de la loi dans les anciens États confédérés.

2. La loi stipule que le secrétaire au Trésor « doit fournir les déclarations de revenus au Congrès s'il le demande ».

ont résisté au cas par cas sur certains dossiers particuliers, le Président Trump fait de l'obstruction systématique. Dans le meilleur des cas, les commissions ne reçoivent pas de réponse à leurs questions, concernant le bail de l'hôtel Trump dans la capitale fédérale ou la façon dont l'administration bloque la mise en œuvre de la loi santé (ACA). Dans les enquêtes touchant à la politique étrangère, le Président refuse car c'est un « domaine exclusif » de l'exécutif. Dans d'autres, il interdit aux personnes convoquées de comparaître : Carl Kline pour les autorisations « secret défense » (*clearances*) ou McGahn pour le volet entrave à la justice de l'enquête russe. Certaines de ces contestations ont été portées devant les tribunaux. Or D. Trump viole un autre principe fondamental, celui de l'indépendance du pouvoir judiciaire.

Les attaques contre le pouvoir judiciaire

Aux États-Unis, l'indépendance du pouvoir judiciaire est un principe fondamental qui figure à l'article III de la Constitution. Les juges fédéraux sont nommés à vie et le Congrès ne peut diminuer leur salaire, ce qui en principe les met à l'abri des pressions éventuelles de l'Exécutif et du Législatif. Ils ne peuvent être révoqués que par la voie de la mise en accusation pour trahison, corruption et hauts crimes (*high crimes and misdemeanours*). Dans le climat de polarisation accrue depuis 2000, certains Présidents ont critiqué des décisions rendues par la Cour suprême ; ainsi B. Obama dans son discours sur l'état de l'Union de 2010 s'est élevé en termes très vifs contre la décision *Citizens United*[1] qui ouvre les vannes de l'argent privé dans les campagnes électorales. C'était une prise de position générale sur un fléau, le rôle de l'argent en politique, qui mine les fondements du système américain.

Attaques ad hominem

D. Trump change de registre : il critique ouvertement les décisions rendues si elles sanctionnent son université ou ses politiques et s'en prend nommément aux juges eux-mêmes. Il profère des propos

---

1. *Citizens United*, 558 US _ (2010).

injurieux à l'égard du juge Curiel qui a statué contre lui dans l'affaire de l'université Trump et qu'il accuse d'être un « Mexicain en situation de conflit d'intérêt » en raison du projet de mur entre le Mexique et les États-Unis, alors que le juge est né aux États-Unis. Il qualifie le juge Robart de Seattle qui a suspendu l'application du premier décret immigration de « pseudo-juge », ajoutant dans l'un de ses tweets que la décision serait de toute façon rapidement infirmée en appel, ce qui n'a pas été le cas. Cette attitude qui questionne l'indépendance du pouvoir judiciaire, pilier du système américain, pose tout particulièrement problème car elle discrédite l'institution et laisse entendre aux électeurs que la justice aussi est partisane, ce qu'elle n'est pas, ou pas encore. Le président de la Cour suprême a jugé bon d'intervenir et de corriger le Président qui s'était plaint d'un « juge Obama », en spécifiant qu'il n'y a que des juges indépendants [(1)] qui appliquent le droit. Mais les citoyens ont vu la façon dont se sont passées la sélection non par la Maison-Blanche mais par la *Federalist Society*, puis l'approbation par le Sénat des candidats Neil Gorsuch et Brett Kavanaugh à la Cour suprême. Qu'ils soient qualifiés, nul n'en doute et ils ont reçu le satisfecit du barreau américain. Mais la procédure et les auditions se sont déroulées pour le second à un rythme accéléré afin de tenir un calendrier politique et d'en avoir fini avant les élections de novembre 2018 [(2)]. La Maison-Blanche a refusé de communiquer des milliers de pages qui auraient permis de mieux cerner les positions du potentiel juge suprême et a mis à la disposition des sénateurs 45 000 pages quelques heures avant le début des auditions, pages sélectionnées non par les Archives nationales comme c'est la coutume mais par un avocat de G. W. Bush auprès de qui Kavanaugh a travaillé. Et cette censure qui ne dit pas son nom se fait sans même que la Maison-Blanche invoque le privilège de l'Exécutif.

Le Président attaque et affaiblit le pouvoir judiciaire et il sort vainqueur de l'affrontement, du moins pour sa base. Les

1. « Rebuking Trump's criticism of 'Obama judge,' Chief Justice Roberts defends judiciary as 'independent' », *Washington Post*, 21 novembre 2018.

2. Sur la question des accusations de harcèlement sexuel, une enquête bâclée du FBI n'a pas permis de faire la lumière.

juridictions fédérales ont invalidé les différentes moutures du décret sur l'immigration, ce qui en apparence a constitué une victoire pour le pouvoir judiciaire, les freins et contrepoids et la défense des libertés. Avant que la Cour suprême ne valide la troisième mouture en dernier ressort, ces décisions ont mis en lumière l'impartialité de la justice d'autant que plusieurs des juges saisis ont été nommés par des Présidents républicains. Mais elles confirment la méfiance des fidèles de D. Trump qui continuent de soutenir le Président, peu confiants en la Constitution et l'impartialité du pouvoir judiciaire. Le Président ne se contente pas de critiquer, il veut empêcher les juges de mener à bien leur mission essentielle qui est de veiller au respect de la loi et de lutter contre les atteintes aux droits et libertés. En usant de son droit de grâce en faveur du shérif Arpaio, il a porté directement atteinte à la mission même du pouvoir judiciaire.

Droit de grâce contre effectivité du juge : l'affaire du shérif Arpaio

Après avoir gracié plusieurs individus condamnés pour des délits divers mais qui sont ses alliés et avant d'annoncer qu'il avait le pouvoir de se gracier, le Président Trump gracie en août 2017 un shérif de l'Arizona qui a pendant vingt ans opéré des arrestations abusives d'Hispaniques soupçonnés d'être sans papiers et les a traités de façon discriminatoire en violation de la Constitution. Ce qui est ici en jeu n'est pas le droit de grâce dont la Constitution attribue l'exercice au Président, c'est l'usage que celui-ci en fait, en annonçant par voie de tweet qu'il va gracier telle personne, passant outre à tous les mécanismes et procédures habituels [1].

En graciant des individus coupables de crimes et délits [2] dont le Président lui-même pourrait être accusé, en promettant une grâce présidentielle à ceux qui violeraient la loi pour construire le mur, il délégitime le droit de grâce et envoie des signaux à ses alliés politiques. Le cas du shérif Arpaio va plus loin, car le Président

---

1. La procédure habituelle est que les condamnés, une fois leur sentence prononcée, s'adressent au ministère de la Justice pour demander une grâce présidentielle et que le ministère sélectionne les individus les plus méritants.

2. « Conrad Black: Trump pardons ex-media baron 'friend' », BBC, 16 mai 2019.

gracie le non-respect d'une ordonnance de justice [1], ce qui constitue une attaque caractérisée contre le pouvoir judiciaire. Les faits pour lesquels Arpaio a été sanctionné sont avérés, d'autant que le shérif s'en vantait sur les réseaux sociaux. Il a été condamné à plusieurs reprises et le comté a dû débourser plus de 150 millions de dollars au titre des réparations dues pour les exactions commises. Malgré l'ordonnance d'un juge lui interdisant de continuer ses actes discriminatoires, Arpaio a récidivé et a été condamné pour outrage à la cour. Le facteur aggravant ici est que la grâce n'est pas accordée pour un crime ou un délit mais pour effacer une condamnation ordonnée par une juridiction fédérale afin de sanctionner le non-respect d'une ordonnance judiciaire.

Dans un usage classique du droit de grâce, un Président gracie un individu coupable d'avoir violé la loi et condamné pour un crime ou délit. Même s'il en use dans des conditions discutables, le Président ne porte pas atteinte aux pouvoirs du judiciaire. Ici, au contraire, c'est le refus d'obéir au juge qui est gracié et c'est un signal fort envoyé à tous les personnels chargés du respect de la loi qu'ils peuvent agir de manière inconstitutionnelle sans risque puisqu'ils seront protégés par le Président.

La grâce est immédiatement contestée devant les tribunaux par des groupes comme *Protect Democracy* [2], les demandeurs et « amis de la cour » demandant que la juridiction déclare inconstitutionnel cet usage du droit de grâce. Pour le juge Snow, la cour se doit de protéger les individus dont les droits constitutionnels seront en danger si la grâce accordée n'est pas invalidée : « La cour doit reconnaître la pathologie constitutionnelle grave qui en découlerait inévitablement et les graves dangers pour notre système de freins et contrepoids ». L'emprisonnement et la condamnation pour outrage

1. La sentence n'avait pas été prononcée et l'intéressé lui-même n'avait pas demandé à bénéficier du droit de grâce. Avant que la sentence soit prononcée, les électeurs ont décidé de ne pas le réélire.

2. Plusieurs pétitions « amis de la cour » arguent que le droit de grâce tel qu'utilisé ici est contraire à la Constitution, mais le juge Bolton valida en octobre 2018.

à la cour [1] sont deux moyens essentiels par lesquels le pouvoir judiciaire peut veiller au respect des droits. Le premier argument développé dans une pétition «ami de la cour» est que l'exercice du droit de grâce tel qu'il a été exercé dans les circonstances de l'affaire sape le pouvoir judiciaire chargé de protéger les droits constitutionnels et excède les limites de la clause de *due process* [2] qui pèse sur le droit de grâce du Président. Cette clause garantit aux individus le droit d'être entendus par un organe judiciaire indépendant avant qu'une branche du gouvernement ne puisse les priver de «la vie, la liberté ou la propriété». Or, en graciant Arpaio, le Président prive les personnes lésées de la protection du 5e Amendement. Ainsi que plusieurs juridictions l'ont rappelé, l'objet des procédures pour outrage à magistrat est de renforcer le pouvoir de la cour et de s'assurer que la protection des droits des justiciables n'est pas que symbolique. Si le Président peut user du droit de grâce pour protéger des responsables publics de leurs responsabilités et des risques de peine pour avoir refusé d'obéir à des injonctions nécessaires au respect des droits constitutionnels, cela porte atteinte à l'autorité des juridictions et à leur capacité de protéger ces droits inaliénables. Le résultat serait une branche exécutive libérée du contrôle juridictionnel nécessaire pour assurer l'obéissance aux exigences de la Déclaration des droits. Or, dès 1803, dans la décision *Marbury v. Madison*, le *Chief Justice* John Marshall écrivait pour une Cour unanime : «Dans quel but les pouvoirs sont-ils limités et à quelles fins cette limitation serait-elle couchée par écrit si ces limites pouvaient être éliminées par ceux qui sont censés être restreints par elles ? La distinction entre un gouvernement à pouvoirs limités et un autre à pouvoirs illimités disparaît si ces limites n'imposent pas de freins à ceux sur qui elles sont imposées et si les actes interdits et les actes autorisés pèsent du

1. Le pouvoir d'outrage à magistrat sanctionne la violation d'une ordonnance de mettre fin à des actes inconstitutionnels sous peine d'amende.

2. L'article II § 2 confère le droit de grâce dans des termes larges au Président et la disposition est virtuellement illimitée. Mais la structure de la Constitution rend chaque clause sujette aux limitations qu'imposent les restrictions qui pèsent sur le gouvernement.

même poids». Il est vrai que la Constitution perd de son sens en tant que limitation imposée au gouvernement et garantie des droits individuels si le droit de grâce peut être exercé dans les conditions de l'affaire Arpaio. Pourtant, la juge Bolton a validé la grâce, rejetant toutefois la motion du défendeur qui demandait un effacement de sa condamnation.

Les assauts contre les États fédérés et les médias

Chacun des 50 États fédérés a sa propre Constitution, un pouvoir exécutif (un gouverneur), un pouvoir législatif (un congrès généralement bicaméral) et une organisation judiciaire comprenant des juridictions de première instance, des cours d'appel et une cour suprême qui porte parfois un autre nom. Les États jouissent du «pouvoir de police» et en vertu de ce pouvoir sont compétents pour tout ce qui touche à la santé et la sécurité en particulier. Le 10e Amendement précise que tout pouvoir non délégué au niveau fédéral appartient aux États fédérés et au peuple. Ainsi, le droit des personnes, le droit des contrats, le droit des sociétés, pour ne citer que quelques exemples, relèvent de chacun des 50 États fédérés et ceux-ci sont très attachés à leurs pouvoirs et prérogatives. Or, D. Trump prend des décrets en matière d'immigration ou de politiques environnementales qui relèvent en partie de leur compétence et ont un fort impact local. En matière de climat, alors que les États fédérés pouvaient jusqu'ici mettre en œuvre des règles plus strictes que les exigences fédérales, l'administration Trump veut les bloquer par voie de préemption et menace de les priver de financements fédéraux.

Le cas des villes sanctuaires en matière d'immigration est emblématique. La notion de «ville sanctuaire» n'a aucune valeur juridique : c'est une appellation inventée au début des années 1980 par la ville de San Francisco, reprise en 2008 par un gouverneur républicain du Colorado puis par le Président Trump dès l'été 2017 et les Républicains [1] déterminés à durcir les peines visant

1. Ils se sont opportunément emparés du procès intenté contre la ville de San Francisco par les parents d'une jeune fille tuée par un sans-papiers. La proposition

les multirécidivistes de la déportation. Mais l'administration Trump veut priver plusieurs municipalités (Los Angeles, New York, Chicago, Philadelphie, Santa Clara et San Francisco) qui refusent de livrer[1] les immigrants sans-papiers, de financements fédéraux et leur faire supporter les coûts financiers et les risques qui vont avec l'accueil des sans-papiers. Villes et États ont immédiatement résisté à l'administration Trump, en matière d'immigration ou de politiques environnementales (voir ch. 6), invoquant selon les cas des motifs de sécurité ou des justifications de nature constitutionnelle.

Au pays où la liberté de la presse est considérée un pilier essentiel de l'État de droit, rien n'a jamais été parfait. Les gouvernements se sont toujours évertués à réduire au silence les journalistes en les accusant de menacer les intérêts de l'Amérique et la sécurité nationale. S'il est admis que la presse est un « quatrième pouvoir » et que son rôle est d'apporter un regard critique sur les individus qui détiennent le pouvoir et de faire en sorte qu'ils rendent des comptes au peuple qui les a élus, la réalité a parfois été autre. Sous G. W. Bush, les médias étaient aux ordres et durant l'administration Obama, plusieurs journalistes ont été inquiétés pour avoir couvert les manifestations du mouvement *Black Lives Matter* ou les mouvements d'opposition à la construction d'un oléoduc dans le Dakota du nord. Pourtant si B. Obama laisse derrière lui un bilan mitigé en matière de liberté de la presse, de transparence et d'accès à l'information, D. Trump rapproche les États-Unis de pays comme la Turquie ou la Russie dont les dirigeants ne font aucun cas de la liberté de la presse. Dès la campagne présidentielle de 2016, les médias ont fait l'objet d'attaques quotidiennes du candidat ; depuis janvier 2017, le Président ne cesse de les stigmatiser comme « ennemis du peuple »

---

de loi HR 1856 à la chambre des Représentants (*Kate's Law*) porte le nom de la jeune fille assassinée.

1. Elles invoquent des motifs constitutionnels en s'appuyant sur la jurisprudence *Printz v. United States*, (521 US 898 [1997]) qui établit que le niveau fédéral ne peut pas donner des ordres (*commandeering*) aux shériffs au niveau local et regrettent que l'on fasse des immigrés des boucs émissaires avec des effets néfastes sur la sécurité, ces personnes n'osant plus contacter la police, notamment pour signaler des crimes.

et fabricants de fausses nouvelles (*fake news*) [1]. À ses yeux, tous lui sont hostiles, même Fox News, puisque tous avaient annoncé la victoire de son adversaire démocrate Hillary Clinton et osent le critiquer. Les articles comme les sondages ne sont acceptés que s'ils sont favorables au Président, sinon ce sont des *fake news*. Tout au long de sa campagne, Donald Trump a menacé d'attaquer en justice des journaux qui avaient publié des articles qui, d'après lui, étaient « intentionnellement négatifs » à son égard. Il a parlé de durcir les lois sur les écrits diffamatoires aux États-Unis, de telle sorte que « lorsque le *New York Times* et le *Washington Post* se livrent à une campagne de dénigrement, on puisse les attaquer ». Il menace régulièrement certains journalistes et a fait retirer sa carte de presse à un journaliste du *Washington Post*, qualifié de « journal bidon et malhonnête », et son accès à la Maison-Blanche à Jim Accosta de CNN (qui a saisi la justice et obtenu gain de cause). Il a tenté sans succès de censurer les comptes Tweeter qui lui étaient hostiles [2]. Il accuse les plateformes Facebook et Tweet de faire preuve de partialité contre les conservateurs [3] dans le classement des « informations ».

Depuis 2017, le Président ou son porte-parole (Sean Spicer, puis Sarah H. Sanders) accusent certaines personnes ou certaines publications, notamment le site *Politico*, d'être malhonnêtes et d'être de mauvais journalistes et stigmatisent le site *Buzzfeed*. D. Trump

1. Les *fake news* ne sont pas des fausses nouvelles car l'intention de tromper est indéniable, d'où la traduction d'*infox*. Pour D. Trump, elles font référence à toute information critique mais l'argument des *fake news* a aussi été utilisé utilisé par les élites politiques et médiatiques pour qui l'arrivée de D. Trump ne peut se concevoir que par la collusion, l'ingérence russe et l'avènement de la post-vérité. Pourtant une étude très sérieuse aboutit à la conclusion inverse (*Partisanship, Propaganda, and Disinformation: Online media and the 2016 US Presidential Election*, Berkman Klein Center for Internet Society, Harvard août 2017).

2. « Can Trump block Twitter users? Judge considers constitutional question », *The Guardian*, 8 mars 2018. « Despite the novel nature of the claim here, Buchwald's ruling hews closely to established First Amendment principles », *Slate*, 23 mai 2018.

3. « Major social media companies have for months been responding to claims that they censor conservatives », *CNBC*, 20 août 2018.

a tenté de mettre à l'écart les journalistes critiques ; il vilipende d'autres médias en raison de leurs reportages « terriblement faux » et refuse de répondre à leurs questions. En règle générale, les médias sont solidaires et refusent de couvrir un événement si certains en sont exclus. Ils n'hésitent pas à défendre leurs confrères victimes de sanctions ; ainsi les journalistes de Fox News, chaîne pro-Trump concurrente de CNN, se sont mobilisés contre l'ostracisation de Jim Acosta par la Maison-Blanche. Lors des conférences de presse, ils n'hésitent pas à reprendre quatre ou cinq fois de suite la même question quand elle est esquivée par le Président ou son porte-parole. Pourtant certains médias sont préférés, les « petits médias locaux » jugés moins hostiles par l'administration Trump et ceux qui font partie du groupe Murdoch. Ces derniers ont la part belle : le *New York Post* et le *Wall Street Journal* pour la presse écrite et *Fox News* pour les chaînes d'info, au détriment du *New York Times* ou de CNN par exemple. Or, ce qui est en jeu est la liberté de la presse garantie par le 1er Amendement et nécessaire au « libre marché des idées » qui constitue le socle du système politique américain.

Le Président menace mais ne peut révoquer la licence de NBC car les licences ne sont pas accordées aux réseaux (*networks*) comme NBC ou ABC, mais individuellement à chaque station de télévision. Et le pouvoir de les attribuer n'appartient pas au Président mais à la Commission en charge des communications fédérales (FCC) qui est une agence indépendante. Certes, cette dernière exerce des prérogatives de type exécutif, mais c'est sous le contrôle du Congrès et le Président n'a pas le pouvoir de limoger ses membres. Historiquement, les cas de révocation de licence sont rares et interviennent généralement *a posteriori* quand une petite station a cessé d'émettre et à des fins de bonne gestion de l'espace afin de pouvoir accorder la fréquence qui n'est plus utilisée à un autre média. En proférant sa menace, le Président Trump suit le chemin du Président Nixon qui, exaspéré par les révélations successives du *Washington Post* sur l'affaire du Watergate avait envisagé de révoquer la licence de plusieurs des chaînes de télévision faisant partie du groupe.

Pour résumer, la mauvaise santé relative de la liberté de la presse aux États-Unis n'est pas le seul fait de D. Trump mais, adepte du *media-bashing*, il leur a fait perdre plusieurs places dans le classement

« Reporters sans Frontières » [1]. Il reste la question des journalistes et des journaux qui publient des « fuites ». Celles qui émanent de la Maison-Blanche sont à distinguer des fuites d'informations à caractère confidentiel ou secret défense qui peuvent faire l'objet de sanctions en vertu de la loi sur l'espionnage de 1917. Ces fuites multiples sont révélatrices à la fois du chaos qui règne à la Maison-Blanche [2] mais aussi de l'absence totale d'intégrité et de valeurs morales dans cette même Maison-Blanche [3]. Le Président est furieux de ces fuites mais il ne peut rien contre les journaux qui les publient, si ce n'est dénoncer les *fake news* dans ses tweets et rêver à des actions en diffamation. B. Obama, de façon moins visible, avait lui aussi cherché à lutter contre les fuites et tenté d'obtenir les relevés téléphoniques d'un journaliste pour identifier ses sources. Confronté aux critiques, le ministre de la Justice d'alors, Eric Holder, avait publié de nouvelles lignes directrices en 2015 mais le ministre Sessions était revenu à une politique beaucoup plus agressive et a triplé le nombre d'enquêtes concernant des fuites. L'inculpation d'un ancien assistant à la Commission des renseignements du Sénat, James Wolfe, a fourni le prétexte pour saisir plusieurs années d'archives téléphoniques et de courriels d'une journaliste Ali Watkins. Même si celle-ci a certainement bénéficié de ses rapports « privilégiés » avec J. Wolf, les associations de défense de la liberté de la presse soulignent que le ministère de la Justice n'est pas censé saisir les courriels des journalistes sauf en dernier ressort, ce qui n'était pas le cas dans l'affaire. Les lignes directrices du ministère de la Justice (DOJ) spécifient également que le/la journaliste doit être informé(e) en temps voulu ; ce qui n'a pas été fait. Si le DOJ décidait de poursuivre un journaliste ou une publication qui se serait contenté de publier une fuite [4] en étendant le champ d'application

1. En 2016, les États-Unis étaient classés 41e sur 180 dans le classement mondial de la liberté de la presse établi par RSF, qui se base sur des données datant de 2015. Ils sont 48e dans le classement 2019.

2. Voir Michael Wolf, *Le feu et la fureur*, Robert Laffont, 2017.

3. Voir Bob Woodward, *Peur : Trump à la Maison Blanche*, Seuil, 2018.

4. La loi sur l'espionnage permet de poursuivre les auteurs des fuites. Snowden serait passible de dizaines d'années de prison s'il revenait aux États-Unis.

de la loi sur l'espionnage de 1917, ce serait le signe que le Président franchit un palier supplémentaire dans son combat contre la presse.

Supportant mal la critique, le candidat Trump avait annoncé son intention de modifier la législation sur la diffamation afin de poursuivre en justice les journaux coupables selon lui de véhiculer des articles « volontairement négatifs, horribles et faux ». On peut comprendre la tentation du Président, mais son projet n'a guère de chance de se réaliser car le droit de la diffamation est un droit étatique qui relève des législatures et des juridictions étatiques. En vertu de ce droit et d'une décision de la Cour suprême de 1964 [(1)], la charge de la preuve pour une personnalité attaquée est très élevée. Si elle s'estime diffamée, elle doit prouver que l'assertion est fausse, qu'elle a porté préjudice à sa réputation, que l'auteur a agi volontairement et sciemment dans « l'intention effective de nuire » et publié les informations « délibérément sans se soucier de leur fausseté ou véracité ». Le juge Brennan explique dans l'opinion de la majorité qu'il faut renforcer l'engagement fort du pays en faveur d'un débat sur les questions publiques qui soit totalement libre et robuste, non inhibé et ouvert : « Ce débat peut comporter des attaques parfois véhémentes et désagréables pour le gouvernement et les responsables politiques. Mais c'est essentiel pour un bon fonctionnement démocratique ». Le Président a donc peu de chance de parvenir à changer le droit de la diffamation car il lui faudrait obtenir un revirement de jurisprudence de la Cour suprême.

Clause d'émoluments et conflits d'intérêts

La clause d'émoluments

Ce point qui touche au comportement du Président met en jeu une norme constitutionnelle et des normes non écrites. La clause d'émoluments, qui figure à l'article I, section 9, paragraphe 8 de la Constitution, est peu connue : « Aucune personne détenant une charge de profit ou de confiance ne pourra, sans le consentement du Congrès, accepter des présents, émoluments, charges ou titres

1. *New York Times Co. v. Sullivan*, 376 US 254 (1964).

quelconques, d'un roi, prince, ou État étranger». Cette disposition a été voulue par les Pères fondateurs afin de protéger les dirigeants des influences étrangères. Prévue dans les Articles de confédération adoptés durant la guerre d'indépendance, elle avait d'abord été oubliée dans la première mouture de la Constitution. Mais les Pères fondateurs, conscients des pressions et risques de pressions des gouvernements français et anglais, l'ont inclue à nouveau afin de protéger le pays contre la corruption. Malgré les dénégations de D.Trump, elle s'applique à lui car il est impliqué dans quatre types de situations qui relèvent de cette clause. Les diplomates étrangers qui séjournent dans les hôtels Trump paient des sommes élevées. Et même si le Président s'est engagé à reverser les sommes perçues à ce titre au Trésor, ces personnes ont payé et espèrent un accès facilité au Président. Que l'argent reste ou non dans les poches de D. Trump, ces dignitaires espèrent un retour sur investissement. Faire pénitence en reversant l'argent ne change pas grand-chose d'autant que les preuves de reversement tardent En second lieu, plusieurs services étatiques étrangers (Émirats arabes unis, Chine) louent des espaces dans la tour Trump à New York et donc acquittent des loyers mensuels. Il y a aussi les redevances de l'émission «L'apprenti» versées par des sociétés étrangères dont certaines sont détenues à 100 % par un État étranger. Enfin, le groupe Trump a de nombreux projets à l'étranger en attente de permis de construire qui pourront être ou non accordés et avec une plus ou moins grande célérité. Il apparaît donc que la bonne fortune du Président dépend du bon vouloir d'un certain nombre de pays étrangers, ce qui était exactement ce que les Pères fondateurs avaient voulu empêcher. Pour Zephyr Teachout [1], l'acceptation par le Président de paiements en provenance de gouvernements étrangers est une violation flagrante de la clause d'émoluments qu'elle juge être «une clause essentielle de notre Constitution et un principe fondamental de notre pays».

D. Trump viole aussi les normes non écrites, les traditions suivies par la plupart des candidats et Présidents. Pour les candidats, depuis 1952, une tradition, inaugurée par Adlai Stevenson, veut que les candidats, par souci de transparence, divulguent leurs déclarations

1. *Corruption in America from Benjamin Franklin's Snuff Box to Citizens United*, Zephyr Teachout, Harvard University Press, 2014.

d'impôts. Dans l'ensemble, les candidats communiquent au moins une partie de leur avis d'imposition. D. Trump en campagne a invoqué l'excuse d'un contrôle fiscal pour repousser la date de divulgation. Une fois élu, il a indiqué qu'il ne se plierait pas à cette règle. Dès 2017, un élu démocrate a envoyé un courrier aux présidents des trois commissions qui peuvent, en vertu d'une loi de 1924, maintenant incorporée à la section 6103 du Code des impôts, autoriser le service des impôts (IRS) à imposer la divulgation mais les élus républicains n'ont pas réagi. Et lorsqu'une majorité démocrate à la Chambre les a réclamés en 2019, D. Trump a refusé.

Avec la violation de ces règles constitutionnelles ou non, le Président Trump est en situation permanente de conflits d'intérêts. Il est à la tête d'un empire immobilier dont il a conservé la direction et le contrôle direct, même s'il a prétendu mettre en place un mécanisme de transfert. Le problème est qu'il existe une série de règles régissant les conflits d'intérêts découlant d'un décret pris par G. H. Bush en 1989 [(1)], mais elles ne s'appliquent pas au Président. Leur respect dépend donc de la bonne volonté, ici absente, de D. Trump. Le décret pose des « Principes de conduite éthique pour les employés et responsables du gouvernement » . La première section stipule : « Afin de garantir que chaque citoyen a pleine et entière confiance en l'intégrité du gouvernement fédéral, chaque employé fédéral respectera et adhérera aux principes fondamentaux d'un service éthique tels que mis en œuvre par les sections 201 et 301 de ce décret ». Le texte répète que la confiance du public est centrale, exige des employés qu'ils placent la fidélité à la Constitution, aux lois et aux principes éthiques au-dessus du gain personnel incluant l'enrichissement. Ainsi, les employés ne détiendront pas d'actifs financiers susceptibles d'entrer en conflit avec l'exécution consciencieuse de leur devoir. Ils ne s'engageront pas dans des transactions financières en utilisant des informations non publiques ou en autorisant l'usage impropre de ces informations afin de faire avancer un intérêt privé. Les employés ne sont pas non plus censés solliciter ou accepter des cadeaux ou des objets ou prestations ayant une valeur financière de la part d'entités qui conduisent des activités

---

1. *Executive order* n° 12 674 du 12 avril 1989 signé par G. H. Bush en 1989, « Principles of ethical conduct for government officers and employees ».

réglementées par l'agence où travaille l'employé ou faisant des affaires avec cette agence ou dont les intérêts peuvent être affectés par l'exécution ou la non-exécution des devoirs de l'employé. Ces règles reposent sur une idée simple : la nécessité de séparer ses finances personnelles de son travail, et visent à empêcher que les membres de la branche exécutive ne profitent de leur position de responsabilité au gouvernement pour s'enrichir.

Mais ces règles ne s'appliquent pas au Président et elles ne peuvent pas s'appliquer en pratique car son champ de compétence est illimité. Ses actes ont un impact dans tous les champs et domaines de l'économie. Chacune de ses décisions est susceptible de le placer en situation de conflit d'intérêt. Or, il n'existe aucune règle écrite imposant au Président de restructurer ses finances personnelles afin de minimiser et limiter les conflits d'intérêts. La norme était jusqu'ici que les Présidents faisaient le nécessaire. Des Présidents plus ou moins riches ont considéré qu'il était indispensable de rassurer le public ; ils ont vendu une partie de leur portefeuille financier et ont placé leurs biens dans un trust géré de façon indépendante, un *blind trust* ou fiducie sans droit de regard [(1)] de façon à éviter conflit d'intérêt ou apparence de conflit d'intérêt.

Le candidat Trump s'était engagé à démissionner de la présidence et direction active de ses sociétés, mais comme l'atteste le groupe d'intérêt Pro publica, il est revenu sur cette promesse. Soumis à des pressions croissantes en 2017, le Président a fait mine de se conformer à la règle et, dans une conférence de presse théâtrale, a annoncé qu'il confiait la gestion de l'organisation Trump à un conseil composé de ses enfants et de quelques dirigeants. Ce « conseil » est d'autant moins indépendant que le Président est tenu informé de ce qui se passe au sein de l'entreprise et que certains de ses enfants ont un pied dans l'entreprise et un autre à la Maison-Blanche. Le problème est encore aggravé par la nature des activités du Président, qui est à la tête non pas de placements passifs comme des actions et obligations mais d'une série de sociétés en évolution

1. Le portefeuille boursier comprenant des actions, des obligations et autres placements est placé sous la responsabilité d'un professionnel qui se doit de gérer les investissements du Président au mieux de ses intérêts, mais le Président n'est pas autorisé à connaître les secteurs dans lesquels les fonds sont placés.

constante et qui pour la plupart portent son nom. La seule solution serait que le Président vende toutes ses entreprises, liquide les actifs et place le produit de ces ventes dans un *blind trust*, ce qu'il n'est pas disposé à faire. Il est par ailleurs difficile, voire impossible, de connaître précisément les actifs et les activités de D. Trump. Comme ses prédécesseurs à la Maison-Blanche, le Président remplit chaque année auprès de la Commission électorale fédérale (FEC) un formulaire de divulgation de son patrimoine, ainsi que le requiert la loi. De cette façon, si le Président décidait d'acheter des actions d'une entreprise et ensuite prenait des décisions en faveur de cette entreprise, le public serait au moins au courant. Mais dans le cas de D. Trump, la divulgation ne sert pas à grand-chose car la lecture du formulaire nous apprend simplement que le Président détient de nombreuses sociétés en partie ou en totalité. Il faut creuser et approfondir pour découvrir que l'une d'entre elles par exemple est l'entité qui possède le terrain de golf portant le nom de Trump à Dubaï. En résumé, ce Président se satisfait pleinement d'être au courant de ce que font ses fils et semble bien déterminé à profiter de sa présence à la Maison-Blanche pour faire prospérer l'empire Trump [(1)]. Les golfs du Président sont des lieux « d'accès » privilégié. Les patrons des entreprises du classement Fortune 500 vont jouer sur les terrains du Président le même jour que lui et le croisent « par hasard ». Entre-temps le Président a augmenté les droits d'entrée et multiplie ses profits. L'hôtel Trump dans la capitale fédérale a engrangé 20 millions de dollars la première année en attirant entreprises et membres de gouvernements.

Le Président s'enrichit aussi des sommes facturées aux services secrets dont les membres veillent à sa sécurité lorsqu'il est sur une de ses propriétés. Certes, les citoyens ont toujours payé pour la sécurité de leur Président mais aujourd'hui l'argent dépensé va

1. D. Trump a annoncé que le G7 se tiendrait en 2020 dans l'un de ses golfs en Floride, avant de renoncer brutalement le 20 septembre 2019. C'est une exception car le Président cède rarement aux pressions. Il est vrai qu'il est confronté aux critiques des sénateurs Républicains furieux du feu vert donné à la Turquie, du lâchage des Kurdes et pour certains inquiets de l'utilisation par le Président des moyens de l'État à des fins personnelles. Or, si trop de sénateurs Républicains venaient à l'abandonner, ce serait la destitution assurée.

directement dans les poches du Président. Celui-ci est si indifférent à ces questions que le directeur du bureau de l'Éthique (*Office of Government Ethics*) au sein de la branche administrative a donné sa démission le 6 juillet 2017 dans une courte lettre où il se contentait de reprendre le principe n° 1 du décret de 1989 : « Le service public repose sur la confiance du public ».

Le conflit d'intérêt généralisé

La situation financière du Président constitue un gigantesque conflit d'intérêts. On savait que la frontière entre la fondation Trump et l'entreprise Trump n'était pas étanche et il est avéré que D. Trump a utilisé des fonds versés à la fondation, en principe pour un objectif charitable, à des fins personnelles et pour payer des frais de justice [(1)]. Le ministère de la Justice (*Attorney General*) de l'État de New York a décidé de poursuivre le Président et ses enfants pour utilisation des fonds de la fondation à des fins non autorisées par la loi sur les associations et les fondations à but non lucratif [(2)]. Le Président a immédiatement tweeté qu'il ne transigerait pas et a accusé le procureur de visées politiques. Par ailleurs, d'après la Commission électorale fédérale (FEC) chargée de contrôler les comptes de campagne, il aurait transféré des contributions électorales versées pour sa campagne à certaines de ses entreprises, en violation des règles et de la loi FECA.

Alors qu'il avait répété ne pas avoir besoin de l'argent des groupes d'intérêts, il a collecté 50 millions de dollars pour organiser sa cérémonie d'investiture versés par des entreprises et des groupes dont certains bénéficient des marchés publics. Ces derniers n'ont pas le droit de contribuer aux campagnes électorales mais rien ne

---

1. « Trump used $258,000 from his charity to settle legal problems », *Washington Post,* 20 sept. 2016. Il aurait payé des travaux de rénovation et des frais d'avocat sur les fonds de la fondation et aurait utilisé certains fonds à des fins électorales en violation de la loi et du statut fiscal favorable qui interdit aux fondations de participer aux campagnes électorales.

2. Il veut récupérer 2,8 millions de dollars. En attendant la fondation a cessé ses activités et ses actifs ont été distribués à des œuvres charitables.

leur interdit de verser après l'élection ; 63 d'entre eux ont versé 16,3 millions de dollars.

En outre, le 45e Président des États-Unis a composé son « cabinet » de milliardaires, millionnaires et transfuges de Wall Street – qu'il a pourtant tant critiqué durant sa campagne. Et si on lui reproche de ne choisir que des millionnaires ou milliardaires et de ne pas nommer des gens modestes, il répond qu'il veut des « gens qui ont fait fortune ». Deux milliardaires pour le département du Commerce : l'investisseur Wilbur Ross (2,5 milliards de dollars) est ministre et son numéro deux Todd Ricketts, copropriétaire de l'équipe de baseball des Chicago Cubs, est l'héritier d'une famille pesant quelque 5,3 milliards de dollars. L'équipe élargie inclut Betsy DeVos à l'Éducation, belle-fille du milliardaire fondateur du groupe de cosmétiques Amway et sœur d'Erik Prince impliqué dans plusieurs contacts dissimulés, sans doute pour le compte de D. Trump. Les départements du Trésor (Steven Mnuchin, banquier d'affaires et investisseur, ancien de Goldman Sachs), du Travail (Andrew Puzder, patron d'un groupe de restauration rapide) et des Transports (la fille d'un magnat du fret maritime Elaine Chao) sont dirigés par de simples millionnaires, qui ont à cœur les intérêts du secteur dans lequel ils ont fait fortune.

À la tête des agences, Trump installe des hommes et des femmes qui ont fait carrière dans l'industrie ou le secteur qu'ils sont censés réglementer et ont des objectifs opposés aux missions de l'institution. Le plus souvent ils sont « à contre emploi », en situation de conflit d'intérêt et déterminés à détruire les politiques du Président Obama et l'institution elle même. À la tête du ministère de la Santé (HHS), Trump nomme Alex Azar, ancien PDG d'un groupe pharmaceutique, plus préoccupé des profits des groupes pharmaceutiques (*Big Pharma*) que du bien-être des patients. Ajit Pai à la tête de la Commission fédérale des communications (FCC) était chez Verizon, l'opérateur de télécom de 2001 à 2003 et a toujours prôné le « moins de règles ». Chad Wolf qui a passé des années à tenter d'influencer les règles et les choix de matériels de l'agence TSA en charge de la sécurité dans les aéroports a été nommé à la TSA et c'est lui qui choisit les matériels utilisés.

Le résultat est que les lobbyistes sont maintenant à la tête des agences censées réglementer un secteur et à la Maison-Blanche en mesure de présider au démantèlement de « leur » secteur. La liste inclut un climato-sceptique à la tête de l'Agence de protection de l'environnement (EPA), une secrétaire à l'éducation qui ne croit pas aux écoles publiques, un secrétaire au travail qui ne croit ni au droit social ni aux syndicats et un secrétaire au logement qui non seulement ne soutient pas le logement social mais a pour objectif de faire en sorte que les « Américains ne deviennent pas dépendants du gouvernement ». En s'appuyant sur les rapports de divulgation financière obligatoires que doivent rendre les membres de l'Exécutif, Pro publica met en lumière que parmi les personnes nommées 187 sont d'ex-lobbyistes : 35 d'entre eux appartiennent à la mouvance très à droite des frères Koch et 37 proviennent directement du *think tank* Heritage Foundation.

Le fossé est immense entre les promesses électorales et la réalité. Durant toute sa campagne, D. Trump a martelé qu'il allait « nettoyer le marécage de Washington », mettre fin à un système de copinage généralisé et de corruption « légale » car non sanctionnée par la loi qui permet aux groupes d'intérêt et lobbyistes d'acheter « l'accès » aux élus par leurs contributions électorales. C'est un thème populiste par excellence, prisé par la grande majorité des Américains qui détestent Washington. Or, le Président fait l'inverse : en plaçant des lobbyistes aux commandes, il viole avec allégresse règles écrites et non écrites.

Chapitre 3
L'érosion des normes et traditions non écrites

Les atteintes aux traditions non écrites qui ont soutenu le fonctionnement des institutions américaines depuis des décennies constituent aussi des dangers réels pour le système. Il était considéré comme acquis que les politiques s'efforcent de se conformer à ces normes non écrites, ces coutumes profondément enracinées qui viennent renforcer et compléter les textes fondateurs que sont la Déclaration d'indépendance et la Constitution. Ainsi, les candidats à la Présidence et les Présidents en exercice évitent de mentir, ils produisent leur avis d'imposition et s'efforcent de limiter les conflits d'intérêts. Pas Donald Trump. Sans doute, l'érosion a-t-elle commencé avant D. Trump, mais avec lui, l'amplification est quantitative et qualitative : comme il s'intéresse peu à l'histoire et encore moins aux grands principes des institutions américaines, rien ne vient freiner ses élans.

Les brèches dans l'indépendance des poursuites

Alors que le Président est chargé par la Constitution de veiller à la fidèle exécution des lois, D. Trump critique ouvertement et dévalorise le ministère de la Justice (DOJ) dont c'est l'une des missions et qui selon lui serait la risée du monde entier en raison de son inefficacité. Il a lapidé régulièrement son ministre de la Justice, Jeff Sessions, qui s'était récusé à juste titre pour ce qui touche à l'affaire russe, avant de le limoger. Le ministère de la Justice (*Justice Department*) auquel est rattaché le FBI fixe les grandes orientations de la politique pénale et fait partie de l'Exécutif ; mais la règle a toujours été la non-ingérence de l'Exécutif dans les poursuites [1]. Pourtant le Président intervient en permanence. Il convoque directement le directeur du FBI à la Maison-Blanche sans passer par son supérieur hiérarchique, le ministre de la Justice, pour lui demander d'abandonner l'enquête sur Flynn, puis finalement le limoge. Lors de l'annonce des mises en examen et des perquisitions [2], il critique le procureur spécial Mueller qui avait pour mission d'instruire et, le cas échéant, d'inculper s'il découvrait que des crimes avaient été commis. Il salue chaque nouveau développement par un ou plusieurs tweets outragés. Il est en colère lors de la mise en examen de Flynn en avril 2017, furieux le 30 octobre 2017 à l'annonce de l'inculpation par un grand jury de Paul Manafort et son associé Rick Gates et du « plaider coupable » de G. Papadopoulos [3] et du général Flynn et encore davantage lors de la perquisition qu'il qualifie de « raid du FBI » chez son avocat en avril 2018. Il répète pendant 22 mois que « plus vite l'enquête russe sera terminée, mieux ce sera pour le pays ». Certes, l'enquête du procureur spécial Mueller (ch. 5) n'a pas tranché et déterminé que les multiples éléments répertoriés dans le rapport constituent une entrave à la justice mais à tout le moins, le Président ne respecte pas la distance habituellement requise. Pourtant, il juge être dans son plein droit et déclare dans une interview au *New York Times* le 28 décembre 2017 qu'il a « le droit de faire ce qu'il veut » avec le ministère de la Justice sans même chercher à se justifier en avançant la théorie de « l'exécutif unitaire » [4]. Il considère qu'il jouit d'une autorité absolue sur le ministère de la Justice (donc sur le FBI) : il

1. Bruce Green & Rebecca Roiphe, « Can the President Control the Department of Justice? » *Alabama Law Review,* 70 :1.1. 2018.

2. La perquisition dans l'urgence du domicile de l'ancien directeur de campagne Paul Manafort et la saisie des documents et ordinateurs de l'avocat du Président, Michael Cohen donnent une idée de la détermination du procureur spécial et des directions financières de l'enquête.

3. Le plaider coupable a eu pour conséquence que les deux ont coopéré avec le procureur spécial.

4. Stephen Calabresi & Christopher Yoo, *op. cit.* ; Neal K. Katyal, *op. cit.*

affirme avoir le pouvoir de « leur » ordonner de poursuivre l'enquête sur le serveur d'Hillary et sur l'épisode Uranium One [(1)], réclame la prison pour une assistante de la candidate démocrate et en mai 2018 « exige » qu'une enquête soit ouverte sur un informateur du FBI, qualifié d'espion, qui aurait été infiltré dans sa campagne à des fins politiques par l'administration Obama, ce qui est faux [(2)]. Il a aussi ordonné, en mars 2019, des enquêtes sur l'administration Obama qui n'aurait rien fait pour contrer l'ingérence russe et en mai 2019 des investigations sur les origines de l'enquête russe. D. Trump est convaincu qu'il peut simplement donner des ordres à « ses types » (*his guys*). Ses nombreux tweets vont à l'encontre des normes et traditions en vertu desquelles les Présidents se tiennent à l'écart et respectent l'indépendance du ministère de la Justice [(3)]. Plus globalement, la décision de poursuivre ou non devrait, selon le Président, dépendre de lui seul et servir ses intérêts et celui du parti Républicain. Il est toujours prompt à réclamer des enquêtes et des poursuites contre ses adversaires aussi bien Hillary Clinton que l'auteur anonyme de l'éditorial inquiétant du *New York Times* en septembre 2018. *A contrario*, le département de la Justice ne devrait pas, selon Trump, poursuivre des élus républicains deux mois avant les élections [(4)].

En demandant à « son » ministère de la Justice des poursuites contre ses ennemis politiques, le Président fait fi des normes de comportement attendues du locataire du Bureau ovale. Il est vrai que d'autres Présidents n'ont pas hésité à interférer avec le travail du ministre de la Justice. Grâce aux enregistrements effectués à la

1. Uranium One fait référence à la décision de l'administration Obama en 2013 d'approuver la vente du groupe minier canadien Uranium One à la société russe Rosatom.

2. Il évoque une affaire *spygate*, allégation non avérée mais reprise en boucle avec force théories du complot par les médias pro-Trump.

3. Bruce Green et Rebecca Roiphe, *Can the President Control the Department of Justice?, op. cit.*

4. Il critiqua le ministre de la justice Jeff Sessions, cible d'un tweet vengeur et sarcastique, le félicitant de faciliter ainsi la tâche des Démocrates aux élections de novembre 2018.

Maison-Blanche sous Richard Nixon, les enquêteurs avaient obtenu la preuve que l'administration était intervenue en faveur de ITT afin d'autoriser une fusion en échange d'une contribution secrète de 400 000 dollars [1], cette dernière ayant permis d'organiser la convention républicaine de 1972. Nixon avait demandé à son ministre de la Justice de ne pas faire appel de la décision prise, puis avait favorisé un règlement à l'amiable entre ITT et le gouvernement le 31 Juillet 1971. Plus tard, le Président Nixon chercha à bloquer l'enquête sur le Watergate en demandant au ministre puis à son second de limoger le procureur spécial, ce qu'ils refusèrent de faire, préférant démissionner. La difficulté tient à ce que l'indépendance des poursuites ne figure dans aucune disposition constitutionnelle et s'est imposée au fil du temps. Les procureurs ont une obligation professionnelle et déontologique de résister si le Président cherche à s'ingérer dans une enquête ou des poursuites particulières, surtout si ces dernières le concernent [2], mais ce n'est pas si facile.

Limogeage de Comey et évocation du Watergate

Le 9 mai 2017, D. Trump limoge le directeur du FBI, apparemment sur un coup de tête, même s'il « y pensait depuis un moment ». Le limogeage intervient après de multiples pressions du Président « souhaitant » que Comey abandonne l'enquête sur l'éphémère conseiller à la sécurité nationale, Michael Flynn [3]. La décision est majoritairement ressentie comme une tentative d'entrave à la justice. Ignorant des mécanismes constitutionnels et en particulier des « freins et contrepoids », le Président a sous-estimé l'avalanche

1. R. Nixon aussi usait de menaces visant par exemple le responsable de la division antitrust du ministère de la Justice : « Il a intérêt à obéir sinon il est viré dans l'heure » ; « C'est un ordre : je ne veux pas que McLaren se mette à poursuivre les gens et à faire tout un cirque sur les conglomérats ; je n'aime pas ce salaud ». McLaren abandonna les poursuites en échange d'un poste de juge fédéral.

2. Voir Green, *op. cit.*, p. 2, 10, 13.

3. Flynn qui ne resta à ce poste que 23 jours avait fait campagne avec le candidat et avait eu des contacts avec « des » Russes durant la transition, semble t-il pour évoquer la levée des sanctions.

de réactions des juristes, des médias (y compris Fox News), des citoyens, des Démocrates mais aussi de plusieurs élus républicains dont John McCain et Lindsey Graham. Il a d'abord tenté, sans succès, de convaincre politiques, médias et opinion que Comey était limogé parce qu'il avait mal géré l'enquête sur les courriers électroniques d'H. Clinton durant la campagne. Le Président avait pris soin d'obtenir du ministre de la Justice et du ministre-adjoint une lettre de limogeage alléguant toute une série de mauvaises raisons. Cette motivation spécieuse était en contradiction avec ses propos [(1)] à l'époque et fut discréditée par le Président lui-même lorsqu'il admit quelques jours plus tard en direct à la télévision « qu'il était préoccupé par l'enquête du FBI ». A-t-il voulu entraver ou fermer une enquête qui risquait de mettre à jour des liens ou même une collusion entre certains membres de son équipe de campagne et la Russie ? Quoi qu'il en soit, son acte a braqué le projecteur sur la question russe qui ne disparaît pas de l'écran médiatico-judiciaire, même après la remise du rapport Mueller en mars 2019. Et c'est ce qui assimile ce « massacre » du mardi après-midi au « massacre du samedi soir » perpétré par Nixon le 20 octobre 1973.

Les deux actes sont ceux de quasi-despotes qui, voyant l'enquête se rapprocher d'eux, décident de se débarrasser de l'enquêteur au mépris de tout respect pour la primauté du droit. Mais il existe des différences entre les deux épisodes. En 1973, lorsque le Président Nixon a voulu limoger le procureur spécial Archibald Cox, le ministre de la Justice puis son adjoint ont refusé. Il lui fallut aller jusqu'au troisième personnage dans la hiérarchie du ministère, Robert Bork, pour parvenir à ses fins. Jeff Sessions au contraire, alors qu'il s'était en théorie récusé pour tout ce qui touche à l'enquête sur la Russie, appuie cette révocation. L'enquête que cherchent à stopper les deux Présidents est aussi bien différente. En 1973, il s'agissait de mettre à jour l'organisation par la Maison-Blanche du cambriolage du quartier général des Démocrates puis les tentatives de dissimulation (*cover up*) par l'équipe Nixon qui remontaient jusqu'à la Maison-Blanche. Ces faits constituent des violations

---

1. Le motif était d'autant plus ridicule que le candidat Trump avait félicité le directeur du FBI pour « son impartialité » parce qu'il avait osé ré-ouvrir l'enquête sur les courriels d'Hillary Clinton quelques jours avant les élections.

graves de la Constitution et de la primauté du droit, mais les délits étaient d'ordre interne. D. Trump veut stopper l'enquête sur l'ingérence d'une puissance étrangère, la Russie, pour influencer une élection américaine et porter atteinte aux institutions et aux valeurs démocratiques. Dans les deux cas (Nixon et Trump), le limogeage donne un coup d'accélérateur à l'enquête. En 1973, à Archibald Cox avait succédé un autre procureur spécial, Leon Jaworski, qui, lui aussi, demanda les enregistrements que le Président Nixon dut remettre avant de démissionner. En 2017, le renvoi du directeur du FBI conduisit à la nomination du procureur spécial Mueller en mai par Rod Rosenstein, numéro deux à la Justice.

Politisation des rouages de l'État

Pour le Président Trump, le ministère de la Justice serait un État profond (*Deep State*) et ferait partie d'une vaste conspiration contre lui. L'expression qui renvoie à des réalités différentes selon les périodes, peut faire référence à un réseau clandestin, un gouvernement fantôme installé au sein de l'administration, des agences de renseignements, et censé détenir le pouvoir à la place des élus. Pour le libertarien Rand Paul, plusieurs fois candidat à l'élection présidentielle, l'objectif premier de « l'État profond » était de poursuivre les politiques néoconservatrices guerrières de l'époque Bush/Cheney ; sa théorie fut confortée par les révélations de surveillance généralisée des citoyens américains et européens par Edward Snowden. Mais pour D. Trump, l'État profond est centré sur lui et peuplé d'anciens alliés de B. Obama déterminés à saboter ses politiques [(1)]. Si le ministre de la Justice n'est pas le seul visé, il est une cible privilégiée. Non content de s'ingérer, le Président n'hésite pas à déclassifier à des fins partisanes des documents contre l'avis du ministre, à court-circuiter le parquet et le système judiciaire en annonçant les sentences avant même que les enquêtes n'aient commencé. Ainsi, l'attaque terroriste à New York début novembre 2017, perpétrée par un Ouzbek résidant aux États-Unis

1. Selon un sondage de l'université Monmouth de mars 2018, 74 % des personnes interrogées sont convaincues de l'existence de cet « État profond ».

depuis 2010 et radicalisé sur le territoire américain, permet au Président d'instrumentaliser les informations. D. Trump manifeste une fois de plus de son mépris pour l'organisation judiciaire et plus globalement pour la primauté du droit (*rule of law*). Après avoir envisagé d'envoyer le terroriste à Guantanamo, ce qui est une atteinte caractérisée à l'indépendance du ministère de la Justice [(1)], il fait machine arrière et privilégie les juridictions fédérales [(2)]. Mais il s'empresse d'ajouter qu'il faut une justice rapide, plus efficace, qui prononce des peines beaucoup plus sévères beaucoup plus rapidement que les peines « auxquelles ces animaux se voient condamnés aujourd'hui ». Il conclut l'un de ses tweets en exigeant la peine de mort alors que le procès n'a même pas commencé et que la peine de mort a été abolie en 2004 dans l'État de New York. Trump critique le système judiciaire et le discrédite vis-à-vis de l'opinion : « Nous avons besoin d'une justice rapide et d'une justice forte… car ce que nous avons aujourd'hui, c'est une plaisanterie, c'est la risée du monde ».

Plus largement, le Président et les médias de droite critiquent les enquêtes, cherchent à discréditer leurs conclusions de façon à légitimer par avance le renvoi du ministre de la Justice Sessions nommé par Trump. Alors qu'il a été le premier sénateur républicain à se rallier au candidat Trump, qu'il a défendu les positions du Président en matière d'immigration (non seulement lutter contre l'immigration illégale, mais diminuer le nombre d'immigrants légaux) et en matière de politiques préférentielles (*affirmative action*), il est critiqué, voire insulté par le Président qui le traite régulièrement d'idiot, d'incapable et de « sudiste » et ne lui pardonne pas de s'être récusé. Si Sessions n'avait pas joui de l'estime et du soutien de ses anciens collègues au Sénat, son limogeage serait intervenu bien

1. Le ministre de la Justice fait partie de la branche exécutive mais doit pouvoir agir dans l'indépendance. Le Président peut insuffler les directions générales, mais il ne devrait pas interférer dans certains affaires ni faire du micro-management.

2. C'est un choix justifié, les juridictions fédérales ayant effectivement jugé avec succès plus de 600 affaires alors que les tribunaux militaires à Guantánamo n'ont prononcé que huit condamnations dont quatre ont été infirmées en appel. Mais il n'appartient pas au Président de décider.

avant 2018 [1]. Le Président a aussi voulu limoger Rod Rosenstein, numéro deux du ministère de la Justice et seul rempart entre D. Trump et le procureur spécial, mais il a compris les risques. Il a fini par limoger Sessions et a pu le remplacer par un ancien ministre de la Justice de G. H. Bush « loyal » qui avait critiqué le procureur Mueller. La façon tendancieuse dont Barr a résumé le rapport en quatre pages et ses propos ultérieurs ont amené les Démocrates à le convoquer pour une comparution devant la commission judiciaire de la chambre et à lui demander les documents annexes du rapport ; le Président lui ayant interdit d'obéir, il était sur le point d'être condamné pour outrage au Congrès quand il a fait mine d'obéir au Congrès.

La politisation du bureau du *Solicitor General*

Le bureau du *Solicitor General* (SG) ou avocat du gouvernement qui défend les positions de l'administration au sens large devant la Cour suprême [2] est un rouage important du ministère de la Justice. Il est normal qu'un Président ait ses priorités et que le ministère mette en œuvre ses politiques, mais le *Solicitor General* n'est pas censé devenir un instrument partisan. Son rôle est de veiller au respect de la Constitution et des droits et libertés qu'elle garantit ; il est censé représenter une vision plus large de la politique de l'administration et les juges de la Cour suprême attendent de sa part sérieux et pérennité des positions. Or, sous D. Trump, le *Solicitor General* est politisé, autre violation des normes admises. Il ne protège que certains droits et lois de façon sélective, celui au port d'armes mais pas le droit à une égale protection de la loi. Ainsi, le département de la Justice annonça début juin 2018 qu'il ne défendrait plus, *via* le SG, la disposition de la loi « Santé » du Président Obama qui oblige les assureurs à fournir une assurance médicale à ceux qui sont déjà malades ou ont une maladie chronique. Et en mars 2019, il fait ranger le DOJ aux côtés des opposants à la loi, des États

---

1. Ses anciens collègues au Sénat avaient, au moins en un premier temps, indiqué qu'ils ne confirmeraient pas de nouveau candidat en cas de limogeage,

2. Anne Deysine, *La Cour suprême*, *op. cit.*, ch. 5.

« républicains ». Outre l'issue du contentieux important pour vingt millions d'Américains, l'attitude du ministère de la Justice est une violation des normes acceptées et de la simple morale. Mais les Républicains rétorquent que B. Obama avait refusé de poursuivre les violations de la loi DOMA définissant le mariage comme entre un homme et une femme. C'est en partie exact, mais la situation est différente : l'opinion publique avait considérablement évolué depuis l'adoption de la loi DOMA en 1986, et la Cour suprême a validé le mariage pour tous en 2015, donnant ainsi raison *a posteriori* à B. Obama. Le contraste est grand avec l'administration précédente. Sous B. Obama, le département de la Justice et le *Solicitor General* défendaient le droit de vote (attaqué par certaines législations d'États dominés par les Républicains) et les droits des LGBT en butte à des législatures étatiques discriminatoires, en Caroline du Nord par exemple. Les priorités de la nouvelle administration sont partout différentes ; plutôt que de se focaliser sur l'accès au vote pour les minorités et les personnes âgées, la priorité est la lutte contre la fraude électorale, quasi inexistante, et dans les relations entre la police et les minorités, plus question de privilégier les droits des minorités.

Les positions sont tellement caricaturales que dans certaines affaires, le *Solicitor General* se trouve dans le camp opposé à celui d'un *Solicitor General* d'un État partie à une affaire. Or, tous deux sont censés défendre la Constitution et la loi. Dans d'autres, il y a scission au sein de l'exécutif, le département de la Justice et les agences ne parlant plus d'une même voix devant les tribunaux. C'est vrai dans de nombreux domaines, en matière de clause d'arbitrage dans les contrats de travail par exemple, quand le Bureau national des relations du travail défend une position contestée par le ministère de la Justice et le SG. En matière de politiques préférentielles (*affirmative action*), l'Agence pour l'égalité dans l'emploi (EEOC) [1] défend les droits des salariés LGBT et s'oppose au département de la Justice. En dernier lieu, le SG n'hésite pas à intervenir devant la Cour même lorsqu'il n'y a pas « d'intérêt fédéral » évident pour

1. L'administration Trump défend une position qui va à l'encontre de celle des organismes représentant les minorités, femmes et homosexuels, de l'EEOC, mais aussi des grandes entreprises comme Microsoft et Google.

son intervention, mais seulement un intérêt partisan comme dans l'affaire du pâtissier [1] du Colorado.

Les attaques contre les agences de sécurité

Le département de la Justice et le FBI avaient, avant même l'élection, commencé à enquêter sur plusieurs des protagonistes, dont Paul Manafort qui fut directeur de campagne de D. Trump de mai à septembre 2016 et le général Flynn, conseiller à la Sécurité nationale trois brèves semaines début 2017. Puis le FBI a travaillé avec le Procureur spécial et a été englobé dans les critiques. Fin février 2018, une fusillade dans un lycée de Floride qui a fait 17 morts a donné au Président l'occasion de critiquer le « raté du FBI qui aurait manqué les signes avant-coureurs. » Le FBI passe « trop de temps à essayer de prouver la collusion russe avec la campagne Trump. Il n'y a pas de collusion. Revenez-en aux bases et rendez-nous tous fiers de vous », avait-il regretté sur Twitter. Le Président Trump reproche au FBI d'être un « repaire de gauchistes » alors qu'il a nommé ses dirigeants et que les membres du Bureau sont des fonctionnaires de carrière. Non content de critiquer, le Président se livre à des pressions répétées sur le nouveau directeur du FBI, Christopher Wray, confirmé en août 2017. Il exige des changements au sein de la direction du FBI et le renvoi de l'adjoint du directeur, Andrew McCabe. Celui-ci finit par annoncer son départ, mais le Président le somme de quitter ses fonctions immédiatement, le privant ainsi de ses droits à la retraite.

Alors que le Président est chargé par la Constitution de veiller à la bonne exécution des lois, il critique et décrédibilise les agences

1. Cette affaire a mobilisé la base du Président, vent debout contre les droits des couples gay et prête à soutenir ce pâtissier qui allègue la liberté d'expression et la liberté religieuse pour refuser de créer un gâteau pour le mariage d'un couple gay. La Cour a rendu début juin 2018 à 7 voix contre 2 une décision en faveur du pâtissier, mais sur des fondements très étroits. *Masterpiece Cakeshop, Ltd. v. Colorado Civil Rights Commission*, 584 US ___ 2018.

de renseignement [1]. Il brocarde les analystes américains pour s'être trompés sur l'existence d'armes de destruction massive dans l'Irak de Saddam Hussein (2000-2003) et en tire argument dans toutes les affaires plus récentes qui le concernent. Ainsi s'en prend-il à la CIA et à la NSA qui ont confirmé l'ingérence de la Russie dans le processus électoral dans le triple but de semer la discorde entre les Américains, déstabiliser les institutions et nuire à Hillary Clinton. D. Trump ne peut pas reconnaître ces faits qui remettent en cause la légitimité de son élection. Le 6 janvier 2017, juste avant son entrée en fonction, le bureau du DNI [2] avait rendu public un rapport déclassifié consacré à la campagne menée par les Russes pour déstabiliser l'élection de 2016. Produit d'un travail coordonné des principales agences de renseignement (incluant la CIA, le FBI et la NSA), le rapport conclut que les efforts déployés par Moscou sont l'exemple le plus récent de tentatives multiples pour miner l'ordre démocratique américain. Le 15 août 2018, furieux des prises de parole de J. Brennan, ex-directeur de la CIA, D. Trump lui refuse le renouvellement de son habilitation de sécurité. Il est vrai que Brennan avait qualifié la rencontre Trump/Poutine à Helsinski de « trahison » ajoutant publiquement : « Non seulement les commentaires de Trump étaient stupides, mais il est complètement à la solde de Poutine ». Lors du sommet d'Helsinki de juillet 2018, D. Trump avait expliqué que V. Poutine niait toute ingérence et qu'il n'existait aucune preuve pour le démentir, préférant accorder foi à ses dénégations plutôt qu'à ses propres agences. Même s'il prétend s'être mal exprimé et n'être pas le jouet d'une puissance étrangère

1. 17 agences sont regroupées dans la « communauté du renseignement des États-Unis », créée en 1981 par R. Reagan et qui emploie actuellement 100 000 personnes. Les plus connues sont la CIA (dont les agents opèrent à l'étranger), la NSA (chargée de la surveillance électronique et des écoutes à des fins de sécurité nationale), longtemps restée une légende et dont l'existence n'a été reconnue que 5 ans après sa création en 1952. Il y a aussi le service de renseignement du FBI spécialisé dans le contre-terrorisme.

2. Le directeur du renseignement (DNI) dont le poste a été créé après les attentats du 11-Septembre, coordonne l'activité des agences de renseignement américaines.

hostile, il viole son serment de Président dont la mission est de veiller à la fidèle application de la loi et à la sécurité des États-Unis.

Le retrait de l'accréditation de John Brennan a été critiqué par d'anciens directeurs de la CIA et d'autres anciens hauts responsables d'agences de sécurité américaines dans un communiqué où ils dénoncent « une tentative d'étouffer la liberté d'expression » et affirment n'avoir « jamais vu auparavant le retrait d'habilitations secret défense être utilisé comme instrument politique ». Le Président annonce qu'il va faire de même pour tous les anciens responsables des agences de sécurité de l'administration Obama, alors que la tradition est de renouveler par courtoisie et parce que l'expérience des anciens peut être utile à leurs successeurs. Mais il existe peu de règles si ce n'est un décret pris par B. Clinton en 1995 qui fixe un certain nombre de conditions [1] pour la conservation de l'accréditation, parmi lesquelles la loyauté vis-à-vis des États-Unis et l'absence de vices comme l'alcoolisme. L'absence de préférences politiques ou partisanes n'en fait pas partie.

Les attaques continuent lorsque les responsables nommés par lui à la tête de la CIA (Mike Pompeo jusqu'en avril 2018), du DNI (Dan Coates [2]) reconnaissent eux aussi l'ingérence russe devant les commissions du Congrès et dans les médias. En février 2018, les responsables des agences de renseignements soulignent que les Russes, enhardis par l'inaction américaine, poursuivent leurs efforts pour perturber le système politique américain. De nouveau, le Président fait part de son scepticisme. Le discrédit qu'il jette sur ses agences et son incapacité à travailler avec elles suscite l'inquiétude car rien dans ces conditions n'a été fait au niveau de la Maison-Blanche pour contrecarrer d'éventuelles opérations russes avant 2020. Et le rapport Mueller remis le 22 mars 2019 qui pourtant détaille les ingérences avérées sur plusieurs dizaines de pages exonère

1. Décret pris par B. Clinton en 1995 (EO 12968) ; voir « Five myths about security clearances; The movies are wrong: No one has a clearance "above top secret." », *Washington Post* 27 août 2018.

2. Dan Coates finit par démissionner en juillet 2019 après que ses avertissements sur les dangers d'ingérence russe ont été systématiquement ignorés par la Maison-Blanche.

le Président de collusion avec la Russie, ce qui risque de rendre plus difficile encore de lutter contre de futures ingérences de la Russie avant 2020. Le FBI tente d'agir, mais sans aucune instruction ou bonne volonté du Président. Le Congrès a accordé plusieurs dizaines de millions de dollars au département d'État pour bloquer l'ingérence russe, mais aucun de ces dollars n'avait été dépensé à l'été 2018. Le Président est tellement dans le déni que la ministre de la Sécurité nationale (DHS) n' a pas osé admettre en public le 22 mai 2018 que les efforts des Russes visaient à favoriser D. Trump, ce qu'indiquent toutes les agences de renseignement. Or, c'est une des missions du DHS de prendre les mesures nécessaires pour protéger le territoire des États-Unis et le système électoral.

DOJ et agences ne sont pas les cibles uniques du Président. Le bureau budgétaire du Congrès (CBO), organe indépendant au service des élus, dirigé par un républicain nommé par D. Trump (Keith Hall) n'est pas non plus à l'abri. Il a pour rôle et mission de produire des rapports et des études afin de simuler et chiffrer l'impact des législations proposées au Congrès. Mais parce que le CBO a conclu que les réformes proposées par D. Trump coûteraient des milliards de dollars, le Président a qualifié le rapport du CBO « d'opération de démolition par l'État profond ». La FED ou *Federal Reserve*, qui jouit d'une large indépendance a été la cible des critiques du Président, rompant ainsi avec des décennies de silence de ses prédécesseurs· Lorsqu'elle annonça un relèvement des taux d'intérêts en août 2018, le tweet indiquait que la FED devrait faire « ce qui est bon pour le pays » et critiquait personnellement le président de la FED. En décembre 2018, soucieux de trouver un bouc émissaire à la chute de la Bourse fin 2018 puis début juin 2019, D. Trump réitère ses critiques [(1)] à l'encontre du président de la réserve fédérale nommé par lui, et il se serait renseigné sur la possibilité de le limoger. Or l'indépendance de la banque centrale est à la fois une tradition respectée et une nécessité économique. La NASA n'a pas non plus été épargnée. Après que le Président a placé à sa tête un non-scientifique convaincu que le réchauffement

1. « Trump criticizes Fed, breaking long standing practice », *Washington Post*, 19 juillet 2018 ; « Trump's latest scapegoat: The Federal Reserve », *Washington Post*, 10 juin 2018.

climatique est un canular inventé par les Chinois, la NASA a été accusée par le site complotiste *Info Wars* (repris par D. Trump) et a dû démentir qu'elle dirigeait une colonie d'enfants esclaves sur Mars [1]. L'ouragan Dorian a mis en lumière la politisation de la science quand, en septembre 2019, le Président a refusé de reconnaître son erreur (il avait à tort mis en garde les habitants de l'Alabama) puis menacé de licenciement les responsables politiques (limogeables à la différence des fonctionnaires) du Bureau des océans et ouragans (NOAA) s'ils ne venaient pas confirmer ses annonces erronées [2].

Mensonges généralisés et exigence d'allégeance

Si une loi [3] tente de lutter contre les déclarations mensongères, aucune règle spécifique n'interdit au Président de mentir. Or, le Président Trump a un rapport très particulier à la vérité. Dès le 21 janvier 2017, il affirmait que « sa » cérémonie d'investiture avait attiré davantage de monde que toutes les précédentes, mensonge répété par Sean Spicer, attaché de presse de la Maison-Blanche, et immédiatement mis à mal par la comparaison de deux photos, celle de l'investiture d'Obama en 2008 et celle de Trump en 2016. Depuis, c'est la banalisation du mensonge au sommet de l'État : les mensonges sont quotidiens (5,4 par jour en 2017 [4]) et de plus en plus nombreux (22 par jour en 2018 et 13 450 en 1 000 jours

---

1. Collins, Ben, « NASA Denies That it's Running a Child Slave Colony on Mars », *The Daily Beast*, 29 June 2017.

2. Ce qu'ils font, contredisant les conclusions des scientifiques du bureau de NOOA. « Report: Trump Was Behind Pressure On NOAA To Agree With His Incorrect Tweet », *Forbes*, 11 sept. 2019.

3. La loi fédérale 18 USC §1001 sanctionne toute déclaration volontairement fausse, sous serment ou non.

4. Selon le calcul effectué par le *Washington Post* du 13 novembre 2017, D. Trump a proféré 1 628 mensonges et contrevérités en 298 jours, soit 5,4 par jour.

de mandat)[1]. Les mensonges touchent des sujets plus ou moins importants. D. Trump n'était pas au courant que son avocat avait versé 130 000 dollars à la star du porno. Il ne savait pas que son fils avait organisé une rencontre dans la tour Trump avec des Russes afin d'essayer d'obtenir des informations compromettantes sur la candidate démocrate. Et alors que la probabilité que ces assertions soient exactes diminue, il continue à les proférer avec force. Et même lorsque le mensonge apparaît au grand jour, il n'admet rien ou brode une autre vérité fantaisiste. Le Président s'enhardit. Le 4 juin 2018, il déclare que la nomination du procureur spécial est inconstitutionnelle. C'est faux ainsi que l'illustrent un consensus bipartisan sur la question depuis plus de 20 ans et une décision de la Cour suprême rendue en 1988, *Morrison v. Olson*[2]. Dans le cas du scandale provoqué par la séparation des enfants de migrants entrés illégalement sur le territoire américain, il répète que la faute en revient aux Démocrates, alors que cette décision de séparer les familles relève d'un choix politique fait par son administration. Les lois existantes n'ayant pas été modifiées, c'est bien le choix de la « tolérance zéro » qui explique la crise du mois de juin 2018. Le mensonge est tellement flagrant qu'il a valu quatre « Pinocchio » au Président, chiffre maximum accordée par les organisations de vérification des faits. Devant le tollé, D. Trump a signé un décret annonçant qu'il réglait le problème, créé par lui, admettant, sans le reconnaître, que la crise était de son fait. Sans impact apparent sur ses partisans.

Bien qu'il soit difficile d'en faire la liste, certains médias (*Washington Post*) et sites de vérification (*factchecker*) comme Politifact se livrent à ce travail nécessaire mais non suffisant. Car les

1. « President Trump has made 13,435 false or misleading claims over 993 days », *Washington Post*, 14 oct. 2019.

2. *Morrison v. Olson*, 487 US 654 (1988). Des règles nouvelles adoptées en 1999 par le ministère de la Justice affaiblissent les pouvoirs du procureur en prenant en compte les objections soulevées à l'encontre de la loi de 1978 contestée dans l'affaire *Morrison* mais validée par la Cour. Le procureur travaille désormais sous le contrôle du ministre de la Justice qui doit valider les étapes, les directions et le périmètre de l'enquête.

partisans de D. Trump n'accordent aucun crédit à ces rectifications et rappellent que B. Clinton a régulièrement pris des libertés avec la vérité. Mais lorsqu'il était confronté aux faits, B. Clinton admettait avoir eu tort et présentait des excuses. D. Trump ne revient pas sur ses multiples assertions fantaisistes et/ou mensongères. En proférant sans arrêt des contrevérités, il viole le préalable minimum à l'existence d'une démocratie , l'existence d'un consensus sur la réalité et certains faits de base. Mais les journalistes ne parviennent pas à rectifier la vérité et, effet pervers, les partisans du Président se sentent attaqués et les efforts des médias généralistes contribuent à augmenter la crédibilité du Président. Malgré les efforts des médias et des organisations de *fact checking*, les fausses nouvelles se propagent et il est très difficile de rétablir la vérité et de convaincre des pans entiers de la population même lorsqu'il existe des preuves factuelles. D'autant que lorsque des médias comme le *New York Times* ou CNN dressent la liste des mensonges, Fox News et autres médias conservateurs détournent l'attention en se focalisant sur des broutilles qui n'ont aucun lien et qu'ils montent en épingle. La rectification est encore plus difficile lorsqu'il s'agit de chiffres ou de statistiques à interprétations multiples car il y a toujours un élément de vérité, que ce soit les chiffres de la croissance, de la Bourse ou du taux de chômage et les auditeurs n'entendent que ce qu'ils veulent.

En matière de chiffres et de sondages, la technique de D. Trump est simple. Si les chiffres ou les sondages sont mauvais pour lui, c'est qu'ils sont faux ; s'ils sont bons, c'est que sa présidence est la meilleure de toute l'histoire américaine. Le Président se gargarise quand les résultats de la Bourse sont bons alors qu'ils tiennent autant à la conjoncture et à l'action de la FED (banque centrale) qu'à son action, mais il est silencieux quand le Dow Jones est chahuté.

Mensonges et manipulations médiatiques

Lorsque l'inspecteur général (IG) Horowitz, chargé d'enquêter sur la façon dont le FBI avait mené son enquête sur le serveur privé de la candidate Démocrate a rendu son rapport, le Président a immédiatement instrumentalisé le rapport et son contenu, n'hésitant pas à tout mélanger et à mentir. Le document fait ressortir que le FBI n'avait pas suffisamment d'éléments pour inculper Hillary Clinton, et qu'en conséquence la décision de ne pas l'inculper n'a pas été motivée par des raisons politiques et partisanes. Le rapport conclut aussi que le directeur du FBI a manqué à ses obligations professionnelles en faisant des remarques au moment du classement sans suite et, plus tard, en décidant de ré-ouvrir le dossier quelques jours avant l'élection et dans des conditions douteuses. Le rapport note aussi que plusieurs employés et agents du FBI se sont comportés de façon inappropriée en s'envoyant des textos extrêmement hostiles au candidat Républicain ainsi que d'autres injurieux pour la candidate Démocrate. Mais il établit que ces comportements, bien que répréhensibles, peu professionnels et en violation de l'obligation de réserve, n'ont pas eu d'incidence sur les conclusions de l'enquête. Malgré tout, le Président s'empare du rapport de l'IG pour se justifier et tenter de décrédibiliser l'institution FBI entière. Alors que la mission de l'inspecteur général était d'enquêter sur Clinton et non sur l'ingérence russe, D. Trump proclame qu'une fois de plus il n'a pas été trouvé trace de collusion. Ce ne devrait pas surprendre dans la mesure où ce n'était pas le sujet. Mais les deux camps ne lisent que ce qu'ils veulent bien lire dans le rapport et le Président fait en permanence l'amalgame. Le résultat est que ses partisans sont perdus dans la complexité des dossiers, accentuée par les mensonges et la couverture médiatique de Fox News et consorts.

Le climat est tellement malsain que deux personnalités ont saisi l'occasion de cérémonies de remise de diplômes en mai 2018 pour souligner les dangers de ce que l'un d'entre eux appelle « l'épidémie de malhonnêteté ». L'ancien maire de New York, Michael Bloomberg (qui avait envisagé de se présenter aux élections présidentielles de 2016 et 2020), souligne dans un discours à l'université Rice de Houston le 13 mai 2018, sans mentionner le Président, que cette « épidémie de malhonnêteté est une menace plus grave pour le pays que le terrorisme, le communisme, le djihadisme ou les agissements d'une puissance étrangère ». Il affirme que le mensonge généralisé ne touche pas uniquement le Président ou le seul parti Républicain et que cette dérive est causée par l'extrême polarisation (*partisanship*) du pays qui fait préférer l'allégeance à « sa tribu » plutôt que la vérité. Il cite l'attitude partisane des Démocrates en 1998 (pour défendre Clinton) et celle des Républicains en 2018 (pour protéger Trump). « Lorsque des élus prétendent être au-dessus de la vérité, ils agissent comme s'ils étaient au-dessus de la loi. Et lorsque nous tolérons la malhonnêteté, nous récoltons la criminalité. Parfois sous forme de corruption. Parfois sous celle d'abus de pouvoir. Et parfois des deux». Il poursuit : «La plus grande menace pour la démocratie américaine est notre tolérance pour la malhonnêteté au service d'un parti et de la quête du pouvoir». Le second à prendre la parole sur les dérives est Rex Tillerson qui, deux jours plus tard à l'École militaire de Virginie, a recommandé aux étudiants de privilégier leur intégrité personnelle et de bien vérifier les valeurs de l'entreprise dans laquelle ils envisagent de postuler. Le message est moins direct, mais tout aussi clair.

L'allégeance exigée

Liée au climat de malhonnêteté de la Présidence Trump est l'exigence d'allégeance. Le Président exige que collaborateurs et fonctionnaires, le directeur du FBI par exemple, l'assurent de leur allégeance à sa personne plutôt qu'à la Constitution. Ceci explique le taux de rotation élevé à la Maison-Blanche et le limogeage de conseillers, ministres et du directeur du FBI. Ils sont accusés d'être insuffisamment loyaux et efficaces : Sean Spicer, porte-parole de la Présidence, Reince Preibus, son chef de cabinet, des ministres (Rex Tillerson, Jeff Sessions) ou des conseillers (H.R MacMaster, John Kelly, John Bolton). Soit un taux de rotation établi à 77 % au 10 septembre 2019 par la Brookings.

D. Trump se montre en revanche réticent à se séparer de collaborateurs soupçonnés de manquements divers dès lors qu'ils lui sont fidèles. Il tarde à les limoger et, quand il s'y résout, il se plaît à rappeler leurs nombreuses qualités; il a ainsi complimenté le général Flynn, objet d'une enquête du FBI et depuis inculpé par le procureur spécial, un de ses proches collaborateurs Robin Townley qui ne pouvait obtenir l'accréditation secret défense en raison d'allégations de violences conjugales et le directeur de l'EPA Scott Pruitt qui présenta sa démission le 8 juillet 2018 alors qu'il était depuis plusieurs semaines l'objet de plus de quinze enquêtes pour manquements éthiques divers.

L'exemple le plus emblématique de limogeage pour «loyauté insuffisante» est bien sûr Jim Comey, le directeur du FBI, sommé à plusieurs reprises par le Président de l'assurer de sa loyauté à sa personne, et de mettre en veilleuse ou d'abandonner l'enquête sur l'ex-conseiller à la sécurité nationale, Michael Flynn. J. Comey est limogé sans préavis et apprend la nouvelle dans les médias. D'autres sont licenciés pour avoir osé critiquer le Président. C'est le cas du numéro 2 du FBI, A. Mac Cabe[1], poussé à la sortie après des mois d'attaques par le Président et les médias de droite.

Vers la disparition des normes morales

Plus généralement, le Président viole les normes morales et déontologiques. Il critique les héros de guerre, utilise des termes déshonorants et déshumanisants («infester», «animaux», «serpents») pour faire référence aux Hispaniques sans-papiers et pas seulement aux gangs. Il fait le jeu des racistes en qualifiant de «pays de m...» les pays du Sud et d'Afrique et en accusant de manque de patriotisme les joueurs de la NFL qui s'agenouillent durant l'hymne national. Il franchit une étape supplémentaire en s'attaquant à quatre élues démocrates de couleur dont deux musulmanes qu'il veut renvoyer dans leur pays alors qu'elles sont nées aux États-Unis (ou est devenue américaine dans le cas d'I. Omar). Il bafoue la liberté d'expression quand il accuse de trahison les membres de l'opposition qui ne se lèvent pas durant le discours sur l'état de l'Union ou les Juifs qui votent pour les Démocrates. Le Président a refusé de reconnaître le statut de héros à John McCain[2], indiquant qu'il préférait ceux qui ne se font pas capturer par l'ennemi, oubliant commodément les faits de bravoure pour lesquels John McCain a été décoré et son refus d'être libéré par favoritisme avant ses camarades.

---

1. L'IG du département de la Justice avait recommandé son inculpation pour mensonges aux enquêteurs fédéraux après qu'il a autorisé une fuite aux journalistes du *WSJ* en 2016, décision saluée par un tweet du Président en majuscules «MENTEUR».

2. «He's not a war hero. He's a war hero because he was captured. I like people that weren't captured.».

Ce n'est pas non plus interdit par la loi, mais cela envoie un message bien particulier quand il apporte son soutien à un candidat au Sénat accusé de pédophilie (qui perd l'élection), un directeur de la communication qui a couvert des scandales de harcèlement sexuel à Fox News, un secrétaire particulier accusé de violences conjugales, un représentant de l'Ohio Jim Jordan accusé d'avoir fermé les yeux sur des abus sexuels dans l'équipe de lutte de l'université dont il était l'entraîneur et au juge Kavanaugh, lui aussi accusé d'agression sexuelle. Parmi ses proches, rares sont ceux qui ne sont pas accusés de délit sexuel, n'ont pas plaidé coupable ou ne sont pas jugés pour des délits divers allant du mensonge au parjure en passant par le blanchiment d'argent ou la fraude fiscale.

L'œuvre de démantèlement des traditions et normes n'a pas commencé avec l'élection de D. Trump et elle ne touche pas uniquement l'Exécutif. Ancienne, elle s'est accélérée depuis l'élection de Newt Gingricht et d'une majorité républicaine en 1994. Ce dernier a alors importé au Congrès ses éléments de langage et son vocabulaire guerrier. Une autre date-clé est celle du décès du juge Scalia en février 2016 et du refus sans précédent du Sénat de seulement étudier la candidature de son successeur choisi par B. Obama. À l'époque, la plupart des sénateurs étaient opposés à D. Trump et frémissaient à l'idée de son entrée à la Maison-Blanche. Pourtant ils décidèrent que « n'importe quel candidat investi » par le Parti républicain était préférable à n'importe quel Démocrate et surtout à Hillary Clinton. Depuis le 20 janvier 2017, le Président est devenu le broyeur en chef de normes déjà mal en point avant son arrivée. Il n'a aucune des qualités requises d'un Président et se sert du pouvoir pour régler des comptes et maximiser ses profits.

Pratiquement chacun des actes de D. Trump représente une attaque sur les normes et un abus de pouvoir. Certes, le Président a le pouvoir d'interdire le décollage d'un avion militaire, mais pas pour empêcher le *leader* démocrate de la chambre d'aller visiter les troupes en Afghanistan. Certes, le Président a le pouvoir d'accorder ou de révoquer les habilitations sécurité mais aucun de ses prédécesseurs ne l'avait fait pour des raisons partisanes. Certes, il est le seul à pouvoir déclassifier certaines sources mais il n'est pas censé en faire bénéficier ses alliés républicains pour porter préjudice au camp démocrate. Et D. Trump ne se contente pas d'user de ses prérogatives officielles au plan interne ; il le fait aussi au plan international comme lorsqu'il fait pression sur le gouvernement israélien afin qu'il interdise l'accès à son territoire aux deux membres musulmanes de la chambre des Représentants qui sont toutes deux citoyennes américaines et que quelques jours auparavant il voulait « renvoyer chez elles » ou lorsqu'il fait pression sur le président ukrainien, le menaçant, semble-t-il, de ne pas lui verser 400 millions de dollars d'aide s'il n'enquête pas sur Hunter Biden, fils du candidat à l'élection présidentielle.

Comme d'autres hommes forts avant lui, il affecte de respecter la Constitution mais se comporte comme si elle n'existait pas. Pourtant, en raison de son impulsivité et de son manque de rigueur, il n'a pas encore eu raison des institutions qu'il méprise et qu'il vilipende. Un bon exemple est la création de la commission consultative sur l'intégrité électorale dont l'objectif à peine dissimulé était de priver du droit de vote les électeurs de couleur. Mais les États se sont rebellés lorsque la commission leur a demandé de communiquer leurs listes électorales et la commission a été dissoute dans la plus grande discrétion.

Outre la question de la pérennité des institutions se pose celle de l'intérêt général. Pour qui et dans quel but le Président Trump prend-il ses décisions ? Pour satisfaire son ego, pour augmenter son chiffre d'affaires quitte à faire des concessions à des adversaires (Russie) ou concurrents économiques de l'Amérique (Chine) ? Parce que le Président est empêtré dans un nœud de conflits d'intérêt, la question de son allégeance doit être posée. Prend-il ses décisions de politique étrangère dans l'intérêt de l'Amérique et des Américains ou dans son propre intérêt, pour obtenir un permis de construire, une licence ou pour signer un accord ? Félicite-t-il le Président philippin parce que c'est un homme fort qui assassine les prétendus trafiquants de drogue ou bien parce que la tour Trump de Manille attend encore quelques autorisations du gouvernement de Duterte ? Alors que les Présidents choisissent généralement un pays allié comme le Canada, un pays européen ou la Corée du Sud pour leur premier déplacement à l'étranger, afin de renforcer des alliances fondées sur les valeurs démocratiques, le Président Trump a choisi l'Arabie Saoudite qui emprisonne et fait tuer les opposants au régime. Mais les Saoudiens l'ont aidé quand il avait des difficultés financières et en 2016 le Président avait huit sociétés en Arabie Saoudite. Est-ce la raison pour laquelle le Président a tourné le dos au Qatar, allié pourtant essentiel des États-Unis qui héberge une grosse base militaire américaine et trouvé des excuses au leader saoudien lors de l'assassinat de Jamal Khashoggi en octobre 2018 ? La question se pose aussi pour la Russie (voir enquête russe) et la Chine. D. Trump est-il à la solde ou soumis au gouvernement chinois ? L'affaire ZTE oblige au moins à poser la question. La société chinoise, 4e fabricant mondial de composants télécom et de téléphones portables, a été l'objet de sanctions multiples (1,19 milliard de dollars en 2017) imposées par l'administration Obama, puis par l'administration Trump. Le département du Commerce les a renforcées en avril 2018 en ajoutant l'interdiction d'acheter des pièces détachées américaines pendant sept années. L'entreprise est coupable de ne s'être pas pliée aux interdictions de commercer avec l'Iran et la Corée du Nord et d'avoir menti. Elle est aussi soupçonnée d'utiliser ses composants et téléphones pour espionner les Américains, au point que le Pentagone a interdit à ses salariés l'utilisation de ce type de téléphone. Alors que l'administration et le Congrès étaient unanimes sur cette question, le Président a décidé de revenir sur les sanctions et de contraindre ZTE à acheter des pièces détachées américaines, ce qui revenait à sauver l'entreprise chinoise qui a besoin de ces composants. Immédiatement accusé par les Démocrates et les Républicains de vouloir sauver la Chine et non plus l'Amérique, le Président semblait isolé dans cette affaire. Mais alors que le Congrès aurait pu adopter une loi à la majorité des deux tiers, plaçant le texte à l'abri du veto présidentiel, le Sénat a renoncé à inclure l'interdiction d'acheter des pièces américaines dans la version finale du projet de loi de défense NDAA.

Le Congrès a cédé et la vraie question est de savoir si la position du Président américain était un geste pour inciter son homologue chinois à faire preuve de souplesse dans la négociation commerciale globale ou si le Président devait renvoyer l'ascenseur après que les Chinois aient investi 500 millions de dollars dans un projet de parc d'attraction en Indonésie dans lequel le Président détient les hôtels et les golfs. Plus largement, les décisions sont-elles prises dans l'intérêt de l'Amérique, du peuple ou de D. Trump ? Quand après avoir sauvé ZTE le Président lance une offensive tous azimuts contre la Chine et l'entreprise Huawei en mai-juin 2019, il faut aussi poser la question de la cohérence globale.

Devant ces questions et face aux attaques de Donald Trump contre l'État de droit et la primauté du droit, se pose la question des contre-pouvoirs. Qui veut et qui peut résister ?

Partie II

L'impossible résistance des institutions

Chapitre 4
Le Congrès, véritable contre-pouvoir ?

Le premier contre-pouvoir prévu par la Constitution est le Congrès. En vertu du principe de séparation des pouvoirs et de partage des compétences, le Congrès déclare la guerre, vote la loi et le budget, mais le Président est « commandant en chef » et peut exercer son droit de veto ; le Sénat est un rouage essentiel en matière de nominations et de politique étrangère. La Constitution est pleine d'ambiguïtés car les Pères fondateurs avaient tenu à ce que les compétences soient partagées, ce qui rend parfois difficile de déterminer à qui incombe telle responsabilité. D'autant que la répartition des tâches a évolué au fil du temps, des évolutions géopolitiques et technologiques et des interprétations de la Cour suprême. L'Article I de la Constitution qui traite du Congrès témoigne que les Pères fondateurs ont voulu en faire le pouvoir premier. Si le rapport de forces a évolué, le législatif américain est un pouvoir fort doté de réelles prérogatives. Elles se décomposent en « pouvoirs énumérés » et « pouvoirs implicites » que la Cour suprême a étendus au fil de ses interprétations de la Constitution [1]. Le législateur vote le budget, finance l'armée et la marine, déclare la guerre, réglemente le commerce interétatique et les relations avec les pays étrangers, intervient en matière de nominations et de traités (Sénat), peut adopter des amendements à la Constitution et mettre en accusation le Président. Le pouvoir de contrôle (*oversight*) constitue une partie intégrante du système de freins

1. La « clause élastique » en particulier. Voir *L'empire de l'exécutif américain, 1933-2006*, Atlande, 2008.

et de contrepoids, « un trait essentiel d'un système représentatif » selon John Stuart Mill et sert à contrôler l'efficacité des politiques, à protéger les droits et libertés et à veiller à ce que les agences administratives respectent l'intention du législateur. Ce pouvoir devrait aussi permettre de résister aux empiétements de l'exécutif sur les prérogatives du législatif.

Le Congrès a effectué son institutionnalisation [1] avant la Présidence et avant l'inscription dans la loi de 1946 [2] de la redéfinition des activités du législatif dans le contexte d'une Présidence forte. Le texte modernise le système des commissions, facilite le recrutement de personnel supplémentaire et donne un statut légal aux pouvoirs de surveillance du Congrès, dorénavant chargé par la loi d'exercer une vigilance permanente sur l'exécutif et sur les agences administratives. Schématiquement, le Congrès agit *a posteriori* lorsqu'il enquête sur les actes de l'exécutif et des agences, mais son rôle est important *a priori* durant la procédure législative dans la mesure où le Président doit tenir compte des préférences et des blocages éventuels de certains membres du Congrès s'il veut avoir une chance de faire adopter son programme législatif. Tout comme le Président utilise le veto pour discipliner les élus au Congrès, ceux-ci savent contraindre l'exécutif à tenir compte de leurs attentes. De nos jours, le processus législatif dysfonctionnel condamne le Congrès à l'immobilisme, ce qui porte atteinte à son rôle. Si le Congrès conserve des prérogatives fondamentales, dont sa mission de contrôle (*oversight*), le jeu des contre-pouvoirs s'exerce différemment selon les périodes [3] et selon les pouvoirs concernés. Il importe de distinguer vote de la loi, approbation des nominations par le Sénat, mission de surveillance et contrôle (*oversight*) et en dernier lieu recours à l'arme lourde que constitue la mise en accusation (*impeachment*).

1. N. Polsby, *The Institutionalization of the US House of Representatives* & *How Congress Evolves*, Oxford University Press, 2004.

2. Réorganisation législative de 1946 signée par le Président Truman désireux d'éviter toute confrontation ouverte avec le Congrès.

3. Le Congrès joue son rôle de contre-pouvoir et de contrôle essentiellement durant les périodes de cohabitation (*divided government*).

Un Congrès bipartite et dysfonctionnel

Le Congrès des États-Unis est composé de deux chambres qui représentent l'une le peuple, l'autre les États fédérés et dont les pouvoirs et prérogatives sont spécifiques.

La chambre des Représentants est composée de 435 membres élus pour deux ans, ce nombre dépendant de la population des États et étant réajusté tous les dix ans à l'issue du recensement décennal. Le Sénat compte 100 sénateurs (deux par État) et représente le principe fédéral ; il dispose de prérogatives propres : approbation des nominations des membres du cabinet et des juges fédéraux et ratification des traités.

En raison de la nature bicamérale du Congrès, un premier contre-pouvoir est interne à la branche législative dont les deux chambres ont des raisons d'être, des légitimités, des rites électoraux, des prérogatives et des modes de fonctionnement différents. Les Pères fondateurs, soucieux d'éviter les mouvements populistes, avaient pensé le bicamérisme comme moyen de les bloquer. Le Sénat, dont les membres étaient à l'origine et jusqu'à l'adoption du 17e Amendement à la Constitution des États-Unis en 1913, désignés (et non élus) pour six ans, est renouvelable par tiers tous les deux ans et moins sensible à la pression populaire. Il est donc censé agir comme un contrepoids à la précipitation, à la versatilité et aux excès de la chambre basse. La chambre des Représentants était élue au suffrage universel (à l'origine limité aux hommes blancs et aux propriétaires, les femmes et les esclaves n'ayant pas le droit de voter), mais même dans cette forme limitée, elle bénéficiait de la légitimité populaire. Compte tenu du rôle du Sénat en matière de nomination et de ratification de traités, il apparaissait plutôt comme un « conseil pour l'Exécutif ». Il fonctionne en principe sur un mode de consensus, avec possibilité pour un ou plusieurs sénateurs qui s'opposeraient à un texte de bloquer celui-ci en se livrant à un *filibuster*[1].

---

1. Le *filibuster* ou flibuste est une technique d'obstruction parlementaire dont le fonctionnement est au centre du film de Frank Capra *Mr. Smith goes to the Senate.* Aujourd'hui, les sénateurs prennent rarement la peine de parler pendant des heures et se contentent d'en brandir la menace.

À l'aune de la typologie proposée par Arendt Lijphart [1], le bicamérisme fonctionne aux États-Unis dans un contexte de « congruence » minimale et de similitude basse entre les configurations politiques des deux assemblées. En fait, tout diffère : mode d'élection, durée du mandat des membres et type de souveraineté (celle du peuple, celle des États fédérés). En conséquence, les relations que le Président peut avoir avec chacune des chambres sont très variables. Si la configuration partisane est la même à la Présidence et à la chambre des Représentants, celle-ci peut fonctionner comme un auxiliaire efficace du Président. C'est dans ce sens qu'il faut comprendre l'adoption au printemps 2017 par la chambre d'un texte d'abrogation/remplacement de la loi assurance santé voulue par le Président Trump, dont pourtant de nombreux élus Républicains ne voulaient pas. Au Sénat, pas de procédure rationalisée ni majoritaire et abus du recours au *filibuster* [2]. Devenue le lieu de tous les blocages, la chambre haute a rejeté la loi d'abrogation et en période de cohabitation, elle peut refuser de remplir sa mission de confirmation des nominations constitutionnelles, comme durant la dernière année de Présidence Obama . En tout cas, et bien qu'il soit difficile de généraliser, le bicaméralisme rend toujours plus complexe la tâche du Président.

Le Congrès est aujourd'hui dysfonctionnel en raison des dérives de la procédure législative et de la montée de la polarisation. L'octroi de deux sénateurs par État, concession indispensable pour que les petits États acceptent de signer et ratifier la Constitution, a fait du Sénat une institution peu démocratique au sein de laquelle les petits États peuvent bloquer le travail législatif par la procédure du *filibuster* à laquelle il ne peut être mis fin que par un vote de clôture qui requiert aujourd'hui la majorité des trois cinquièmes, soit 60 votes. En conséquence, la majorité au Sénat n'est pas la majorité simple mais une super-majorité, celle des 60 voix nécessaires au vote de clôture. Or les 41 voix permettant le blocage peuvent être atteintes par les votes des sénateurs qui ne représentent qu'une très

1. Arendt Lijphart, *Patterns of Democracy*, Yale Univ. Press, 1999, 2nd ed. 2012.

2. L'abrogation de la loi ACA ne fut finalement pas adoptée en raison de l'opposition de quelques sénateurs.

faible part de la population : les sénateurs des 21 plus petits États, avec 34,8 millions d'habitants et 11 % de la population. Ces États sont essentiellement des États « républicains » et quelques États « démocrates » comme le Vermont, Hawaï ou le Delaware. Si l'on prend uniquement le Parti républicain, les 41 sénateurs républicains des États les moins peuplés représentent 107 millions d'habitants soit 34 % de la population totale. Or, ils peuvent bloquer le travail du Congrès et l'ont fait durant la Présidence Obama de 2010 à 2016 quand les Républicains étaient majoritaires [(1)]. En 2016, les 46 sénateurs démocrates ont obtenu davantage de voix que les Républicains, mais ceux-ci sont majoritaires avec 54 sièges. Alors que les grandes lois du *New Deal* ou la loi sur les droits civiques ont pu être adoptées malgré cette possibilité de blocage, ce n'est plus le cas aujourd'hui où la radicalisation du Congrès se traduit par la multiplication du nombre des flibustes. On est passé de 8 % des propositions de loi faisant l'objet de blocages dans les années 60 à 70 % depuis le début du 21e siècle.

Le vote de la loi

Le Congrès jouit de deux prérogatives fondamentales, le vote de la loi et du budget [(2)], mais en raison des difficultés et obstacles, l'essentiel de son pouvoir consiste à bloquer. Sur les nombreuses propositions déposées, seules quelques-unes sont adoptées [(3)]. C'est une tendance générale accentuée en période de cohabitation

1. En 2016, 62 sénateurs représentent un quart des électeurs américains, soit le même poids que les six sénateurs de trois États très peuplés, la Californie, le Texas et l'État de New York (respectivement 19, 13 et 9,7 millions d'électeurs).

2. La procédure budgétaire est un sujet en soi. Selon la formule consacrée, le Président propose et le Congrès dispose, ce qui explique qu'aucun budget n'ait été adopté dans les délais depuis 1997.

3. Le chiffre annuel est d'environ 700 ou 800 pour le 95e Congrès (1975), plus bas de nos jours (284, 296, 329 pour les 112e, 113e, 114e Congrès). Le 115e (2017-2019) sous D. Trump a voté 119 « lois », en fait une seule vraie loi (la réforme fiscale), de petites lois « techniques » et près de vingt lois de dérégulation adoptées en vertu de la loi CRA (v. *infra*).

(*divided government*), c'est-à-dire quand un Président est confronté à une majorité de l'autre parti dans l'une ou les deux chambres. Outre le bicaméralisme, les raisons de cet immobilisme sont la procédure complexe, doublée de l'absence de discipline de vote, et les profondes divisions au sein des deux grands partis. La procédure législative est compliquée, peu rationalisée, plutôt utilisée pour bloquer que pour faire avancer. Elle est aggravée par l'absence de discipline de vote, même à la chambre des Représentants et même en cas de « gouvernement unifié ». L'initiative appartient aux membres du Congrès qui déposent de multiples propositions de lois, différentes dans les deux chambres. Le travail en commission et sous-commission permet d'enterrer la plupart des projets et si les deux chambres adoptent des textes différents, il leur appartient de décider de l'opportunité de constituer une commission mixte de conciliation, ce qui rend statistiquement peu probable l'adoption d'un texte.

Cette paralysie est renforcée parce que les États-Unis ne sont pas un système parlementaire. La discipline de vote n'existe pas : chaque vote est le produit de marchandages entre la Maison-Blanche et le Congrès et entre membres du Congrès eux-mêmes. De surcroît, les élus sont otages de leur circonscription et des groupes d'intérêts. Pour que le Congrès parvienne à adopter une loi et donc un texte commun, il faut que le Président s'investisse personnellement et connaisse bien les rouages des deux chambres. Il fallut de nombreux efforts au Président Obama pour parvenir à un vote, purement partisan, de la loi d'assurance santé (l'*Obamacare*). De 2016 à 2018, la configuration a été favorable à D. Trump puisque les Républicains ont détenu la majorité dans les deux chambres ; mais en raison de la polarisation et des divisions au sein du camp républicain, le Président n'est pas parvenu à obtenir du Congrès l'abrogation (ou abrogation/remplacement) de la loi d'assurance santé ; en revanche la réforme fiscale a été adoptée en décembre 2017 et le Congrès a voté l'assouplissement des règles mises en place par la loi Dodd-Frank adoptée après la faillite de la banque Bear Stearns.

L'hétérogénéité des partis

Parmi les facteurs qui contribuent à expliquer l'incapacité du Président à obtenir le vote d'une loi ou d'un budget, l'hétérogénéité des partis pèse d'un poids important. C'est vrai du parti Démocrate au sein duquel s'affrontent les modérés et la gauche dite radicale. Les dissonances et désaccords au sein du parti Républicain et la montée des extrémistes du *Freedom Caucus*, « gommés » par leur hostilité au Président Obama tant qu'ils étaient dans l'opposition, apparurent au grand jour quand il fallut « abroger et remplacer » la loi ACA d'assurance santé ou adopter la réforme fiscale promise par D. Trump. Aux divisions au sein du parti Républicain s'ajoutent des priorités différentes à la Maison-Blanche et au Congrès et une Maison-Blanche souvent mal préparée qui change de stratégie au bon vouloir du Président. Le projet de loi santé (AHCA), un temps baptisé *Ryancare* ou *Trumpcare*, est un bon exemple. Les Républicains ont fait campagne de 2010 à 2016 sur l'abrogation puis l'abrogation et le remplacement (*repeal and replace*) de la loi ACA baptisée *Obamacare* et à la Chambre, ils ont voté plusieurs dizaines de propositions de loi allant dans ce sens entre 2011 et 2016 sans guère se préoccuper du contenu puisqu'ils étaient assurés que B. Obama apposerait son veto. La situation est différente après 2016 ; les Républicains sont majoritaires dans les deux chambres et le Président est Républicain, au moins sur le papier. Ils savent qu'un texte voté sera promulgué et aura un impact sur les électeurs et sur leur réélection. D'où des positions tranchées et incompatibles entre elles. Rand Paul, le libertarien hostile à toute intervention de l'État, voulait une abrogation pure et simple de la loi ACA et surtout pas un plan santé de remplacement qui ressemblerait au précédent et c'est la position du *Freedom Caucus,* héritier du *Tea Party* de 2010, dont les membres sont généralement élus dans des circonscriptions « rouges » très Républicaines. Une autre faction, en voie de disparition, est composée de Républicains plus centristes ou élus dans une circonscription ou un État « violet » dans lequel les Démocrates représentent une force importante avec laquelle il faut compter. Eux ont bien compris qu'il serait très impopulaire et donc dangereux pour leur campagne de réélection de 2018 de revenir sur certains acquis de la loi Obama qui bénéficient aux plus pauvres et aux plus malades. L'inscription des jeunes de moins de 26 ans sur l'assurance maladie de leurs parents et l'obligation pour les compagnies d'assurance d'assurer tout le monde y compris ceux qui ont une maladie déjà déclarée ou chronique sont des acquis sur lesquels il est, pour eux, impossible de revenir. D'autres s'inquiétaient du creusement du déficit fédéral annoncé par le CBO [1]. La tête de file des Républicains, Paul Ryan, avait préparé un texte tenant compte des craintes de régression mais il fut jugé trop semblable à *Obamacare* et le *Freedom Caucus* refusa de le voter. Le Speaker de la chambre, Paul Ryan, dut alors « droitiser » le projet mais il devenait alors inacceptable pour le Sénat qui ne l'a pas adopté en raison de la défection de trois sénateurs, dont deux femmes. Ici aussi l'attitude du Président qui n'avait pas lu le texte a contribué à l'échec. D. Trump a alterné promesses inexactes et contradictoires et menaces à peine voilées. De fait, le Président n'a pas les mêmes priorités que le Congrès dont les membres soumis à réélection craignent autant la colère de leurs électeurs que celle du Président.

La saga de la loi santé est une bonne illustration de la façon dont le Congrès fonctionne ou plutôt ne fonctionne pas. Pourtant, il a adopté la réforme fiscale de décembre 2017, en réalité une baisse massive d'impôts pour les entreprises déjà assises sur de gigantesques trésors de guerre et pour les plus riches, le tout annoncé comme profitant aux classes moyennes et justifié par la théorie du *trickle down* [2] ou ruissellement vers le bas en vertu de laquelle les bénéfices dégagés pour les riches par ces baisses d'impôts bénéficient aussi et par ricochet aux classes moyennes et aux plus défavorisés. Si la réforme fiscale a pu voir le jour, c'est grâce a une obscure règle de procédure, dite règle Byrd [3] qui permet d'adopter un texte avec 51

1. Selon le CBO (*Congressional Budget Office),* organisme non partisan, la réforme aurait privé plus de 15 millions de personnes de couverture médicale et coûté 333 milliards de dollars.

2. Bien que les études économiques aient prouvé que ce n'est pas exact, ce credo économique reste celui des Républicains dont certains sont aussi de fervents adeptes de la courbe de Laffer et de la croyance que les rentrées fiscales même à des taux moindres ne baissent pas parce qu'elles touchent une base imposable plus large. La baisse d'impôts n'accroîtrait donc pas le déficit. Or, tous les organismes indépendants dont le CBO (*Congressional Budget Office)* prévoyaient un accroissement du déficit budgétaire.

3. L'une des conditions prévues par la règle Byrd paraissait difficile à remplir, la règle 5, qui stipule que « la disposition ne peut accroître le déficit fédéral pour l'avenir ». Mais en jouant sur la seconde partie de la phrase « au-delà de la fenêtre bud-

voix sans possibilité de blocage par *filibuster*. B. Clinton y avait eu recours pour faire adopter la réforme du *Welfare* sur les aides sociales en 1996 et G. W. Bush pour obtenir le vote des baisses d'impôts de 2001 et 2003. Ici, la règle a permis aux Républicains d'échapper au risque – certain – de blocage (*filibuster*) par les Démocrates et de faire adopter un texte non débattu et marchandé jusqu'au dernier moment. Plus globalement, bien que le Président ait tenté d'agir au maximum par voie de décrets, la majeure partie de son programme doit passer par la voie législative ou obtenir un financement. La polarisation et les dysfonctionnements l'empêchent, sauf exceptions, d'avancer. Mais ces traits signalent un recul du Congrès.

Quand le Président décida de recourir aux pouvoirs d'urgence, le Congrès ne trouva pas la majorité nécessaire pour s'y opposer ou pour amender la loi de 1976, d'où le recours à l'action en justice annoncée le 4 avril, par Nancy Pelosi, *leader* des Démocrates [1], et alléguant la violation du principe de séparation des pouvoirs et de la clause des affectations budgétaires (*the Appropriations Clause)* [2].

La non-résistance du Sénat

La seconde chambre du Congrès, le Sénat, joue un rôle essentiel dans le processus de nomination et, depuis James Madison, a su résister aux Présidents. Mais l'obstruction est devenue systématique pour des raisons partisanes plutôt que sur le bien-fondé de telle candidature. Les Présidents récents ont dû retirer certaines candidatures et parfois l'attente avant l'audition du candidat ou le vote est longue. Ce fut particulièrement vrai pour les candidats juges choisis par B. Obama et pour certains membres du cabinet de

gétaire de 10 ans», les Républicains ont pu rester dans les clous en prévoyant que les baisses d'impôt pour les particuliers était temporaires et limitées dans le temps, à la différence des baisses d'impôts pour les entreprises qui elles sont permanentes.

1. Action intentée avec l'accord du *Bipartisan Legal Advisory Group* composé des responsable des deux partis.

2. N. Pelosi s'est dite prête à défendre la démocratie et à s'assurer que personne, y compris le Président, n'est au-dessus des lois. Or, le Président s'emparait de crédits affectés par le Congrès à d'autres projets pour l'utiliser à des fins non autorisées par le Congrès.

D. Trump. En réponse, certains Présidents ont eu recours à l'arme de la nomination hors session parlementaire (*recess appointment*), validée par la Cour suprême.

En fonction du poste à pourvoir, la commission sénatoriale compétente entend les candidats. Durant cette première étape des auditions, la minorité s'efforce de mettre en lumière les faiblesses d'un candidat ou les dangers d'une telle candidature. Les sénateurs peuvent chercher à obtenir des éclaircissements sur les politiques envisagées ou la jurisprudence de tel juge, mais le parti minoritaire ne peut pas grand-chose. La présidence des commissions ainsi que l'initiative appartiennent à la majorité. Les Démocrates ont tenté de souligner les dangers de certaines candidatures (Betsy Devos au poste de ministre de l'éducation ou Scott Pruitt comme directeur de l'Agence de protection de l'environnement), mais en vain. La tradition est d'accepter les choix du Président pour son administration et malgré quelques séances houleuses, la quasi-totalité des candidats Trump a été approuvée [(1)]. En revanche, le contrôle est en théorie plus élevé pour les nominations aux juridictions fédérales et pour les juges à la Cour suprême [(2)]. Pour les juges fédéraux nommés à vie, la procédure comprend une enquête du FBI, un avis du barreau américain (ABA) [(3)] et les membres de la commission judiciaire se préparent en lisant les écrits et opinions rédigés par les candidats à une cour d'appel par exemple ou à la Cour suprême. Les deux sénateurs de l'État dans lequel le candidat est appelé à siéger sont consultés et doivent remettre un petit papier bleu (*blue slip*) signifiant leur accord, tradition qui conforte le rôle du Sénat et jamais été abandonnée jusqu'à la Présidence Trump. S'il est utilisé avec modération, ce contrôle par les deux sénateurs permet de garantir une adéquation minimum entre la philosophie judiciaire du candidat juge et le territoire dans lequel il est appelé

1. Deux sénatrices républicaines ont refusé de voter pour la secrétaire à l'éducation Devos, qui n'a pu être confirmée que grâce à la voix du vice-Président. Certains candidats ont retiré leur candidature.

2. Il y eut onze retraits et onze rejets de candidatures à la Cour suprême.

3. G.W. Bush et D. Trump ont décidé de passer outre à cette tradition qui fait partie des normes non écrites.

à siéger. Or, le Sénat y a renoncé pour des raisons partisanes, faisant passer les intérêts politiques à court terme devant ceux de l'institution qui perd ainsi une partie de son rôle de contre-pouvoir.

De même, la flibuste (*filibuster*) a été supprimée par les Démocrates en novembre 2013 pour les postes de juges dans les juridictions de première instance et d'appel. Ils ont voulu mettre fin à l'obstruction systématique des Républicains opposés aux nominations du Président Obama mais, pour un gain à court terme, ils ont ouvert la boite de Pandore. La nouvelle procédure ne permettant plus au parti minoritaire de faire obstacle, D. Trump, aidé du président de la Commission judiciaire Chuck Grassley, a pu obtenir en temps record la confirmation de 33 juges à des cours d'appel et 100 au total en 27 mois. Le Sénat, loin de s'opposer, accepte la négation de son rôle de contre-pouvoir et crée un précédent dangereux car certains juges, peu qualifiés, idéologiquement marqués à droite et en faveur d'une interprétation originaliste (1) de la Constitution, ont pour seule recommandation la bénédiction de la très conservatrice *Federalist Society* (2) et du *think tank* de droite *Heritage Foundation.* Il a ensuite suffi à la majorité républicaine au Sénat de supprimer la flibuste aussi pour les nominations de juges à la Cour suprême, ce qui a empêché les Démocrates de s'opposer à la candidature à la juridiction suprême du juge Gorsuch en 2017, puis à celle de Brett Kavanaugh en 2018 qui furent approuvées sur une base partisane. Le risque d'obstruction contraignait les sénateurs à se mettre d'accord sur des candidats modérés « acceptables » par les deux bords. Ce n'est plus le cas.

En politique étrangère et en matière de traités aussi, l'érosion a commencé avant D. Trump. Le Sénat joue en principe un

1. Les juges tenant de l'*originalism* – dont le juge Scalia – considèrent le texte de la Constitution tel qu'adopté en 1787 et refusent de prendre en compte l'évolution de la société, thèse que privilégient les partisans d'une Constitution vivante (*living Constitution*). Voir Vlachogiannis Apostolos, *La Living Constitution. Les juges de la Cour suprême des États-Unis et la Constitution*, Garnier, 2014.

2. La *Federalist Society* fut créée dans les années 80 par des conservateurs souhaitant contrecarrer ce qu'ils considéraient être la gauchisation des juridictions durant les années 1960-1975.

rôle important en ratifiant les traités. Mais la multiplication des *executive agreements* [1] a réduit ce rôle. Ainsi, B. Obama avait signé l'accord nucléaire avec l'Iran sous forme d'*executive agreement* afin de contourner l'opposition des Républicains, ce qui a facilité la tâche de son successeur qui a pu par décret sortir les États-Unis de l'accord. Le Sénat aurait pu adopter une résolution formalisant son opposition mais n'a pas agi. En revanche, par résolution, les sénateurs ont refusé la levée des sanctions sur la Russie et imposé le 27 juillet 2017 par 98 voix contre 2 des sanctions accrues à la Russie et d'autres pays. Le texte spécifiait que si le Président souhaitait lever ces sanctions ou rendre aux Russes les locaux confisqués par l'administration Obama, il lui faudrait l'accord du Congrès. Mais les Démocrates n'ont pu empêcher la majorité Républicaine de lever certaines sanctions en janvier 2019 [2] et le Sénat a renoncé à sanctionner le géant chinois des télécoms [3]. Et lorsqu'après le retrait des troupes américaines de Syrie, feu vert implicite donné à la Turquie, celle-ci envahit l'enclave kurde de Syrie, seule la Chambre vota une motion de désapprobation [4]. Le Sénat a aussi adopté une résolution demandant la fin de l'aide apportée par les États-Unis à la coalition menée par l'Arabie saoudite pour le conflit au Yémen [5]. Les rares résistances s'exercent par des pressions en coulisses de certains sénateurs Républicains. En tout état de cause, même lorsqu'une résolution est votée, son impact est limité.

1. Le nombre des *executive agreements* est de 4000 entre 1977 et 1996 pour 300 traités. Ce sont des traités ne nécessitant pas l'approbation par le Sénat.

2. « Senate Democrats fail to stop Trump administration from lifting sanctions on firms linked to Putin friend », *CNBC*, 16 janvier 2019.

3. Alors que le Congrès souhaitait interdire à cette entreprise d'acheter les pièces détachées américaines dont elle a besoin, le Sénat a finalement décidé de ne pas inclure cette interdiction dans la version finale de la loi de défense (*National Defense Authorization Act*).

4. « House passes resolution rebuking Trump over Syria pullout », *The Hill*, 16 oct. 2019.

5. « Senate passes resolution to end US support for Saudi war in Yemen », *The Guardian*, 14 mars 2019.

Le pouvoir de contrôle, un essentiel contre-pouvoir

Le Congrès dispose de l'important pouvoir de contrôle (*oversight*) sur le Président, ses politiques et ses agissements. S'appuyant sur un acquis du Parlement anglais, il a exercé cette responsabilité dès l'origine de la République. La Constitution ne dit rien de ce pouvoir de surveillance de l'exécutif ou de l'administration mais, décrivant le futur système politique, James Madison avait souligné dans le *Fédéraliste* N° 51 qu'il fallait d'abord que le gouvernement puisse contrôler les gouvernés puis qu'il puisse se contrôler lui-même, d'où les mécanismes de contre-pouvoirs. Il n'a jamais été contesté que le Congrès jouit du pouvoir de mener des investigations de façon à obtenir des informations susceptibles de l'aider dans sa tâche législative ou pour évaluer l'efficacité des politiques actuelles. Le Congrès l'a assumé dès 1792 avec le vote d'une résolution prévoyant d'enquêter sur la désastreuse expédition Sinclair. Il enquêta plus tard sur le déroulement de la guerre de Sécession et divers scandales politiques dont le *Tea Pot Dome* [1]. Si elle fut formalisée plus tard, la pratique de ce pouvoir de surveillance s'installa rapidement. Le pouvoir de convoquer des témoins date de 1827, puis en 1857, le Congrès précisa que les témoins réticents pouvaient se voir condamnés pour « outrage au Congrès » (*contempt of Congress*) et être jugés à ce titre par les juridictions fédérales. Parallèlement, une décision de la Cour suprême de 1927 [2] affirma que le pouvoir d'enquête est « un auxiliaire essentiel et approprié de la fonction législative. Le Congrès est dans son droit lorsqu'il cherche à obtenir des informations à des fins législatives ». La décision *Watkins* de 1957 précise : « Nous partons de plusieurs hypothèses de départ sur lesquelles il y a un accord général.

Le pouvoir dont jouit le Congrès de mener des enquêtes est inhérent au processus législatif. Ce pouvoir est large. Il englobe les enquêtes concernant l'administration des lois existantes ainsi que des lois qu'il serait nécessaire d'adopter. Il inclut l'étude des défauts de notre système social, économique ou politique dans le but de

1. *Tea Pot Dome*, scandale des années 1920 concernant l'exploitation de réserves pétrolières accordées par le ministre de l'Intérieur dans des conditions illicites.

2. *McGrain* v. *Daugherty*, 273 US at 135 (1927).

permettre au Congrès d'y remédier. Il comprend des enquêtes sur les différentes divisions du gouvernement fédéral de façon à exposer la corruption, l'inefficacité et le gaspillage » [1]. Entre-temps, le *Legislative Reorganisation Act* (LRA) de 1946 a rationalisé l'organisation des commissions et attribué officiellement au Congrès le pouvoir de surveiller les activités de la fonction publique fédérale et de l'exécutif. Ce texte, qui met en place le système actuel, accroît considérablement l'importance des enquêtes et des pouvoirs accordés au Congrès pour les mener, incluant le pouvoir de citation à comparaître (*subpoena*) reconnu par la Cour dans *McGrain v. Daugherty*. Dans une autre décision [2], la Cour établit qu'un témoin qui ment devant une commission d'enquête du Congrès peut être condamné pour parjure. Dans sa mission de contrôle, le Congrès est confronté à deux types de problèmes : le refus de coopération du pouvoir exécutif et la perception que certaines commissions ont outrepassé leurs prérogatives constitutionnelles, comme l'avait jugé la Cour dans *Killbourn v. Thomson* [3].

Le Congrès peut pratiquer des contrôles de routine du budget [4] et de l'administration des programmes nationaux et décider d'enquêter, lorsque cela lui semble nécessaire. Il agit alors dans le cadre de ses commissions permanentes ou de commissions spéciales créées à des fins spécifiques. Il peut s'appuyer sur le pouvoir de *subpoena* qui lui permet de citer à comparaître et d'exiger la communication de documents et dont la non-obéissance est passible de la sanction d'outrage au Congrès (*contempt of Congress*). Le pouvoir d'enquête assure l'information du public qui est au cœur de la conception

---

1. *Watkins* v. *United States*, 354 US 178, 187 (1957). La Cour suprême reconnaît explicitement que ces enquêtes ne peuvent être utilisées par le Congrès pour s'arroger des missions attribuées par la Constitution à une autre branche du gouvernement.

2. *Sinclair v. U. S.*, 279 US 263 (1929).

3. *Kilbourn v. Thompson*, 103 US 168 (1880). La Cour a conclu que l'enquête avait dépassé le périmètre prévu parce qu'aucune législation ne pouvait être adoptée en vertu des conclusions du rapport.

4. Il existe un organe administratif dont c'est la mission première, le *General Accountability Office*.

américaine de la démocratie. Le Congrès agit ainsi *a priori* au moment du vote de la loi et *a posteriori* lors de sa mise en œuvre. Au total, le Congrès a mené des centaines d'investigations, certaines très brèves, d'autres s'étendant sur plusieurs mois ou plusieurs années. Les commissions d'investigation enquêtent essentiellement sur les actes de la branche exécutive et du pouvoir judiciaire mais elles se sont aussi intéressées au Ku Klux Klan (1871), au *lobbying* (1935-1938), aux abus du sénateur McCarthy (1954), aux abus commis par les agences de renseignement dans leur tâche de collecte des informations (commission Church en 1975), au naufrage du Titanic (1912), au crime organisé (1950-1951), à l'attaque de Pearl Harbor (1945-1946) et aux pratiques bancaires de Wall Street menant au crack boursier de 1929 (1932). Au contraire de la France, la culture de l'évaluation et du contrôle est ancrée dans le système et vise à contraindre les institutions à rendre des comptes (*accountability*). Elle fait partie des conditions jugées nécessaires à un bon fonctionnement des institutions. Certaines de ces enquêtes sont effectuées par des commissions permanentes, d'autres par des commissions spéciales créées par le vote d'une résolution afin d'approfondir une question particulière et faire des recommandations sur la base du rapport rédigé.

Watergate et 11-Septembre

Au cours de l'histoire, plusieurs commissions spéciales créées par le Congrès ont joué un rôle important. Parmi les plus connues, celles qui ont enquêté sur la guerre du Vietnam [(1)] et la « commission sur les activités de campagne présidentielle », plus connue sous le nom de commission Watergate (1973-1974). Alors que les commissions avaient été discréditées par l'attitude de la commission McCarthy, le travail méticuleux effectué sur l'affaire Watergate a réhabilité leur rôle. La coopération des témoins-clés, dont John Dean, a permis d'établir que le Président Nixon avait approuvé les opérations destinées à dissimuler le cambriolage du QG Démocrate. Le

1. La Commission des affaires étrangères du Sénat a organisé ce qu'on appelle les auditions Fulbright entre 1966 et 1971. Malgré les conclusions claires que la guerre ne pouvait être gagnée, les Présidents successifs n'écoutèrent pas.

président de la commission, le sénateur Sam Ervin n'hésita pas à menacer de faire arrêter les membres de la Maison-Blanche qui refuseraient de témoigner et il saisit la justice lorsque le Président refusa de communiquer les enregistrements effectués à la Maison-Blanche. La première juridiction saisie se déclara incompétente mais la machine était en marche [(1)]. Le sénateur Sam Ervin à la tête de la commission Watergate était bien conscient des avantages mais aussi des dangers des commissions d'enquête qui « peuvent être le catalyseur qui pousse le Congrès à agir et l'opinion publique à soutenir des réformes essentielles » ; mais ces enquêtes peuvent aussi fournir « une plate-forme pour les démagogues les plus partisans ». C'est le piège dans lequel est tombée volontairement la commission spéciale chargée d'enquêter sur les attaques terroristes perpétrées contre l'ambassade des États-Unis à Benghazi en 2012. Créée en mai 2014 et présidée par le Républicain Trey Gowdy, elle a siégé pendant plus de deux ans et, malgré de nombreuses et longues auditions, a rendu un rapport concluant que la secrétaire d'État Hillary Clinton n'avait commis aucune action illégale. Mais les médias ont pendant des mois parlé chaque jour de l'enquête.

Parfois, le Congrès va plus loin et juge nécessaire de créer une commission indépendante composée de membres extérieurs au Congrès. Après les attentats terroristes du 11 septembre 2001, les commissions du Sénat et de la Chambre sur les renseignements ont enquêté sur les événements qui ont mené aux attaques, mais, malgré ses 832 pages, leur rapport laisse beaucoup de questions sans réponse. C'est la raison pour laquelle fin 2002 le Congrès vota une loi signée par le Président Bush créant une « commission nationale bipartisane sur les attaques terroristes perpétrées contre les États-Unis ». Dans son rapport, cette commission dite « commission du 11-Septembre » revient sur la chronologie précise des événements,

1. Le 27 juin 1974, la commission rendait public son rapport dans lequel elle faisait un certain nombre de recommandations. Et moins d'un mois après, le 24 juillet, la Cour suprême rendait sa décision *US v. Nixon* affirmant que le privilège de l'exécutif existe mais n'est pas absolu. En l'occurrence, l'intérêt d'un procès pénal exigeait que le Président remette les enregistrements. R. Nixon obtempéra, ce qui entraîna sa démission le 8 août 1974 après que la Commission judiciaire de la chambre ait voté trois articles de mise en accusation.

les opérations de secours, la façon dont la journée du 11 septembre a été vécue à la Maison-Blanche, par les forces armées, l'administration et les services de renseignements américains. Elle rappelle l'émergence de Bin Laden et de Al Qaïda, étudie la genèse des mouvements islamistes intégristes, remonte aux attaques contre les ambassades américaines en Afrique en 1998 et l'attaque contre le USS Cole. Elle dissèque les opérations de préparation des terroristes (cours de pilotage qui auraient dû attirer l'attention du FBI), leurs méthodes de combat et remonte la piste des transferts financiers. La commission a interrogé plus de 1 200 personnes dans dix pays dont les Présidents B. Clinton et G. W. Bush ainsi que les principaux responsables de l'administration américaine et inspecté plus de 2,5 millions de pages de documents, y compris des documents classifiés sécurité nationale. Le rapport souligne la vulnérabilité des États-Unis, la faiblesse de la protection des frontières et les failles des services de renseignement [1].

L'enquête russe

Il n'est pas rare que se déroulent en parallèle des enquêtes diligentées à plusieurs niveaux et dont les objectifs se recoupent et sont complémentaires : inspecteurs généraux, FBI, procureur spécial et commissions du Congrès. Quatre commissions [2] du Congrès ont enquêté sur l'ingérence russe, mais leur zèle et le périmètre d'investigation ont dépendu des présidents de commission, tous Républicains jusqu'en 2019, et pour certains peu enclins à ajouter à l'embarras du Président. Si la Commission sénatoriale du renseignement a été relativement bipartisane (au point de citer à comparaître le fils du Président en mai 2019), le président de la Commission du renseignement de la Chambre, le Républicain

1. La conclusion principale est que les agences n'ont pas suffisamment coopéré entre elles et n'ont pas su relier ensemble (*connect the dots*) les informations disponibles.

2. Outre les commissions du renseignement des deux chambres qui enquêtent sur l'ingérence russe, la Commission judiciaire du Sénat et la sous-commission en charge de la criminalité et du terrorisme enquêtent sur le volet pénal et la commission de contrôle (*oversight*) de la Chambre sur Flynn et diverses violations de la loi.

D. Nunes, s'est tellement discrédité qu'il dut se récuser pour ce qui touchait à cette enquête. Au Sénat, les priorités étaient différentes : les Démocrates étaient polarisés sur la question de la collusion éventuelle entre l'équipe de campagne Trump et les Russes et les Républicains voulaient découvrir l'origine des fuites multiples [1] et s'assurer que des sanctions seraient prononcées. Pourtant, tous reconnaissent la nécessité qu'une enquête approfondie soit sérieusement menée afin de déterminer le rôle exact de la Russie [2] dans la campagne 2016 et éviter qu'une telle interférence se reproduise.

Les enquêtes des Démocrates après 2019

Selon Madison, dans une forme « républicaine » de gouvernement, c'est nécessairement l'autorité législative qui prédomine ainsi qu'en témoignent les premiers mots du préambule de la Constitution « Nous le Peuple », directement suivis par l'article I consacré au Congrès.

Après janvier 2019, les Démocrates majoritaires à la Chambre ont voulu faire usage de leur pouvoir d'*oversight* auquel la majorité républicaine avait renoncé de 2016 à 2018. La Commission des finances a cherché à obtenir les déclarations d'impôts du Président Trump, la Commission judiciaire a voulu continuer l'enquête sur l'ingérence russe et la Commission des moyens (*Ways & Means*) a cherché à faire la lumière sur d'éventuels abus du Président en matière d'accréditation défense [3]. Or, D. Trump a immédiatement annoncé son intention de résister à toute demande d'information et de comparution de ses proches. Les risques pour les Démocrates de « trop en faire » sont politiques et constitutionnels.

1. « Russia leak raises questions about staff undermining Trump », *The Hill*, 21 mars 2018.

2. Le rapport du Sénat, rendu public en mai 2018, reconnaît l'ingérence des Russes dans la campagne électorale 2016 et leur objectif de déstabilisation des institutions et du processus démocratique.

3. Grâce à une lanceuse d'alerte, il était apparu que le Président était allé contre l'avis des professionnels et les avait contraints à accorder l'accréditation défense à plusieurs personnes dont son gendre et sa fille.

Les Démocrates à la Chambre se sont efforcés de concilier leur rôle législatif et leur pouvoir de surveillance afin de répondre aux attentes des électeurs en 2020 et ne pas donner prise aux accusations « d'acharnement anti-Trump ». À cette fin, ils ont adopté plusieurs dizaines de propositions de loi visant à diminuer le prix des médicaments, protéger le droit de vote ou moraliser la vie politique. Et parallèlement les commissions ont enquêté sur la réponse de l'administration à la crise des opiacés, les politiques en matière d'immigration, la séparation des enfants et de leur famille à la frontière, l'addition d'une question sur la nationalité dans le recensement de 2020 ou encore la façon dont des accréditations secret défense (*clearances*) ont été accordées à des proches du Président en passant outre au processus habituel et à un refus initial. D'autres enquêtes visent les tentatives d'entraver le droit de vote au Texas, la violation par le Président de la clause d'émoluments ou s'efforcent de faire la lumière sur l'ingérence russe. En mai 2019, 20 enquêtes étaient en cours, certaines liées à l'affaire russe et d'autres aux finances du Président, mais la moitié touche à des sujets d'intérêt général dans lesquels existent des éléments laissant penser à des dysfonctionnements ou des abus de pouvoir. Dans tous les cas, le Président refuse de coopérer et certaines batailles juridiques risquent de remonter jusqu'à la Cour suprême. Or, il n'est pas certain que des réponses soient apportées avant 2020. Les risques constitutionnels constituent alors un piège parfait. Si le Congrès ne fait rien quand les excès et violations sont si visibles, il renonce à son rôle et à ses prérogatives. Mais s'il va trop loin dans l'affrontement et perd, c'est son pouvoir d'*oversight* à l'avenir qui est en danger.

Les conflits sur la production de documents donnent généralement lieu à de longues tractations et c'est seulement en cas d'échec des négociations que le Congrès passe de la demande simple à la citation à comparaître ou à produire des documents (*subpoena*) puis à la sanction d'outrage au Congrès, tout en brandissant parallèlement des menaces de nature financière. On peut considérer ici qu'en refusant la voie des tractations politiques, la majorité Démocrate à la Chambre a créé toutes les conditions d'un piège dans lequel elle risque de tomber. Il y a conflit ouvert parce que les deux camps, le Président qui refuse toute coopération et les Démocrates déterminés à s'en prendre à lui, sont animés par un fort esprit partisan plutôt que le désir de trouver des solutions acceptables. Ainsi, les responsables de la Commission judiciaire ont eu la possibilité d'avoir accès à la totalité du rapport Mueller mais ils ont voté « l'outrage au Congrès » *(contempt of Congress)* pour le ministre de la Justice qui a refusé de communiquer la totalité du rapport en suivant les ordres du Président. De son côté, le Président invoque le privilège de l'exécutif alors qu'il a autorisé des membres de l'exécutif et des conseillers à la Maison-Blanche à témoigner dans le cadre de l'enquête du procureur spécial.

Or, l'intransigeance peut être dangereuse pour l'avenir du pouvoir de contrôle (*oversight*) du Congrès car s'il sort perdant de cet affrontement, le résultat sera un affaiblissement de son pouvoir pour l'avenir et un renforcement de la Présidence. Dans ce domaine, les deux branches ont des intérêts constitutionnels en conflit et c'est à la Cour suprême qu'il appartient de trancher. Elle a reconnu dans *McGrain v. Dougherty* (1) que le Congrès a le droit de mener des enquêtes. De l'autre côté, le Président peut s'appuyer sur le besoin, reconnu par la Cour suprême, de garder certaines informations secrètes afin de permettre le bon fonctionnement de la branche exécutive. Dans la décision *US v. Nixon* (2), le président de la Cour, Warren Burger, a considéré qu'en matière militaire et d'affaires étrangères le Président peut exiger un privilège absolu « afin de protéger des secrets de sécurité nationale de nature diplomatique ou militaire ». Mais, souligne la Cour, « ce n'est pas au Président de décider quand le privilège s'applique » ; il faut donc considérer que la décision *Nixon* n'autorise pas un refus total de se plier aux demandes du Congrès et que le privilège s'applique au cas par cas. Il importe à chaque fois de mettre en regard le besoin de secret de l'exécutif et le droit à obtenir de l'information d'une autre branche pour l'exécution de ses responsabilités constitutionnelles, ce qui pose un problème pratique et un problème constitutionnel. Dans la réalité, quand le Congrès vote l'outrage au Congrès, encore

1. *McGrain v. Daugherty*, 273 US 135 (1927). « Chacune des deux chambres a le pouvoir de contraindre un individu à comparaître et à apporter son témoignage nécessaire afin de permettre au Congrès d'exercer sa fonction législative de façon efficace. »

2. *US v. Nixon*, 418 US 683 (1974).

faut-il que le ministère de la Justice accepte de poursuivre. Or les procureurs fédéraux ne vont *a priori* pas commencer les poursuites contre un ministre qui invoque le privilège de l'exécutif. Ils peuvent s'appuyer sur la séparation des pouvoirs qui exige que l'exécutif refuse d'exécuter une loi pénale (ici celle qui définit l'outrage au Congrès) qui viole(rait) une prérogative essentielle de l'exécutif. On peut considérer que c'était la position du ministre de la Justice de B. Obama, Eric Holder, qui a refusé d'autoriser des poursuites contre lui-même accusé d'outrage au Congrès pour avoir refusé de communiquer des documents sur le fiasco *Fast and Furious*. De même, il a été question que le Congrès fasse emprisonner le ministre de la Justice, ce qui impliquerait une confrontation physique, peu envisageable, entre le sergent d'armes (*sergeant at arms)* du Congrès et les forces de protection du ministre.

Au plan constitutionnel, les juridictions fédérales et la Cour suprême s'efforcent le plus souvent de se tenir à l'écart des différends entre les deux autres branches ; dans le conflit actuel, la Cour pourrait conclure que les contestations sur la communication d'informations doivent se résoudre par des voies politiques, et le Président pourrait considérer que c'est une victoire politique et s'en servir lors de la campagne présidentielle de 2020. Ou bien la Cour pourrait valider une théorie du privilège de l'exécutif plus large que celle de la décision de 1974 et s'étendant aux proches du Président et aux informations touchant à l'application de la loi, par exemple les documents annexes du rapport Mueller. Dans les deux cas, le Congrès serait perdant.

L'impossible *impeachment* ?

La procédure est apparemment juridique (mise en accusation, puis destitution), mais la décision est politique, ce qui a amené le *leadership* démocrate majoritaire à la Chambre à procéder à une analyse coûts/bénéfices. Les Démocrates ont finalement décidé le 24 septembre 2019 de lancer officiellement les enquêtes préalables à une mise en accusation. La gauche du parti Démocrate et les candidats à l'investiture la demandaient depuis longtemps. Il a fallu la révélation de l'appel téléphonique avec le Président ukrainien et le refus du directeur par intérim des renseignements de communiquer le rapport de l'inspecteur général pour que les modérés, dont plusieurs anciens des services de renseignement, rejoignent le camp de la mise en accusation. Tous savent qu'il s'agit d'une démarche longue presque certainement vouée à l'échec et qui sera instrumentalisée par le Président Trump et les médias de droite qui pourront dépeindre leurs adversaires politiques comme acharnés à détruire le Président et incapables de proposer un programme économique et social pour le pays. Nancy Pelosi, le *leadership* et le centre du parti Démocrate souhaitaient privilégier une campagne axée sur les problèmes de l'Amérique et les réponses que les Démocrates apportent en matière d'assurance santé, emploi, environnement et laisser aux électeurs le dernier mot en 2020.

La procédure de mise en accusation risque d'occuper l'espace médiatique au détriment du débat sur le fond et sur les programmes, mais elle seule permet de sanctionner les actes du Président qui mettent en danger le système institutionnel et la démocratie. Ainsi que l'avait souligné la Commission judiciaire en 1974, « l'objet d'une mise en accusation n'est pas la sanction personnelle ; sa fonction est avant tout de protéger les institutions constitutionnelles contre des actes qui minent l'intégrité de la fonction, témoignent de mépris à l'égard du serment et des devoirs constitutionnels et des processus institutionnels, actes qui ont un impact négatif sur le fonctionnement de l'État ».

Les arguments en faveur de la procédure sont juridiques et constitutionnels car ne pas poursuivre revient à accepter comme « le nouveau normal » les multiples violations (voir ch. 2 et 3) commises par D. Trump. Le prochain Président pourrait considérer qu'il/elle peut mentir, menacer, critiquer le DOJ, les services secrets, user à son gré des pouvoirs d'urgence, etc. C'est la thèse défendue par Yoni Appelbaum [1] et par Laurence Tribe [2] pourtant peu favorable au

1. « Impeach Donald Trump », Yoni Appelbaum, *The Atlantic*, mars 2019.

2. « Laurence Tribe: Mueller's report is an 'invitation' to impeach Trump 'that Congress shouldn't refuse' », *Washington Examiner*, 21 avril 2019.

recours à l'*impeachment*[1]. Yoni Appelbaum considère que l'opinion publique peut évoluer durant l'étape de la mise en accusation, ce qui ferait pression sur certains sénateurs et par contrecoup diminuerait le soutien dont le Président jouit au Sénat, car dès lors que la procédure commence, le Président perd le contrôle du débat public, ainsi que le découvrit A. Johnson à ses dépens. L'une des leçons de l'affaire Watergate et de la démission de R. Nixon est claire : dès lors que les membres du Congrès concluent qu'une Présidence est vouée à l'échec[2], leur position peut changer du jour au lendemain. À l'automne 2019, les choses sont bloquées en raison de l'attitude des Républicains qui ont dans leur grande majorité accepté qu'il leur fallait lier leur destin à celui de D. Trump. Dans des situations où la répartition des pouvoirs entre exécutif et législatif est en jeu, il incomberait au Congrès de protéger ses prérogatives et ses pouvoirs et de résister à une Présidence toute puissante. Certains de ses membres semblent avoir renoncé à faire respecter la primauté du droit et la Constitution et préfèrent laisser aux électeurs le soin de faire ce qu'ils n'ont pas le courage de faire eux-mêmes. En conséquence, la résistance s'est organisée ailleurs. Médias, États et société civile ont pris le relais et tous peuvent s'appuyer sur l'arme de l'action en justice. Et, de façon peut-être inattendue, la résistance est venue de la branche exécutive.

1. *To End a Presidency: The Power of Impeachment*, L. Tribe et J. Matz, Basic Books, 2018.

2. Dans le cas de R. Nixon, les preuves qui l'ont contraint à quitter la Présidence ont été obtenues dans le cadre des auditions et de la procédure de mise en accusation.

Chapitre 5
La résistance de l'Exécutif

Alors que le Congrès, jusqu'à fin 2018, n'a pas joué son rôle de contre-pouvoir, on a constaté de réelles résistances au sein de la branche exécutive de la part de fonctionnaires fédéraux, de plusieurs membres du cercle rapproché du Président ou du procureur spécial et des agences. Paradoxalement, dans un système de Présidence centralisée, le premier frein est interne à la Maison-Blanche.

La présidence administrative et ses limites

Chaos à la Maison-Blanche

Le premier frein tient à la totale désorganisation d'une Maison-Blanche où prédominent luttes d'influence entre les divers conseillers, novices en politique, et absence de coopération entre conseillers et membres du cabinet. Le Président a d'abord été tiraillé entre deux factions que tout oppose, Steve Bannon, qui représente la base de D. Trump, le populisme qui l'a fait élire et l'extrême droite et Priebus, qui était l'unique (ou presque) représentant de l'*establishment* Républicain. Avec l'arrivée du général Kelly en août 2017 s'ouvre la période des « adultes à la Maison-Blanche » qui, après chaque tweet ou déclaration du Président, s'efforcent de reformuler ses propos en termes acceptables, ainsi la sortie des États-Unis de l'accord de libre-échange nord-américain ou le bombardement de la Corée du Nord. Plus exceptionnel, des conseillers proches du Président font de la résistance. Le livre de Bob Woodward montre l'incompétence du Président, son caractère incontrôlé en temps réel et les efforts des conseillers et ministres pour lui expliquer les bases du commerce international ou calmer ses ardeurs guerrières quand il propose d'assassiner tel dirigeant politique. Ils lui dissimulent une partie des informations et vont jusqu'à faire disparaître de son bureau certains papiers ou projets de décret dangereux. Son conseiller économique, prévenu par le secrétaire particulier du Président, aurait ainsi dissimulé le projet mettant fin à l'accord commercial avec la Corée du Sud et celui retirant les États-Unis de l'Accord de libre-échange nord-américain avec le Mexique et le Canada (Alena). Il apparaît que plusieurs de ces conseillers étaient restés en poste car ils étaient convaincus d'agir pour le bien commun et avaient l'espoir de limiter les atteintes aux institutions et à la primauté du droit et plus globalement les risques pour les États-Unis et leur rôle dans le monde. C'est ce qui ressort d'un éditorial anonyme de septembre 2018 dans le *New York Times*[1]. Alors que le Congrès, censé être le premier contre-pouvoir, fait tout son possible pour protéger le Président des conséquences de ses actes, c'est la branche exécutive, confrontée quotidiennement aux dérapages, qui prend sur elle de passer outre aux ordres du Président. C'est tout le système représentatif qui est là mis en cause, car il est difficile de se féliciter que ces proches nommés par lui (et non élus) violent le principe de représentation du peuple par ses élus.

Les limites au pouvoir réglementaire du Président

D'autres limites tiennent à l'organisation du pouvoir exécutif. Le Président est à la tête de la branche exécutive ainsi que le précise la Constitution à l'Article II et d'un « État administratif » de plusieurs dizaines d'agences indépendantes créées par le Congrès au fil des années pour réglementer un secteur et rattachées à l'Exécutif. Le Président Trump jouit donc en apparence de pouvoirs importants et d'une grande latitude. Il peut signer des décrets, en annuler d'autres pris par B. Obama en fin de mandat ou donner des instructions aux agences indépendantes à pouvoir réglementaire, telles que la FCC (compétente en matière de communications fédérales) ou l'EPA

1. « I Am Part of the Resistance Inside the Trump Administration, I work for the president but like-minded colleagues and I have vowed to thwart parts of his agenda and his worst inclinations », *NYT*, 5 sept. 2018.

(Agence pour la protection de l'environnement). Mais l'impact réel de ces décrets est très variable selon le type d'actions envisagées et le type de règles visées. Pour celles qui sont en préparation au sein de l'agence, il est facile de les bloquer ou de les vider de contenu. Pour les règles à venir, le Président peut infléchir la façon dont elles sont préparées et modifier les critères qui seront pris en compte. Il a ainsi ordonné que l'on cesse de prendre en compte l'impact sur l'environnement lors de la préparation de réglementations nouvelles alors que son prédécesseur avait cherché à l'imposer et la généraliser. Pour les règles non finalisées parce qu'adoptées après mai 2016 à la fin du mandat de B. Obama, le nouveau Président a pu en vertu du *Congressional Review Act* demander aux élus républicains à la Chambre et au Sénat de les abroger par un vote oui/non [1] sans examen. En revanche, quand il s'agit de règles déjà en place et appliquées, la situation est différente : l'annonce est utile pour galvaniser la base mais les règles sont difficiles à modifier ou à vider de substance. En effet, les réglementations des agences sont le produit d'un processus formalisé par la loi APA [2] de 1946 qui prévoit plusieurs étapes incontournables. La première est la notification au public (*Advance Notice of Proposed Rulemaking*) de tout changement envisagé, suivie de l'étape de sollicitations des avis et commentaires du public concernant les changements envisagés. L'agence doit ensuite répondre à tous ces commentaires publics et les prendre en compte avant de pouvoir adopter de nouvelles règles qui devront être justifiées de façon extrêmement rigoureuse car l'épée de Damoclès de l'action en justice est omniprésente. Dans l'hypothèse d'une non-prise en compte d'éléments factuels, d'une justification insuffisamment rigoureuse de la modification ou de

---

1. En profitant de la fenêtre de quelques semaines offerte par le *Congressional Review Act* de 1996, utilisée une seule fois en 2001, l'administration Trump a pu obtenir l'abrogation de plusieurs règles de l'administration Obama touchant aussi bien à l'industrie minière (H.J Res. 38 &41) qu'à l'accès aux armes à feu pour certaines personnes (H.J Res. 40), à la gestion des terrains qui relèvent de l'État (H.J Res. 44), à la chasse à l'ours en Alaska et à la redistribution des fonds par les États à *Planned Parenthood* (H.J Res. 43).

2. *Administrative Procedure Act* (APA- 5 U.S.C. §551).

l'existence d'un vice de forme, les nouvelles règles seront contestées devant les juridictions fédérales dans le but de retarder la mise en œuvre des nouvelles règles, à défaut de les bloquer indéfiniment.

Une bureaucratie autonome peut-elle freiner certaines initiatives ?

Avant la loi Pendleton du 10 janvier 1883, le système des dépouilles a permis au nouveau Président de récompenser ceux qui l'avaient aidé dans la conquête du pouvoir. En leur octroyant des emplois publics, le Président s'assurait aussi d'une administration loyale et investie dans la mise en œuvre de ses politiques. Les fonctionnaires sont dorénavant recrutés sur concours pour occuper un emploi mais, sauf exceptions, n'ont pas de véritable perspective de carrière, d'où leur mobilité. Il n'est pas rare que des salariés du secteur privé viennent occuper des postes de responsabilité dans le secteur public pendant quelques années, ce qui cadre aussi avec cette philosophie de « servir » le peuple et son pays héritée du puritanisme. La bureaucratie est autonome en principe, mais la Constitution ne prévoit pas de protection constitutionnelle explicite de l'autonomie bureaucratique, en partie parce que le texte de 1787 est antérieur à l'émergence des bureaucraties. Mais il existe des « protections » informelles, ainsi la tendance à l'inertie et au maintien du *statu quo* qui agit comme un frein. D'autres sont législatives, comme le *Civil Service Reform Act* de 1978 qui interdit aux agences de prendre des mesures en matière de ressources humaines allant à l'encontre de mécanismes méritocratiques. Plusieurs millions d'employés fédéraux font confiance au statut de la fonction publique qui interdit en principe de limoger sauf pour faute, ce qui constitue un moyen de résistance potentiel à des changements de politiques motivés par des considérations politiques [1]. Pourtant, il ne faut pas surestimer la force de ces protections et le succès du projet

1. Lorsque le Président G. W. Bush a cherché à nommer des fonctionnaires de carrière sur la base de leur l'affiliation politique, le bureau de l'inspecteur général (IG) a rendu un rapport très critique et référé ses conclusions au bureau du procureur, qui a néanmoins décidé de ne pas poursuivre.

de professionnalisation (en matière de politique monétaire par exemple) car l'indépendance politique vis-à-vis du Président est davantage une question de convention que de droit écrit. Et bien qu'il existe des obstacles visant à limiter les tentatives pour politiser la bureaucratie, ils ne sont pas suffisants, ainsi qu'en témoigne la nomination par D. Trump de directeurs d'agence ouvertement opposés aux missions de celle-ci mais « loyaux ». Or les personnels ne peuvent prendre de mesures que si elles sont approuvées par le directeur.

Au sein des ministères et des agences, la plupart des fonctionnaires fédéraux de carrière sont mobilisés et hésitent entre résister en interne ou démissionner. Si l'on a choisi de travailler à l'EPA, c'est parce que l'on croit en une mission de protection de l'environnement. Si on travaille au ministère de la Santé, ce n'est pas pour laisser l'industrie pharmaceutique dicter les politiques. Sur divers sujets (droit des femmes ou de protection de l'environnement), les employés fédéraux confrontés aux revirements politiques du Président se sont organisés. Certains ont créé des comptes dans les réseaux sociaux afin de faire fuiter les changements prévus par l'administration. D'autres se sont inscrits à des ateliers pour apprendre comment résister et exprimer leur désobéissance civile. Au ministère de la Justice, quand l'administration a voulu ralentir les enquêtes sur les violences conjugales et les crimes sexuels, plusieurs employés ont saisi l'inspecteur général (IG) afin que les fonds dédiés à ces causes ne puissent être transférés à d'autres missions. À l'Agence de protection de l'environnement, les employés ont agi par le biais de demandes d'information en vertu de la loi sur la liberté d'accès à l'information (FOIA). Lorsque Sally Yates a refusé de faire appliquer le décret anti-immigration et s'est fait limoger en janvier 2017 [(1)], le #ThankYouSally lancé sur Twitter a connu un rapide développement. Le site Politico l'a célébrée comme la première héroïne, le visage de la résistance institutionnelle, sacrifiée sur l'autel d'une fonction publique agressée. Ensuite se sont créés de nombreux comptes sur

1. La ministre de la Justice par intérim, Sally Yates, avait déjà commis le crime de rendre visite au Président Obama et au Président Trump en janvier 2017 entre l'élection et l'entrée en fonction de ce dernier pour les informer de l'ingérence russe certifiée par les services secrets.

les réseaux sociaux de « gouvernement alternatif » prétendant parler au nom des fonctionnaires opposés à D. Trump et qui sont devenus très populaires.

Les agences jouissent d'une grande latitude dans l'application et l'interprétation des lois votées par le Congrès, à deux réserves près. La première est l'attitude du directeur et sa latitude à agir en fonction de sa coloration politique. La seconde tient aux doctrines jurisprudentielles *Chevron* [(1)] et *Auer* [(2)] qui accordent « déférence » aux agences en raison leur expertise. Du moment que la loi n'est pas ambiguë ou que les règles sont le produit de procédures relativement standardisées et formalisées [(3)] (telles la nécessité de publier la règle et de demander des commentaires), les juridictions ont, en vertu de ces jurisprudences, validé les interprétations données. Mais la droite conservatrice est déterminée à obtenir une modification de ces jurisprudences ; et au moins l'un des juges, Neil Gorsuch [(4)], a défendu ouvertement cette position lorsqu'il siégeait à la cour d'appel du 10e Circuit.

Les freins et contrepoids au sein de l'Exécutif

Contrairement à ce que défendent les tenants de la thèse de l'« exécutif unitaire » (voir ch. 1), la branche exécutive n'est pas un bloc monolithique soumis à la seule autorité du Président. Il existe

---

1. *Chevron U.S.A., Inc. v. Natural Resources Defense Council, Inc.* 404 US 97 (1984).

2. *Auer v. Robbins*, 519 US 452 (1997). Cette jurisprudence est en jeu dans l'affaire *Kisor v. O'Rourke* de 2019.

3. Voir *supra* et www.federalregister.gov/uploads/2011/01/the_rulemaking_process.pdf.

4. Voir « Gorsuch is right about Chevron deference », Ilya Somin, *Washington Post*, 25 mars 2017.

au sein même de l'exécutif plusieurs organismes [1] et mécanismes d'enquête prévus par le Congrès.

Les Inspecteurs généraux (IG)

Le Congrès a créé la fonction d'inspecteur général (IG) et protège les procureurs fédéraux relevant du ministère de la Justice, rattaché à l'Exécutif, d'éventuelles ingérences et pressions de celui-ci. Avec la loi de 1978, modifiée en 1999, le Congrès a mis en place des IG chargés du contrôle de l'Exécutif et qui sont aujourd'hui présents au sein de chaque ministère. La fonction d'inspecteur général (IG), relativement récente, fait partie des réformes de moralisation de la vie politique adoptées dans la foulée du scandale Watergate et signées par le Président Carter. La loi fut amendée à plusieurs reprises afin de créer de nouveaux postes d'IG et d'accroître les pouvoirs attachés à la fonction [2]. Leur mission est d'assister le Congrès dans sa tâche de contrôle de l'Exécutif et des ministères et agences rattachés à cet Exécutif. Ils enquêtent, font des recommandations et s'efforcent de contribuer à une amélioration du travail administratif, de le rendre plus transparent, plus efficace et moins coûteux pour le contribuable [3]. Cela explique les nombreuses enquêtes sur des membres de l'administration Trump. L'IG du ministère de la Défense a enquêté sur le général Michael Flynn limogé pour mensonges concernant ses contacts avec l'ambassadeur russe à

1. Le contrôle des comptes publics relève du GAO, *General Accounting Office* rebaptisé *General Accountability Office*.

2. La loi de redressement et réinvestissement de 2009 et la loi Dodd Franck en matière de régulation bancaire prévoient toutes deux des IG en charge de contrôler la distribution des fonds de relance dans le premier cas et l'activité de régulation dans le second.

3. L'un des obstacles auxquels l'IG se heurte est la difficulté à obtenir des documents de la part d'agences et ministères toujours récalcitrants. La résistance des agences aurait coûté 87 milliards de dollars en manque-à-gagner selon un rapport du Congrès d'octobre 2016.

Washington DC. Flynn aurait aussi violé la clause d'émoluments [1] qui requiert un accord préalable et le *Foreign Agents Registration Act (*FARA) de 1938 qui réglemente le *lobbying* en faveur d'États étrangers et exige la divulgation (*disclosure*) [2] des sommes reçues. Or le général Flynn n'a fait ni l'un ni l'autre; il a depuis été entendu par le procureur spécial et a plaidé coupable. D'autres IG enquêtent sur les agissements du directeur de l'EPA [3] qui dépense sans compter les deniers publics et interdit l'accès à certaines réunions aux médias et aux assistants parlementaires jugés hostiles, sur le ministre de l'Intérieur Zinke mêlé à une affaire immobilière impliquant le géant Haliburton. Une enquête a été demandée sur le ministre du Commerce Ross soupçonné de délit d'initiés. Si l'on excepte l'enquête menée par l'inspecteur général des services de renseignement (ICIG) saisi par un lanceur d'alerte en août 2019, l'impact de ces enquêtes est généralement limité, mais elles ont le mérite de rendre les abus visibles.

Procureurs fédéraux, « spéciaux » et « indépendants »

Au plan pénal, les enquêtes sont diligentées par les procureurs fédéraux en place dans le ressort de chacune des juridictions fédérales de première instance, les *district courts.* Ils jouissent d'une grande indépendance renforcée par les règles professionnelles et de déontologie qui s'appliquent à eux. Ces procureurs fédéraux,

---

1. La clause d'émoluments de l'article I, section 9, clause 8, de la Constitution, telle qu'interprétée par les notes du contrôleur général et par le bureau juridique du ministère de la Justice interdit aux personnels militaires en activité, à la retraite ou de réserve de recevoir des honoraires de conseils, des cadeaux ou des frais de voyage sans autorisation préalable accordée par le Congrès après feu vert donné par le ministère des Affaires étrangères.

2. La loi FARA exige la divulgation des sommes perçues et l'identification des personnes physiques ou morales en faveur desquelles les activités de *lobbying* sont menées.

3. « The Environmental Protection Agency's inspector general will open "new reviews" into ethics questions surrounding Administrator Scott Pruitt », *Washington. Post*, 27 avril 2018.

US attorneys, sont des politiques nommés par le Président avec l'approbation du Sénat mais leurs équipes sont composées de juristes de carrière. Ils enquêtent sur tout soupçon de violation de la loi et peuvent en principe enquêter sur la branche exécutive et sur le Président lui-même ou ses proches. Mais le limogeage le 20 octobre 1973 par le Président Nixon du procureur spécial Archibald Cox au cours de ce qu'on a appelé le « massacre du samedi soir » a fait apparaître qu'un procureur peut se trouver en difficulté lorsqu'il enquête sur le chef de l'Exécutif. Comme il est hiérarchiquement soumis au ministre de la Justice qui fait partie de la branche exécutive, son indépendance peut ne pas être garantie. En 1973, un autre procureur, Léon Jaworski, avait immédiatement été désigné, mais ce risque d'atteinte à l'indépendance du procureur avait amené le Congrès à voter en 1978 le *Ethics in Government Act* qui crée le poste de procureur indépendant (*Independent Counsel*) nommé par un collège de trois juges et pratiquement impossible à limoger.

Entre 1978 et 1999, les investigations des *Independent Counsels* ont coûté des dizaines de millions de dollars, avec des résultats limités. Parmi les plus connues, Raoul Walsh enquêta pendant sept ans (1986-1993) pour un coût total de 47,4 millions de dollars sur l'affaire Iran-Contra [1] de vente d'armes à l'Iran. Quatorze membres de l'administration furent inculpés, mais bénéficièrent de la grâce présidentielle accordée par G. H. Bush. Kenneth Starr ne négligea aucune piste avant de trouver enfin un motif permettant la mise en accusation [2] du Président Clinton pour un coût de 39,2 millions de dollars (79,3 millions quand on ajoute les enquêtes annexes menées par quatre autres procureurs sur des membres de l'administration Clinton). Les procureurs nommés en vertu de la loi de 1978 ayant abusé de la latitude et du budget illimité qui leur étaient accordés,

1. Malgré un embargo, des armes ont été vendues à l'Iran et les fonds ont servi à financer les Contra au Nicaragua en violation expresse des volontés du Congrès qui avait voté l'amendement Boland. L'enquête ne parvint pas à établir si R. Reagan, fervent partisan de la cause des Contra, avait spécifiquement autorisé ce détournement de fonds à leur bénéfice.

2. La liaison du Président avec la stagiaire Monica Lewinsky permit à Starr d'arriver à ses fins.

le Congrès, après avoir prorogé la loi à plusieurs reprises décida en 1999 de la laisser expirer. Le ministère de la Justice, sous la houlette de Janet Reno, édicta de nouvelles règles prévoyant des conditions précises pour la désignation d'un procureur spécial : l'existence de circonstances extraordinaires, la présence d'un conflit d'intérêt (enquêter sur le chef de l'Exécutif dont dépendent hiérarchiquement les procureurs fédéraux) et l'intérêt du public. Le procureur spécial ne doit pas faire partie de l'administration de façon à ce qu'il jouisse de l'impartialité la plus grande et ne soit soumis à aucun lien hiérarchique. Il a pour seule obligation de fournir un rapport au ministre de la Justice et ne peut en principe être limogé, sauf par lui et pour cause grave. Mais son indépendance est moins protégée qu'avec la loi de 1978.

C'est en vertu de ce texte que le second au ministère de la Justice, Rod Rosenstein, a décidé de nommer un procureur spécial huit jours après le limogeage contesté du directeur du FBI par le Président le 9 mai 2017. Il désigna Robert S. Mueller, à la réputation d'homme intègre et courageux susceptible de résister à d'éventuelles pressions de l'Exécutif. C'est un homme d'expérience qui a été procureur fédéral, puis directeur du FBI pendant plus de dix ans. Il pouvait entendre le Président et demander documents et mémos et en principe n'être limogé que par le ministre de la Justice, en l'occurrence son adjoint Rod Rosenstein. Mais la question du limogeage de Mueller et de Rosenstein a occupé les médias de mai 2017 à avril 2019, date de la remise du rapport. Entre-temps, Trump avait limogé Sessions et nommé un ministre de la Justice « loyal », dont Mueller a dépendu pour la fin de sa mission.

Le procureur spécial avait pour mission d'enquêter sur l'ingérence russe dans l'élection de 2016, d'instruire et le cas échéant d'inculper s'il découvrait que des délits ou crimes avaient été commis. Ce fut un travail de plusieurs mois dont il n'a été possible de deviner les progrès que grâce aux révélations des noms de ceux qui étaient appelés à comparaître, aux mises en examen et au profil des membres recrutés pour l'équipe. La perquisition dans l'urgence du domicile de l'ancien directeur de campagne Paul Manafort, la saisie de tous les documents et ordinateurs de l'avocat Michael Cohen ont donné une idée de la détermination du procureur spécial qui a cité à comparaître Roger Stone [1], conseiller de l'ombre du Président, et des directions (financières) de l'enquête. La première étape significative a été l'annonce le 30 octobre 2017 par le procureur Mueller de l'inculpation de Paul Manafort et de son associé Rick Gates par un grand jury. Les douze chefs d'inculpation incluaient complot contre les États-Unis, blanchiment, fausses déclarations et non-déclaration de comptes détenus à l'étranger [2]. Paul Manafort, inculpé devant deux juridictions distinctes, plaida non coupable puis coupable et fut condamné à un total de sept ans et demi de prison. Avec les « plaider coupable » de G. Papadopoulos (condamné à une peine de prison de 14 jours et à des travaux d'intérêt général) et du général Flynn, cinq proches de D. Trump ont été mis en examen pour des délits qui montrent plutôt le non-respect des lois financières et fiscales que la « collusion ». Deux longues mises en examen ont ensuite visé la Russie. La première rendue publique mi-février 2018 compte 37 pages et met en examen treize individus et trois sociétés russes. Le bureau du procureur établit clairement l'ingérence russe : des individus et des groupes très proches de Poutine ont agi pour semer la discorde et la dissension, déstabiliser le processus électoral américain et affecter les résultats de l'élection de 2016. Ils ont pénétré dans les systèmes électoraux de vingt États et manipulé l'opinion *via* des « fermes de trolls » et la constitution de faux groupes créés sur les réseaux sociaux . La mise en examen de ces individus et des trois sociétés qui ne seront pas présents lors des audiences est toutefois une riposte juridique et un geste fort en réponse à une attaque en règle contre les États-Unis, leurs institutions et la Constitution.

La seconde mise en examen, annoncée en juillet 2018 trois jours avant la rencontre Poutine/Trump à Helsinki, vise treize agents des services militaires de renseignement, le GRU, accusés d'avoir voulu

1. Roger Stone a admis avoir été en contact avec *Guccifer 2.0*, le hacker russe qui a fait fuiter les courriels du Comité national démocrate, et avec Julian Assange.

2. Plus de 75 millions de dollars ont transité par des comptes *offshore* gérés par les deux hommes. Paul Manafort, accusé d'avoir blanchi à lui seul 18 millions de dollars, a d'abord été assigné à résidence par une juge fédérale. L'acte d'inculpation ne fait aucune référence à la campagne présidentielle de Donald Trump.

interférer avec le processus électoral et avec lesquels Poutine peut plus difficilement prendre ses distances. Cet aspect de l'enquête occupe le premier tiers du rapport Mueller [1] remis au ministre de la Justice W. Barr fin mars 2019, puis rendu public un mois plus tard dans sa quasi-totalité. Sur les deux autres volets, Mueller, malgré tous les contacts établis entre l'équipe de Trump et les Russes, conclut que les preuves ne pas suffisantes pour établir la « conspiration [2] » au delà d'un doute raisonnable. Quant à l'entrave à la justice [3], Mueller laisse entendre qu'il n'inculpe pas le Président en raison des lignes directrices (*guidelines*) du DOJ interdisant de poursuivre un Président en exercice. Pourtant le procureur spécial a écrit dans son rapport qu'il ne peut exonérer le Président, attirant l'attention du Congrès sur les éléments de preuve collectés. Et dans une lettre envoyée à William Barr le 27 mars (trois jours après la remise du rapport) et rendue publique début mai, il estime que le ministre de la Justice n'a pas rendu compte de façon exacte et impartiale du « contexte, de la nature et du fond de leurs conclusions » dans son « résumé » de quatre pages précédant le publication du rapport, minant ainsi « l'objectif poursuivi par la nomination d'un procureur spécial, à savoir obtenir la confiance du public dans les résultats et conclusions de l'enquête ».

Le rapport ne satisfait personne, les Républicains qui sont contraints de crier à la victoire et à l'exonération du Président, pas si évidente, et les Démocrates qui regrettent que le procureur spécial se soit arrêté en route. Ils soulignent l'accumulation de crimes et délits souvent liés à la Russie, les mises en examen d'individus et de sociétés russes et de treize agents du GRU. La publication du rapport ne change pas les opinions : les partisans du Président considèrent que le procureur a fait preuve d'acharnement et les Démocrates

1. Disponible sur le site du procureur ou en livre de poche édité par le *Washington Post* et devenu best-seller.

2. La collusion n'est pas un délit pénal.

3. En droit pénal, l'obstruction/entrave à la justice consiste à faire pression, à faire disparaître ou détruire des éléments de preuve, ou bien à tuer un témoin (art.1503-1505-1512 Title 18 USC). Le procureur doit prouver l'état mental du mis en examen au moment où il commet l'acte incriminé.

sont déterminés à poursuivre les investigations *via* les auditions au Congrès. La décision de R. Mueller de ne pas insister pour obtenir la comparution du Président et celle de ne pas inculper ont sans doute tenu à son désir de ne pas trop prolonger l'enquête (car le Président aurait contesté cette demande devant les juridictions fédérales). Le risque était réel de crise politique et constitutionnelle majeure; car pour les partisans du Président, la convocation aurait constitué un abus de pouvoir et le Président aurait pu décider de s'auto-amnistier comme il en a « le pouvoir absolu », ainsi qu'il l'affirmait dans un tweet du 2 juin 2018. Mueller a semblé estimer que la Constitution a prévu l'arme de la mise en accusation par le Congrès et qu'il n'appartient ni au procureur ni au pouvoir judiciaire de trancher. Mais la voie de la mise en accusation (*impeachment*) requiert un changement d'attitude et de position des Républicains. Une majorité démocrate à la chambre des Représentants après novembre 2018 a permis d'amorcer la procédure de mise en accusation, mais il faut ensuite un vote au Sénat (v. ch 1 et 4).

Chapitre 6
La résistance par le contentieux

L'Article III de la Constitution met en place le pouvoir judiciaire en tant que branche égale aux deux autres ainsi que les moyens de son indépendance [1]. Aux États-Unis, société pluraliste, les différends se règlent par la voie du contentieux qui est le mode premier de règlement des litiges, d'où le nombre d'avocats (un pour 300 habitants) et le côté judiciarisé de la société américaine. Dans ce cadre, porter le combat sur le terrain judiciaire lorsqu'une bataille politique a été perdue (élections, vote d'une loi) est un mode de fonctionnement normal. Le recours au contentieux est alors l'arme ultime utilisée aussi bien par le Congrès pour contester le recours du Président aux pouvoirs d'urgence que par les États ou entreprises pour s'opposer aux diverses moutures du décret anti-immigration et par les groupes de défense des libertés publiques ou de protection de l'environnement. Le recours aux juridictions fédérales et, en dernier ressort, à la Cour suprême est le moyen d'obtenir un arbitrage sur la double séparation des pouvoirs mise en place par la Constitution et sur les libertés publiques.

1. Les juges fédéraux sont nommés à vie et leur salaire ne peut être diminué par le Congrès. Mais une procédure de mise en accusation peut être mise en œuvre contre eux pour crimes graves, corruption ou trahison. Certains furent destitués, mais jamais pour des motifs politiques.

Aux sources de l'action en justice

Toute personne, sous certaines conditions de recevabilité, peut intenter une action : des élus Républicains ou Démocrates, selon les cas, qui cherchent à s'opposer à la politique du Président, des États représentés par leur ministre de la Justice (*attorney general* ou AG) ou des citoyens et groupes d'intérêt public qui choisissent la voie de l'action en justice pour tenter de mettre fin à certains comportements ou perversions du système. Les requérants doivent justifier qu'il s'agit d'une question fédérale [1], qu'il existe bien un « litige » (ce que requiert la clause de *cases & controversies* de la Constitution) et qu'ils ont un intérêt à agir (*standing* [2]), c'est-à-dire qu'ils ont subi un préjudice susceptible d'être réparé. Les contentieux ont le même cheminement : dès lors qu'il s'agit d'une « question fédérale », l'affaire est portée devant la juridiction fédérale de première instance (*district court*) compétente géographiquement. Si le choix est possible (question qui se pose dans plusieurs États), l'affaire sera portée devant la juridiction qui en raison de sa coloration plus ou moins conservatrice ou progressiste, connue des avocats et de leurs clients, laisse augurer une issue favorable. Un autre élément essentiel est la cour d'appel dont elle dépend et dont la coloration idéologique est elle aussi connue. Ainsi la cour d'appel du 9e Circuit qui regroupe tout l'ouest des États-Unis, dont la Californie, est progressiste tandis que celle du 5e Circuit, qui couvre la Louisiane, le Mississippi et le Texas, est plutôt conservatrice. Généralement, une affaire initiée devant une cour de district (première instance) se poursuit devant la cour d'appel du « Circuit » c'est-à-dire du ressort dans lequel l'État est situé. Et si la question le permet et si l'une des parties le juge souhaitable, la Cour suprême est saisie. Celle-ci peut accepter l'affaire ou non ; elle le fera généralement s'il y a conflit d'interprétation entre plusieurs cours d'appel, ce qu'on appelle un *circuit split*. C'est à ce niveau que se pose la question du pouvoir

1. Article III, section 2 , « Le pouvoir judiciaire s'étendra à tous les cas, en droit et en équité, découlant de la présente Constitution, des lois des États-Unis, des traités déjà conclus, ou qui doivent être faits, sous leur autorité ».

2. Anne Deysine, *La Cour suprême des États-Unis*, Dalloz, 2015, ch. 3.

discrétionnaire [1] de la Cour suprême, contrepartie des limites à la compétence des juridictions fédérales. Celles-ci ne peuvent entendre que les affaires qui sont « justiciables » et pas celles qui relèvent de ce qu'on appelle la « question politique ». Mais ce sont elles qui définissent ce qu'est une « question politique » et l'intérêt à agir. Ainsi dans l'affaire *Lujan* [2] de 1992, le juge Scalia, auteur de l'opinion majoritaire, a considéré que le groupement écologique qui avait saisi les tribunaux ne remplissait pas les conditions requises et donc le débouta, affirmant qu'un exercice intellectuel, même ingénieux ne saurait suffire à établir l'intérêt à agir [3]. Alors que la loi avait créé la possibilité de « procès citoyens », la décision *Lujan,* en articulant une *doctrine* de *standing* plus restrictive, eut pour résultat de limiter la faculté des citoyens d'ester en justice, mécanisme essentiel dans un pays hostile à une bureaucratie puissante en mesure de veiller à la bonne exécution de la loi.

Les médias catalyseurs

Les médias jouent un rôle central dans la mobilisation et la résistance depuis le choc de l'élection de D. Trump. Depuis le 9 novembre 2016, les médias généralistes (*mainstream*, en principe non marqués politiquement) enquêtent et font leur possible pour informer lecteurs, électeurs mais aussi membres du Congrès et responsables politiques des États sur les diverses facettes et politiques de l'administration Trump. Ils ont poussé le Congrès à lancer des enquêtes et ont joué un rôle dans la mobilisation qui a suivi le limogeage de Comey et la nomination d'un procureur spécial par R. Rosenstein en mai 2017. Depuis le printemps 2017, il ne se passe guère une journée sans qu'une révélation ne soit faite concernant les conditions du limogeage du directeur du FBI, les

1. Celle-ci n'accepte qu'environ 80 affaires sur 8 000 pourvois qui lui sont soumis par voie de *writ of certiorari.*

2. *Lujan v. Defenders of Wildlife*, 504 US 555 (1992).

3. Le préjudice devait consister en une atteinte à un intérêt juridiquement protégé qui soit concret et individualisé et imminent ou présent, pas simplement hypothétique et éventuel.

mémos communiqués à la presse, l'inculpation de Paul Manafort ou les contacts du gendre Jared Kouchner avec les Russes sans oublier les divers scandales financiers. La plupart sont des atteintes aux institutions et à la primauté du droit. Pendant que plusieurs commissions enquêtent sur l'ingérence russe et les liens éventuels entre l'équipe de campagne du candidat Trump et des émissaires de V. Poutine, les médias continuent d'alimenter le sujet en révélant quotidiennement de nouvelles rencontres, des développements de rencontres déjà identifiées, la réunion de juin 2016 à la tour Trump entre le fils aîné du Président et des hiérarques russes (dont une avocate rattachée au ministère de la Justice russe et des hommes d'affaires plus ou moins douteux) ou encore la lettre envoyée par Mueller au ministre de la Justice Barr. Depuis septembre 2019, ce sont les rebondissements liés à la conversation téléphonique entre le Président Trump et son homologue ukrainien, semble-t-il pour obtenir des informations compromettantes sur son principal rival aux élections de 2020.

Les médias ont bien compris les enjeux et jouent à plein leur rôle de « quatrième pouvoir ». Il est vrai que ces médias *mainstream* (CNN, *New York Times*, *Washington Post*) ont une part réelle de responsabilité dans l'élection de D. Trump. Tous lui ont ouvert leurs pages, leurs antennes et leurs plateaux télévisés, lui accordant ainsi l'équivalent de deux, voire trois milliards de dollars de publicité gratuite. Avant le choc de l'élection, rares sont les journaux qui ont pris la peine d'enquêter sur les sociétés du futur Président, le risque de violation de la clause d'émoluments de la Constitution, le comportement peu éthique [1] du magnat de l'immobilier, les scandales autour de la pseudo-université Trump ou sur les nombreuses femmes accusant l'homme d'affaires de harcèlement sexuel. Lorsqu'ils l'ont fait, les révélations successives ont semblé « glisser » sur le candidat. Il est vrai que certaines ont été minimisées par les opportunes publications par Wikileaks des courriels de la candidate démocrate.

1. Il ne payait pas ou mal ou en retard ses architectes et ses sous-traitants et avait été poursuivi en justice pour discrimination raciale car il refusait les locataires africains-américains.

La protection du 1er Amendement

Le paysage médiatique états-unien se caractérise par son localisme [1], sa polarisation [2] et le contexte juridique dans lequel il s'inscrit, liberté d'expression associée à liberté de la presse, toutes deux garanties par le 1er Amendement à la Constitution. La presse américaine reste une presse essentiellement locale à l'exception de quelques grands journaux que l'on trouve dans plusieurs États, comme le *New York Times* ou le *Wall Street Journal*.

Cette presse de référence a longtemps joui d'un prestige considérable, mythifié en particulier par l'épopée du Watergate et le rôle-clé des deux journalistes [3] qui ont révélé l'affaire mais elle a perdu de son influence parce qu'elle s'est déconsidérée durant la guerre d'Irak de 2003 [4]. Elle subit la concurrence des médias en ligne qui la privent de recettes publicitaires et est confrontée à la montée des médias conservateurs comme Breitbart, Fox

1. Mais la tendance est à la disparition de 18 000 titres locaux; or ils jouissent de la confiance de leur lecteurs. Voir « About 1,300 US communities have totally lost news coverage », *UNC news desert study*, Oct. 2018.

2. La polarisation n'est pas juste un phénomène historique accentué par la technologie et qui occuperait le champ politique dans son entier. Elle se caractérise par une asymétrie entre les médias de droite et ceux de gauche. Du côté conservateur, ceux-ci sont hyper partisans alors que chez les progressistes, le centre de gravité est occupé par des organisations médiatiques nourries des pratiques du journalisme objectif. Voir « Partisanship, Propaganda, and Disinformation: Online media and the 2016 US Presidential Election », *Berkman Klein Center for Internet Society*, Harvard, août 2017, *op. cit.*

3. Voir Bob Woodward et Carl Bernstein, *Les hommes du Président*, et le film éponyme d'Alan J. Pakula (1976).

4. Le *New York Times* et le *Washington Post* avaient présenté des excuses publiques à leurs lecteurs pour avoir accepté le point de vue de la Maison-Blanche sans aucun esprit critique. Les journaux avaient en particulier accepté et accrédité la menace posée par l'existence d'armes de destruction massive en Irak, qui servit de justification à l'entrée en guerre.

News, le groupe Sinclair ou des radios locales [1] très écoutées (Rush Limbaugh), en majorité conservatrices. La montée des sites dits « d'information », polarisés et en majorité conservateurs [2], la prolifération des blogs conservateurs (comme Redstates ou Drudge Report), des sites complotistes (dont celui d'Alex Jones, *infowars.com*) et des réseaux sociaux ont modifié le paysage médiatique. De surcroît, les algorithmes utilisés par ces derniers concourent à une segmentation et polarisation toujours plus grandes de l'opinion publique [3]. Alors que 72 % des Américains considéraient en 1967 que les faits étaient rapportés de façon exacte et juste dans les médias de masse, le chiffre est tombé à 32 % en 2017. D'après les sondages, seul un tiers des Américains fait confiance aux nouvelles qu'ils entendent à la télévision. Il faut pourtant éviter l'amalgame entre la presse écrite (et certaines chaînes de télévision encore crédibles) et les radios et TV plus polarisées (comme Fox News), les sites comme Breitbart qui font circuler des « nouvelles » non vérifiées, des *fake news* [4] et des théories du complot alimentées par Alec Jones et consorts. Chaque camp est convaincu que l'autre invente de fausses nouvelles. C'est ce qui ressort d'une étude réalisée par Politico avec Morning Poll révélant que 46 % des personnes sondées (et 76 % des Républicains) pensent que les médias inventent de fausses informations à propos du Président Trump.

Le dilemme des médias mainstream

Le Président a un rapport bien particulier à la vérité et profère en moyenne 7 mensonges par jour, atteignant le chiffre de 13435 mensonges fin octobre 2019, en 993 jours de mandat. Que ce

1. L'abandon de la *Fairness Doctrine* dans les années 80 a ouvert un espace radio pour les vues les plus extrémistes, de Rush Limbaugh à Sean Hannity.

2. Des médias modérés comme *National Review* ou *Weekly Standard* perdent de leur influence.

3. Cass Sunstein, *#Republic: Divided Democracy in the Age of Social Media*, Princeton University Press, 2016.

4. Les *fake news* sont davantage que des fausses nouvelles car elles sont délibérément fausses ou truquées. D'où le terme « infox » utilisé en français.

soit sciemment ou de façon pathologique, le Président profère mensonges et contrevérités de façon quotidienne. Il lance des accusations dénuées de fondement, prétend que B. Obama avait placé la tour Trump sur écoutes ou qu'un « espion » a été placé par le FBI dans sa campagne. Il ment sur des sujets graves : crise des migrants, caractère inconstitutionnel de la nomination du procureur spécial. Là réside le dilemme des médias. S'ils tentent de rétablir la vérité, ils rentrent dans le jeu et le « temps médiatique » dictés par D. Trump et accordent une reconnaissance indirecte à ces inventions fantaisistes qui finissent par porter. Affirmer que trois millions de votants se sont prononcés « en fraude de la loi » alors qu'ils n'étaient pas citoyens américains est faux mais il est difficile d'en convaincre les soutiens du Président.

Les médias et les organisations de vérification factuelle (*fact checking*) ont du mal à rétablir la vérité car les fausses nouvelles se propagent à grande vitesse et se renforcent en permanence sur internet. En raison de la polarisation asymétrique entre médias de droite et de gauche, ceux de droite ont véhiculé les campagnes de désinformation (contre H. Clinton) de façon plus systématique. À gauche, en raison des traditions d'impartialité, les sources hyper partisanes et peu fiables ont été proportionnellement moins amplifiées. Dans ce paysage médiatique segmenté et polarisé de façon asymétrique, les rectifications sont inefficaces, voire contre-productives. En effet, les partisans de D. Trump ne lisent, n'écoutent et ne regardent que « leurs » médias ; ils ne lisent ni ne regardent les médias tels que le *New York Times* ou CNN qualifiés d'« ennemis du peuple », de « diffuseurs de *fake news* » et de « gauchistes ». Toute révélation par un grand média est immédiatement présentée et interprétée par Fox News et consorts comme un nouvel épisode de la « pire chasse aux sorcières » à laquelle les élites politiques et médiatiques se livrent contre le Président Trump. En conséquence, 96 % des électeurs de Trump se déclarent prêts à voter à nouveau pour lui. Bien que ces enquêtes et révélations soient indispensables, le risque est que l'arbre ne cache la forêt. Lorsque les médias réagissent à chacun des tweets du Président et chacun des scandales et révélations, ils font le jeu du Président qui parvient à faire oublier les assauts contre les institutions ou à faire passer au second plan le démantèlement des règles financières, écologiques et sociales. Les médias peinent à rétablir la vérité et à jouer leur rôle de contre-pouvoir, d'autant qu'ils doivent eux-mêmes résister aux attaques du Président.

La liberté de la presse, protection des médias

La liberté d'expression et la liberté de la presse, toutes deux garanties par le 1er Amendement [1], constituent des socles constitutionnels fondamentaux des États-Unis car toutes deux sont jugées nécessaires à l'existence d'un « libre marché des idées » et à la pérennité d'un système démocratique. A. Meiklejohn [2] insiste sur le rapport étroit entre liberté d'expression et gouvernement par le peuple (*self government*). Pour Th. Emerson [3], même les opinions erronées peuvent avoir de la valeur et enrichir le débat public. C'est l'approche du juge Holmes dans son opinion dissidente défendant le « libre marché des idées » dans *Abrams v. US* [4] de 1919. Sans la possibilité d'exprimer et de recevoir des points de vue politiques différents des siens, le citoyen n'est pas en mesure de se former une opinion « informée » quant à la direction que le gouvernement doit suivre ou celle qu'il suit actuellement; et le citoyen n'est pas non plus en mesure de voter de façon intelligente.

1. Le 1er Amendement interdit au Congrès de voter une loi limitant la liberté religieuse, la libre expression ou la liberté de la presse. Le texte vise clairement le Congrès, mais s'applique aux autres branches du gouvernement fédéral et, par le biais de la clause de *due process* du 14e Amendement, adopté après la guerre civile, aux États.

2. Alexander Meiklejohn, *Free speech and its relation to Self-Government*, 1948. « Le principe de liberté d'expression trouve sa source dans les nécessités du programme de gouvernement par le peuple. C'est une déduction à partir du consensus américain que les questions publiques seront tranchées par le suffrage universel ».

3. Thomas Emerson, « Toward a General Theory of the First Amendment », *72 Yale Law Journal*, 877, 1963.

4. *Abrams v. US*, 250 US 616 (1919). Le juge écrit : « le meilleur test de la vérité est de se faire accepter dans la concurrence du marché... Aussi longtemps qu'il y a un libre marché pour l'opinion politique, une démocratie peut demeurer vivante ».

Aux États-Unis, la protection du 1er Amendement est pratiquement absolue et les rares restrictions concernent l'expression obscène [1] et les propos belligérants. Dans des situations où d'autres démocraties interdisent les propos haineux ou les contenus qui peuvent nuire aux enfants, la Cour suprême a invalidé les lois jugées trop restrictives et mis en place un critère visant à concilier préservation de la démocratie et besoin de confidentialité. L'expression ne peut être limitée que lorsqu'elle présente « un danger clair et immédiat » (*clear and present danger*) et incite à commettre des actes illicites de façon imminente [2]. Si le rôle de la libre expression dans la préservation de la démocratie [3] est de protéger la possibilité de critiquer le gouvernement et de dévoiler les abus, le public ne peut jouer ce rôle de façon efficace que s'il est informé.

Un degré de transparence est par conséquent nécessaire au fonctionnement d'un gouvernement démocratique, mais il doit être concilié avec la possibilité de garder confidentielles certaines informations sensibles. Le gouvernement doit rendre des comptes (être *accountable*) et il n'est pas question qu'il protège et dissimule des informations qui seraient simplement embarrassantes pour lui ou qui révéleraient des abus commis. C'est pourquoi il s'est vu accorder le pouvoir de conserver certaines informations secrètes, mais la presse jouit d'une grande latitude pour les révéler. Dans *New York Times v. Sullivan* [4] de 1964, la Cour a tranché en faveur du journal, faisant passer « un débat libre et ouvert sur le comportement des élus et responsables politiques » avant les atteintes à la réputation de ces représentants que peuvent causer des erreurs factuelles. Pour

---

1. *Roth v. United States,* 350 US 4 76 (1957) et *Miller v California* , 413 US 15 (1973).

2. *Brandenburg v. Ohio*, 395 US 444 (1969).

3. Les États-Unis acceptent l'idée que brûler un drapeau est un moyen de contestation et d'expression garantie constitutionnellement et que le drapeau ou l'hymne national n'ont pas à être protégés dans le cadre d'une « démocratie procédurale ». Voir Judith Wise, « Dissent and the Militant Democracy, the German Constitution and the Banning of Free German Workers Party », *5 U.L Sch. Roundtable* 1998, p. 305.

4. *New York Times Co. v. Sullivan*, 376 US 254 (1964).

le juge Hugo Black, le droit de dire ce que l'on souhaite constitue «la garantie minimale du 1er Amendement». Par ailleurs, dans *New York Times v. U.S* [1] de 1971, la Cour a refusé d'accéder aux demandes du Président Nixon qui voulait interdire la publication des *Pentagon Papers*, révélés par Daniel Ellsberg, par le *New York Times* et le *Washington Post,* assimilant la requête à une censure préalable, interdite sauf si le gouvernement peut établir l'existence d'un «danger clair et immédiat». Selon la Cour, il était absent ici puisque les informations révélées étaient anciennes et ne mettaient pas en danger la sécurité nationale. Le résultat est une culture de la fuite qui remonte à loin et qui est tolérée, voire encouragée.

Une « culture de la fuite » au service des médias

Le mot « fuite » renvoie généralement à la divulgation non autorisée d'informations classées défense ou d'informations protégées par une règle de confidentialité à un destinataire non autorisé. Les fuites en violation d'une loi (sur la sécurité nationale, par exemple) peuvent faire l'objet de sanctions, mais ce n'est pas le cas des fuites quotidiennes émanant de la Maison-Blanche qui n'entrent pas dans ces catégories. D. Trump n'est pas le premier Président à détester la pratique des fuites; H. Truman en 1955 disait déjà : «95 % de nos informations secrètes ont été révélées par des journaux et des magazines». Et si les deux affaires récentes les plus connues ont été le fait d'employés subalternes (Manning et Snowden), la majorité des fuites provient de hauts responsables. Elles sont en fait un outil nécessaire de la gouvernance démocratique et contrebalancent la tendance accrue du gouvernement à invoquer le secret. Selon un ancien rédacteur du *New York Times*, sans les fuites, il n'y aurait aucun reportage adéquat sur les questions diplomatiques, militaires et politiques et aucun système mature de communication entre le gouvernement et le peuple. Les fuites de documents classés secrets sont si fréquentes que le système est décrit comme une méthode habituelle de communiquer sur les agissements du gouvernement. Les lecteurs s'y sont habitués, considérant normal l'accès à ces informations.

1. *New York Times Co. v. United States*, 403 US 713 (1971).

Concernant la divulgation d'informations protégées, la loi sur l'espionnage de 1917 [1] a été peu utilisée avant 2009, à l'exception des poursuites intentées en 1971 contre Daniel Ellsberg, qui durent être abandonnées en raison des manquements commis par l'accusation [2]. Mais, depuis 2009, plusieurs employés ont été poursuivis pour avoir divulgué des informations confidentielles à la presse, en violation de cette loi. En huit ans, l'administration Obama a intenté des poursuites dans huit affaires impliquant des fuites et des lanceurs d'alerte. Elle a ainsi poursuivi des fonctionnaires [3], des contractuels (Snowden) ou des militaires (Manning) ayant divulgué des informations à des journalistes. Dans les deux cas du soldat Manning [4] et du contractuel Snowden [5], les fuites étaient à grande échelle et ont eu des conséquences politiques. Outre la multiplication des poursuites et un durcissement des sanctions contre les « lanceurs d'alerte » poursuivis en justice, l'administration a été tentée d'appliquer la loi aux journalistes. Sous G. W. Bush dans l'affaire de la révélation de l'identité d'un agent de la CIA, Valérie Plame, plusieurs journalistes ont reçu des assignations à comparaître ; ils ont dû témoigner devant un *grand jury* (dont le rôle est de décider ou non d'une mise en examen) et communiquer le nom des responsables politiques qui avaient divulgué son identité [6].

---

1. La loi sur l'espionnage de 1917 prévoit des sanctions pénales pour ceux qui se procurent et divulguent des informations touchant à la Défense nationale (sections 793 et 794).

2. « Pentagon papers Charges are Dismissed », *New York Times*, 12 mai 1973.

3. Un ancien agent de la CIA, J. Sterling, a été condamné le 26 janvier 2015 pour avoir communiqué des informations classifiées à un journaliste du *New York Times*.

4. Chelsea Manning (anciennement Bradley) fut condamnée à 35 ans par la cour de justice des armées, mais sa peine fut commuée par B. Obama avant son départ de la Maison-Blanche en janvier 2017.

5. Les charges retenues contre lui sont si nombreuses qu'il risque 30 années de prison s'il revient aux États-Unis.

6. C'est un cas un peu particulier dans la mesure où l'identité avait été révélée pour discréditer son mari, ancien ambassadeur en Irak dont les propos touchant à l'absence d'armes de destruction massive en Irak embarrassaient l'administration Bush.

L'administration Obama a poursuivi plusieurs reporters afin de les contraindre à révéler leurs sources et obtenu en 2010 un mandat de perquisition pour se procurer les courriels personnels d'un reporter de Fox News. En résumé, le pouvoir a toujours cherché à rendre la tâche difficile aux médias, mais ceux-ci ont des outils pour résister aux tentatives d'intimidation et de désinformation [1]. C'est important car leur rôle est central pour alimenter la résistance des autres acteurs.

La résistance des États et de la société civile

Dans le dispositif constitutionnel, il y a partage du pouvoir entre l'État fédéral et les cinquante États fédérés, ces derniers constituant un contre-pouvoir essentiel. Ce sont eux qui jouissent de la compétence par défaut : à l'exception des prérogatives énumérées à l'Article I, section 8, de la Constitution, les États sont compétents dans tous les autres domaines et sont très attachés à leurs pouvoirs et prérogatives. Plusieurs (plutôt acquis aux Démocrates) ont immédiatement indiqué leur intention de résister à l'administration Trump, que ce soit en matière d'immigration ou de politiques environnementales. Mais lorsque le département de l'Intérieur a voulu ouvrir les zones maritimes sous contrôle fédéral à l'exploration pétrolière et gazière, ou lorsque l'administration a demandé aux États de fournir leurs listes électorales à la commission crée par le Président Trump, les États aux mains des Républicains se sont aussi rebellés et ont refusé.

L'environnement est traditionnellement un domaine de conflit entre les États et le gouvernement fédéral parce que le gouvernement fédéral fixe les règles et demande ensuite aux États de les mettre en œuvre. Sous B. Obama, les États « républicains » ont résisté quand l'agence EPA s'est efforcée de réglementer [2]. Ils ont contesté

1. « DOJ wants focus on reporter's personal life' in leak case, rather than seizing records », *Washington Examiner*, 10 juin 2018.

2. Elle a, par exemple, émis des règles fixant des normes de rendement énergétique moyen, les CAFE pour la fabrication des véhicules neufs et adopté des mesures afin de limiter les émissions de carbone provenant de sources fixes. Mais la Cour

chacune de ses décisions, arguant qu'elle constituait une violation de la loi, d'une règle ou de la Constitution [1].

Sous D. Trump, les États « démocrates » se sont mobilisés pour freiner le démantèlement des normes en matière de pollution ou de consommation énergétique prises par l'administration Obama. Le niveau de résistance dépend du rapport de force au sein des États fédérés. Les Etats totalement entre les mains des Démocrates (majoritaires dans les deux chambres et détenant le poste de gouverneur) étaient peu nombreux avant 2018, mais les élections de 2018 ont changé la donne. Ils contrôlent dorénavant 14 États quand les Républicains détiennent une *trifecta* (majorité dans les deux chambres et poste de gouverneur) dans 22. Dans les autres États, il y a contrôle partagé (*split control*), un gouverneur démocrate permettant de freiner le zèle des élus Républicains et de résister. Trente-six actions en justice ont été intentées en 2017 de façon conjointe par plusieurs ministères de la Justice (AG) d'États à gouvernance démocrate pour résister aux politiques anti-environnement de l'administration Trump, et 87 (*multi state litigation*) en 31 mois, beaucoup plus que sous B. Obama (78 en 8 ans) et sous G.W. Bush (76 en huit ans) et les États ont remporté 40 victoires, soit un taux de succès (victoire définitive ou appel) de 82 %.Trump et son administration ont perdu (à l'été 2019) au moins 85 fois. La prolifération des contentieux multi-États est le résultat d'un Congrès bloqué par la polarisation qui contraint les Présidents à recourir de plus en plus aux décisions exécutives unilatérales, susceptibles d'être contestées devant les juridictions fédérales. Cet état de fait encourage les États à agir par la voie du contentieux et représente une évolution fondamentale de l'ordre

---

suprême n'a pas entièrement suivi. Voir Anne Deysine, « Les États-Unis et le changement climatique », *Questions internationales*, n° 78, mars-avril 2016.

1. Sur le plan juridique, un argument souvent invoqué est l'ingérence du gouvernement fédéral qui aurait outrepassé ses pouvoirs en vertu de la jurisprudence Rehnquist des années 90 en matière de fédéralisme et de souveraineté des États. Voir Anne Deysine, *Les États-Unis aujourd'hui, permanence et changements*, La Documentation française, 2006.

constitutionnel [1]. D'autant que dans les contentieux multi-États, il est facile de faire du *forum shopping* et de choisir la juridiction et le ressort d'appel les plus favorables. Malgré les dénégations du président de la Cour suprême, les parties et leurs avocats savent qu'elles ont de meilleures chances dans les Circuits comprenant davantage de juges nommés par un Président de leur bord. Ainsi les succès contre D. Trump ont été nombreux au sein du 9e Circuit [2] et particulièrement en Californie, et dans les États du Montana et de Washington où les juges « démocrates » sont en majorité. Et les victoires contre B. Obama ont souvent été données aux Républicains par le 5e Circuit (qui inclut le Texas) où ils peuvent espérer davantage de compréhension de la part de juges nommés par des Présidents républicains. Les contentieux permettent de suspendre ou retarder l'application, plus rarement d'y mettre un coup d'arrêt.

Mobilisations et alliances

Dans le cas du retrait des États-Unis de l'accord sur le climat, les États « démocrates » ont rejoint la mobilisation des groupes d'intérêts privés, des groupements écologiques, des entreprises du secteur des énergies renouvelables et des assurances (convaincues qu'il est dans leur intérêt de lutter contre le réchauffement climatique). En matière d'immigration, les initiatives du Président ont déclenché une résistance immédiate, protéiforme, associant selon les cas et les sujets, individus, citoyens, États, groupes de défense des libertés, acteurs privés, entreprises, qui ont porté la question en justice. Il y a eu le décret immigration, la politique de tolérance zéro en matière d'immigration qui aboutit à séparer de jeunes enfants de leurs parents et le changement des règles en matière d'asile. L'État de Washington a été le premier à intenter une action contre le premier

1. Les ministres de la justice de Californie et de New York se sont servis de ces affaires pour augmenter leur visibilité médiatique et leur profil au niveau national en assumant des rôles réservés historiquement aux membres du Congrès.

2. Ces avantages ont diminué en raison des nombreuses nominations de juges « conservateurs » par D. Trump même au sein du 9e Circuit. Étude statistique compilée par Paul Nolette, université Marquette.

décret fermant le territoire américain à de nombreux ressortissants de sept pays à majorité musulmane. D'autres juridictions (New York, Boston, Virginie) ont été saisies et les universités ont rejoint les actions en justice afin de résister au décret qui les prive d'étudiants étrangers. Car ceux-ci remplissent deux missions essentielles dans le système américain, financer le système universitaire qui repose sur des droits d'inscription élevés et former les futurs scientifiques qui au niveau du 3e cycle (*graduate* et *post graduate*) sont indispensables à la bonne santé économique et à la suprématie scientifique du pays. Or, ils viennent d'Asie, du Moyen-Orient et de plusieurs pays visés par le décret. Les entreprises, et pas seulement celles de la Silicon Valley, ont été nombreuses à publier des lettres ouvertes et dans le cadre des actions en justice et à présenter des pétitions « amis de la cour » [1], ces requêtes soumises après autorisation de la Cour par des entités non directement parties au contentieux. Dans l'une de ces pétitions, elles argumentent que le décret porte préjudice à l'image des États-Unis et à leurs programmes du recrutement, les empêchant de faire appel à la main-d'œuvre en provenance des sept pays visés par le premier décret. À chaque fois que l'administration Trump a agi en matière d'immigration ou d'environnement, des coalitions diverses incluant des États progressifs comme la Californie, Hawaï ou l'État de Washington (représentés par leur ministère de la Justice), des groupes, des universités, des entreprises ont contesté les décisions devant les tribunaux fédéraux. Le recours peut être de nature constitutionnelle (le Président a outrepassé ses pouvoirs) ou infra-constitutionnelle (il y a violation de la loi) et les requérants ont en un premier temps obtenu gain de cause.

Les groupes en action

Sur d'autre sujets, la résistance a été le fait de certains groupes et minorités ; les écoliers et les jeunes déterminés à obtenir une loi sur le contrôle des armes à feu et des politiques ambitieuses en matière de lutte contre le réchauffement climatique ou les femmes qui ont pris leur destin en main, luttent contre le harcèlement sexuel et le droit à l'avortement, et se sont portées candidates en nombre jamais

1. Anne Deysine, *La Cour suprême*, *op. cit.*, ch. 5.

atteint auparavant [1]. C'est aussi le cas des Noirs et des femmes noires qui ont joué un rôle majeur dans une élection partielle en Alabama, puis en novembre 2018 dans un pays où la question raciale n'a pas disparu. La place de la guerre de Sécession dans l'imaginaire américain explique que de nombreux Noirs se voient simultanément comme Américains et appartenant à l'Amérique et aussi comme séparés d'elle et attaqués par elle. Le grand auteur W.E.B. Du Bois a écrit sur la « double conscience » : « On se sent à jamais double – Américain et Nègre : deux âmes, deux pensées, deux tensions irréconciliables ; deux idéaux qui se font la guerre dans un corps noir que seule sa force tenace empêche de voler en éclats ». C'est particulièrement vrai aujourd'hui avec un Président raciste à la Maison-Blanche qui donne instruction à son ministre de la Justice de revenir sur toutes les politiques visant à améliorer la situation des Noirs et les relations entre eux et la police.

Les groupes d'intérêt public voient depuis 2017 une montée forte du nombre des adhésions et des dons [2] par rapport à la période de la Présidence Obama. Tous disposent de sites internet riches, ainsi l'ACLU (Association pour la défense des libertés fondamentales), la NAACP (Association pour la défense des gens de couleur), l'EEF (Fondation pour le respect à la vie privée électronique), et de nombreuses autres luttant sur différents volets de la moralisation de la vie politique : *Common Cause*, le *Center for Public Integrity* et CREW (*Citizens for Responsibility and Ethics in Washington*). La tradition philanthropique et un régime fiscal favorable permettent à ces associations d'être non seulement présentes dans chacun des cinquante États, mais de disposer de ressources humaines et financières leur permettant de « monter » des affaires en justice : par exemple, l'ACLU pour le décret immigration, CREW pour la clause d'émoluments· Dans ces affaires, il y a coopération entre les médias, les citoyens et les associations. En bref, les mouvements de

1. Seize mille demandes d'aides adressées à *Emily's list* qui a soutenu activement une cinquantaine de candidates en 2018.

2. « The ACLU's Membership Has Surged and It's Putting Its New Resources to Use », *Fortune*, 5 juillet 2018.

résistance sont nombreux et tous ont recours à un moment à l'arme juridictionnelle, le recours au contentieux.

L'objet du recours

Une affaire peut être intentée pour continuer dans l'arène judiciaire le combat politique perdu et pour empêcher l'entrée en vigueur d'une loi ou la mise en œuvre du programme du Président. De nombreuses lois ont fait l'objet de recours, mais durant l'administration Trump, ce sont surtout les actes et décrets du Président qui ont suscité des contentieux.

Contester une loi

À la suite des dérives de l'affaire du Watergate, le Congrès a été poussé à voter la loi FECA de 1971 réformant le financement des élections et à la compléter en 1974. Une action en justice a immédiatement été intentée, les requérants considérant que les plafonds de contributions et de dépenses fixés par la loi constituaient une violation de la liberté d'expression garantie par le 1er Amendement. Ils ont obtenu gain de cause pour les dépenses, qui depuis la décision *Buckley* (1) ne peuvent être et ne sont pas limitées. La jurisprudence actuelle *Citizens United* de 2010 qui en découle est fondée sur une conception absolutiste du 1er Amendement et à l'origine des graves dysfonctionnements en matière de financement des élections (2).

Plus récemment, la loi d'assurance santé ACA, adoptée en 2010 après dix mois de tractations et de *lobbying* intense du Président Obama, a immédiatement été contestée par les Républicains. Les demandeurs étaient une vingtaine d'États ainsi que plusieurs organisations dont la Fédération nationale des entreprises

1. *Buckley v. Valeo*, 424 US 1 (1976).

2. « Argent et élections aux États-Unis », Anne Deysine, *Potomac Paper*, n° 27, juin 2012, téléchargeable sur le site de l'Ifri.

indépendantes (NFIB). Ils avaient perdu la bataille législative, mais continuaient l'opposition sur le front juridictionnel. Dans la première affaire (*NFIB v. Sebelius*[1]), ils ont demandé aux tribunaux de juger que l'obligation de s'assurer (le *mandate*), pilier de la loi, constituait une violation de la clause du commerce. Une majorité de cinq juges, dont le *Chief Justice* Roberts ajoutant sa voix à celles des quatre progressistes, valida le *mandate* sur la base des pouvoirs du Congrès en matière d'impôt. C'était une victoire pour B. Obama, mais une victoire à la Pyrrhus. Dans la mesure où les juges conservateurs sont traditionnellement hostiles[2] à toute extension du pouvoir fédéral, l'opinion restreint pour l'avenir le recours à la clause du commerce.

La loi ACA comportant un millier de pages, il a ensuite été possible aux opposants de contester d'autres dispositions et volets de la loi. Dans une deuxième affaire, il s'agissait des places de marché[3] sur lesquelles les Américains pouvaient acheter leur assurance médicale et de la façon dont l'administration Obama avait mis en œuvre la loi et les subventions prenant en charge une partie des primes d'assurance médicale pour les individus. On touche ici au cœur du fédéralisme avec des implications économiques importantes. Le dispositif fut validé[4], mais les Républicains n'abandonnèrent pas et s'en prirent ensuite à la couverture en matière de contraception prévue dans les plans d'assurance médicale. Pour les demandeurs,

---

1. *National Federation of Independent Business v. Sebelius*, 567 US 519 (2012).

2. L'opinion rédigée par le *Chief Justice* prend soin de ne pas fonder la validation sur la clause du commerce. Très restrictive, elle aura des conséquences quant au recours ultérieur par le Congrès à la clause du commerce ou au pouvoir de créer des impôts (*taxing power*). L'hostilité était apparue clairement lors de l'audience durant laquelle le juge Scalia, pour faire comprendre les dangers de cette montée du pouvoir fédéral, avait demandé : « Quand nous demandera-t-on de manger du brocoli parce que c'est bon pour la santé ? ».

3. La loi prévoit que les États créent des places de marché d'assurance médicale (*state exchanges*) mais seuls 14 d'entre eux en ont effectivement créés, les 34 autres États dirigés par des Républicains ayant refusé. L'administration Obama était alors intervenue pour créer des places de marché fédérales (*federal exchanges*).

4. *King v. Burwell*, 576 US ___ (2015).

la famille Green qui possède le groupe Hobby Lobby, chaîne de 500 magasins employant 13 000 personnes, le simple fait de fournir cette couverture constituait une atteinte à la liberté religieuse. La famille a organisé son entreprise autour des principes de la foi chrétienne et explicitement exprimé son désir de diriger la société en conformité avec les préceptes de la Bible, l'un d'entre eux étant que la contraception est immorale. Hobby Lobby a intenté une action contre la ministre de la Santé, Kathleen Sebelius, contestant l'obligation de fournir une contraception. Or, la loi impose aux employeurs de proposer des méthodes contraceptives approuvées par l'Agence des médicaments (FDA) et ne prévoit d'exemptions (*waivers*) que pour les employeurs religieux et les institutions religieuses à but non lucratif, et non pour les entreprises de nature commerciale à but lucratif. La décision *Hobby Lobby* (1) accorde aux sociétés commerciales la même possibilité qu'aux organisations religieuses à titre gratuit qui peuvent demander à bénéficier de l'exemption (*waiver*) prévue par la loi ACA. Pourtant cela ne suffit pas à la droite. Dans une autre affaire, des institutions religieuses (2) considèrent que le simple fait de demander à bénéficier de l'exemption (qui pourtant leur permet de ne pas financer directement la contraception de leurs employés) les rend « complices » de pratiques qu'ils assimilent à des avortements. On se contentera ici de constater la variété de ceux qui sont susceptibles de contester une loi devant les juridictions fédérales, la palette des moyens invoqués et celle des réponses possibles. Le moyen utilisé peut être le recours en inconstitutionnalité (FECA, *mandate*) ou la mauvaise interprétation de la loi (affaire des « places de marchés »). En conséquence, la Cour suprême est un acteur incontournable qui, en dernier ressort, peut soit valider et « autoriser » une loi et la mise en œuvre d'un programme du Président, soit au contraire les bloquer. D'où l'importance de son orientation plutôt conservatrice ou progressiste.

---

1. *Burwell v. Hobby Lobby*, 573 US ___(2014). Voir « The Supreme Court 's awful Hobby Lobby Decision just Spawned a very ugly Stepchid », *Los Angeles Times*, 19 août 2016

2. *Zubik v. Burwell*, 578 US ___ (2016).

La résistance aux actes du Président

Le Président Trump, insatisfait de l'accord obtenu par les membres du Congrès mi-février 2019, a déclaré l'état d'urgence afin de pouvoir utiliser pour «son» mur des sommes affectées à d'autres fins. C'est une atteinte aux pouvoirs du Congrès qui a contesté cet acte devant les juridictions, contentieux qui s'ajoute à ceux intentés par le groupe d'intérêt public *Public Citizens* (de la mouvance Ralph Nader) au nom d'une association écologique de la vallée du Rio Grande, *Frontera Audubon Society*, et à ceux de propriétaires privés s'opposant aux mesures d'expropriation à venir. Mais beaucoup d'actions en justice ont visé des décrets, comme l'annulation par D. Trump des textes DACA et DAPA pris par l'administration Obama [(1)], dans le but d'interdire à environ 3,5 millions de sans-papiers d'obtenir un permis de travail temporaire et une protection contre la déportation. Alors que les juridictions avaient suspendu l'application des décrets [(2)], D. Trump a tenu à les annuler. L'université de Californie, à laquelle s'associèrent un groupe d'États et de comtés et plusieurs requérants DACA ont porté l'affaire en justice. Et début 2018, un juge fédéral de première

1. Devant l'incapacité du Congrès à voter la moindre réforme de l'immigration, B. Obama avait avait eu recours à «la plume», tant décriée par les Républicains lorsqu'elle est utilisée par un Président démocrate. Il avait hiérarchisé les procédures de déportation et suspendu les poursuites pour deux catégories de «sans papiers» : les *Dreamers*, ces enfants arrivés à un jeune âge (de façon illégale sur le territoire américain avec leurs parents) et devenus de jeunes adultes bien intégrés (décret DACA) ; et les parents d'enfants nés sur le territoire américain (décret DAPA).

2. Les Républicains du Texas et de 25 autres États aux mains des Républicains ont invoqué une prise de pouvoir inconstitutionnelle par le Président en violation du principe de séparation des pouvoirs et été suivis en première instance puis en appel le 9 novembre 2015. La Cour suprême a clôturé le cheminement juridictionnel dans l'affaire *United States v. Texas* (579 US_ (2016) ; mais ne comptant que huit juges (en raison du décès du juge Scalia et de son non-remplacement), elle fut incapable de dégager une majorité, donnant ainsi force à la décision de la cour d'appel pour le 5e Circuit et bloquant *de facto* les décrets Obama.

instance à San Francisco [1] suspendait l'application du décret, jugeant la suppression du programme DACA illégale et concluant que le décret était « arbitraire et capricieux », donc en violation de la loi sur la procédure administrative (APA).

Le juge Alsup jugea que les requérants avaient de grandes chances de prévaloir au fond et choisit de rendre une injonction au plan national car « notre pays a un intérêt fort à ce que l'application du droit de l'immigration soit uniforme », ajoutant que limiter l'interdiction à certains États ou requérants « provoquerait des milliers de procès individuels dans tout le pays ». Lui et un autre juge fédéral à Brooklyn, le juge Garaufis, ont estimé que le Président jouit bien du pouvoir de mettre fin au programme, mais il doit le faire en respectant les règles. Le juge Alsup écrit : « Lorsque le gouvernement change abruptement de politique et met fin à un programme sur lequel comptent tant de personnes, la loi APA exige une justification plus détaillée ». Et, souligne le juge, en dépit de ce que soutient le ministre de la Justice, « c'est le rôle quintessentiel des juridictions de se prononcer sur une (éventuelle) illégalité ». L'administration Trump demanda, sans succès, à la Cour suprême d'accepter l'affaire en procédure accélérée sans attendre la décision d'appel [2]. La pétition adressée à la Cour suprême envoyait le message fort que l'administration n'avait pas confiance dans le juge Alsup, très respecté et compétent par ailleurs. En refusant d'intervenir en urgence dans un domaine qui relève des autres branches, les juges suprêmes ont évité l'écueil de mettre en danger leur crédibilité et leur légitimité. Mais, ne cédant pas au chantage de l'administration, la Cour suprême n'est désormais plus à l'abri des critiques du Président. À terme, la question est simple : la Cour suprême va-t-elle se transformer en auxiliaire du Président ou jouer son rôle de défenseur des normes et de rempart entre le Président et la primauté du droit ?

1. Affaire *DHS (Département de sécurité nationale) v. Regents of the University of California*. Et en appel, *Regents of the University of California v. USDHS*, No. 18-15068 (9th Cir. 2018).

2. L'avocat de l'administration Trump a tenté de justifier la demande sur le précédent de l'affaire *US v. Nixon* de 1974 qui était une vraie urgence. Rien de tel ici.

Le décret anti-immigration (Muslim Ban) *du Président Trump*

Durant la campagne, D. Trump s'était engagé régulièrement et avec force à fermer l'accès du pays aux Musulmans et il tient sa promesse. Une semaine après son investiture, le 27 janvier 2017, il promulgue en fanfare devant les médias un premier décret présidentiel visant à suspendre indéfiniment toute demande d'asile en provenance de Syrie et bloquer les examens de demandes d'asile pendant quatre mois et toutes les demandes de visas pendant trois mois pour les ressortissants de sept pays à majorité musulmane nommément désignés. Selon des chiffres publiés par le *think tank* libertarien conservateur CATO, aucun citoyen de ces pays n'a en 15 ans été responsable d'un seul mort aux États-Unis, information confirmée par un rapport du département de la Sécurité intérieure (DHS) qui fuita plus tard [1]. Selon les auteurs, la nationalité n'est pas un bon critère et le décret loin d'améliorer la sécurité nationale – son objectif affiché – contribuait à rendre l'Amérique moins sûre en confortant la vision des groupes terroristes d'une « guerre des civilisations ». En attisant les tensions, le décret aidait Daesh dans ses opérations de recrutement et accroissait les risques d'attentats aux États-Unis.

Sur le fond, le décret première mouture était contraire à la clause de liberté religieuse interdisant de discriminer, à la clause de *due process* – légalité processuelle – des 5e et 14e Amendements et à plusieurs lois en matière d'immigration, dont les lois de 1965 qui interdisent toute discrimination en raison de la nationalité en matière d'immigration. Dès le lendemain de la promulgation, l'Association de défense des libertés fondamentales (ACLU) intentait une action en justice devant la juridiction fédérale du district est de New York attaquant le décret. Un premier juge, acceptant de statuer un samedi soir, a interdit la déportation des deux Irakiens (qui avaient travaillé avec les militaires américains) à l'origine du recours et de ceux déjà arrivés sur le territoire américain. Cette décision, qui s'apparente à une ordonnance de référé, concluait au préjudice irréparable pour

1. En revanche, ni l'Égypte ni l'Arabie Saoudite d'où étaient originaires Ben Laden et les autres responsables des plus de 3 000 morts causés par les attentats terroristes du 11 septembre 2001 ne figuraient dans la liste.

les deux Irakiens concernés et, en réponse à la requête de l'ACLU, jugeait que l'administration Trump ne peut déporter les individus visés par le décret, quel que soit le point d'entrée sur le territoire, tant qu'une juridiction n'a pas statué au fond.

Plusieurs autres juges furent immédiatement saisis en procédure d'urgence par les intéressés, des associations de défense comme l'ACLU et des États, ainsi l'État de Washington suivi par le Minnesota et 17 autres. Plus de cent grandes entreprises de la Silicon Valley s'associèrent au recours des États et furent rejointes par des plus petites du secteur des technologies qui intervenaient en tant qu'« ami de la Cour » (*amicus curiae*) et détaillaient les préjudices subis. Selon la requête, le décret portait préjudice à l'image des États-Unis et aux programmes de recrutement, empêchant les entreprises de faire appel à la main-d'œuvre en provenance des pays visés par le décret. Le juge Robart de Seattle décida lui aussi, le 3 février 2017, de suspendre l'application du décret, jouant son rôle de gardien de la Constitution et des droits et libertés. Malgré les accusations du Président et de son équipe, ce n'est pas de l'acharnement contre le nouveau Président ; il s'agit d'un fonctionnement « normal » des institutions et ce sont des décisions fondées. C'est une procédure d'urgence, et donc les juges ne se sont pas prononcés au fond sur les violations alléguées de la Constitution et de la loi, mais ils ont tenu compte des plus que probables atteintes à la Constitution et aux lois sur l'immigration pour décider de suspendre l'application du décret.

Le Président a renoncé à défendre le premier décret, et un nouveau texte a été présenté le 6 mars 2017. Il ne visait plus l'Irak ni les détenteurs de visas et de cartes vertes et semblait moins directement en violation de la clause de liberté religieuse dans la mesure où il ne comportait pas de disposition spéciale pour les Chrétiens. Malgré tout, le nouveau texte qui visait les ressortissants de six pays à majorité musulmane fut contesté dès le 7 mars, et a fait l'objet d'une suspension temporaire ordonnée par le juge de la juridiction d'Hawaï. Une troisième mouture du décret a alors été préparée qui élargit la liste des pays visés en ajoutant la Corée du Nord et le Venezuela sans doute pour atténuer les risques d'invalidation mais les six pays d'origine à majorité musulmane y figurent toujours. Quand ce texte a été contesté par une association qui œuvre pour les réfugiés, *International Refugee Assistance Project*[1], les juridictions fédérales du Maryland et de Hawaï ont bloqué la mise en application du texte, mais uniquement pour ceux qui pouvaient invoquer « un lien de bonne foi » avec une personne de leur famille déjà aux États-Unis ou avec une institution, une université par exemple. En d'autres termes, les juges ont restreint le champ d'application du texte en tenant compte d'une opinion non signée et non motivée rendue par la Cour suprême en juin 2017 dans laquelle celle-ci exemptait ceux qui pouvaient invoquer un « lien avec une personne ou une institution sur le territoire américain ».

Malgré les décisions des deux cours d'appel (du 9e et du 4e Circuit) jugeant que le Président avait outrepassé ses pouvoirs et qu'il appartenait au Congrès de légiférer, la Cour suprême a accordé une victoire politique à D. Trump dans sa décision *Trump v. Hawaï*[2] de juin 2018 rendue à cinq voix (les conservateurs) contre quatre. Elle a évacué la question des pouvoirs du Président et conclu à l'absence de violation de la clause d'établissement en matière de liberté religieuse. Le *Chief Justice* auteur de l'opinion de la majorité [3] s'est efforcé d'expliquer les raisons pour lesquelles la majorité a séparé l'homme de la fonction présidentielle et a refusé de prendre en compte les multiples déclarations discriminatoires du Président. Il souligne que le Congrès a confié au Président l'autorité de déterminer quand « l'entrée des étrangers sur le territoire américain peut être contraire à l'intérêt national ». L'opinion de la majorité ne convainc pas les juges de la minorité et en particulier la juge Sotomayor, auteur avec la juge Ginsburg d'une opinion dissidente virulente, dont elle lut de longs passages lors de l'annonce de la décision le 26 juin 2018. La droite et les pro-Trump avaient espéré que les juridictions feraient

1. *Donald J. Trump, President of the US, et al. v. Applicants International Refugee Assistance Project, et al.* et *Donald J. Trump, President of the US, et al., Applicants v. Hawaî et al.*

2. *Trump v. Hawaii,* No. 17-965, 585 US ___ (2018).

3. « Supreme Court rules in favor of Trump's travel ban, The court says the ban is a typical government policy – not an expression of Trump's feelings about Muslims », *Vox*, 26 juin 2018.

preuve de « déférence » vis-à-vis des décisions du Président et que la Cour suprême finirait par valider. C'est ce qui s'est produit.

La bombe à retardement des nominations…

Le niveau de résistance des juges dépend de la composition des juridictions fédérales et pas seulement de la Cour suprême car les cours d'appel sont les juges de dernier ressort dans 99 % des affaires [(1)]. Or, quand B. Obama a quitté la Maison-Blanche, 160 postes sur les 1 000 environ de juges fédéraux étaient à pourvoir. La responsabilité était partagée entre un Président qui a agi trop lentement et n'a pas suffisamment perçu les enjeux et un Sénat dominé par les Républicains qui a bloqué au maximum les nominations du Président démocrate. Depuis, D. Trump a obtenu la confirmation de 43 juges d'appel pendant les trente premiers mois de sa Présidence, soit au total 25 % de tous les sièges d'appel et 144 au total. C'est grâce à l'appui de la *Federalist Society* à qui il a sous-traité la sélection de candidats conservateurs et la complicité active du *leader* républicain du Sénat, Mitch McConnell. Celui-ci a d'ailleurs décidé en 2019 d'accélérer le processus de confirmation en passant la durée du débat à deux heures, au lieu de trente auparavant.

Compte tenu du rôle du pouvoir judiciaire, les nominations aux postes de juges fédéraux sont une bombe à retardement dont il est trop tôt pour juger les effets. Tous les candidats nommés par D. Trump sont membres de la *Federalist Society*, institution créée dans les années 80 pour lutter contre ce que l'administration Reagan et son ministre de la Justice, Ed. Meese, appelaient la « gauchisation » des juridictions fédérales. Et ce sont de jeunes juges d'à peine 40 ans et qui pourront sans doute siéger pendant 40 ans. Sont-ils tous les idéologues et les « activistes » que dénoncent les Démocrates, arrivant avec un « agenda » qui risque de nuire à leur nécessaire indépendance ? L'avenir le dira, mais il faut donc d'ores et déjà envisager la situation où avec la nomination de

1. Les juges des cours d'appel jouent un rôle essentiel car la Cour suprême n'acceptant que 80 affaires par an, les décisions des cours de *Circuit* sont en fait les décisions définitives dans la quasi-totalité des cas.

143 juges aux positions conservatrices extrémistes, l'équilibre des juridictions serait durablement modifié. En 2017, plusieurs juridictions de première instance (*district courts*) et des juridictions d'appel, celle du 9e Circuit qui représente l'ouest des États-Unis et qui est traditionnellement progressiste mais également celle du 4e Circuit dans le sud des États-Unis, ont conclu à l'illégalité et l'inconstitutionnalité du décret anti-immigration du Président. Les réponses et les décisions seront-elles les mêmes, dans ce domaine et dans d'autres, une fois que les nouveaux juges commenceront à siéger et à juger (1) ? À la Cour suprême, le remplacement en 2018 du juge pivot Kennedy par un « vrai conservateur », Brett Kavanaugh, a changé la donne en matière de séparation des pouvoirs (2) mais aussi d'avortement et de vie privée et pour tout ce qui touche aux droits civiques et politiques comme aux droits économiques et sociaux.

---

1. Alors que deux juridictions de première instance avaient conclu que dans l'action intentée contre l'hôtel Trump dans la capitale fédérale, les requérants justifiaient d'un intérêt à agir, une formation (*panel*) de la cour d'appel du 4e Circuit composée de trois juges nommés par des Présidents républicains (dont un par D. Trump) a infirmé leur décision, « Appeals court dismisses emoluments lawsuit involving Trump's DC hotel », *Washington Post*, 10 juillet 2019.

2. Alors que la Cour n'était plus en session au mois de juillet 2019, elle a rendu une opinion non signée à cinq voix contre quatre validant la « confiscation » pour la construction du mur de 2,5 millions de fonds attribués au Pentagone en violation des intentions du Congrès. « Supreme Court says Trump can proceed with plan to spend military funds for border wall construction », *Washington Post*, 27 juillet 2019.

Partie III

L'état des droits et libertés

Les attaques répétées contre les institutions et les valeurs constitutionnelles minent l'État de droit et la primauté du droit. Plus largement, les politiques suivies sont des assauts contre les droits et libertés inscrits dans la Constitution des États-Unis et contre les droits économiques et sociaux. Le Président Trump, son administration, son ministre de la Justice poursuivent des politiques anti-minorités diamétralement opposées à celles de B. Obama et allant à l'encontre des idéaux des documents fondateurs : Déclaration d'indépendance, Constitution, 14e Amendement. Certaines de ses politiques sont aussi défavorables à ses électeurs. Car si l'objectif est de « rendre l'Amérique aux Américains », donc aux Blancs, elles les privent de leurs acquis sociaux. Ainsi, le directeur du Budget placé par D. Trump à la tête du Bureau de protection financière des consommateurs (CFPB [1]) s'est donné pour mission de paralyser l'institution et a diminué le nombre des régulations protectrices et des poursuites intentées. Le projet d'ajouter une question sur la nationalité dans le questionnaire du recensement de 2020 était une tentative mal dissimulée de l'administration de dissuader les Hispaniques de répondre à ce questionnaire et ensuite de voter, même lorsqu'ils y ont droit. Le double bénéfice aurait été de priver les Démocrates des suffrages des Hispaniques qui votent majoritairement pour eux et de priver les États à large population immigrée, en majorité des fiefs démocrates tels la Californie ou New York d'une partie de leur représentation à la chambre des Représentants, des « grands électeurs » pour l'élection présidentielle que leur attribue la Constitution et de leur part des 800 milliards de dollars de fonds fédéraux, qui tous dépendent de la population recensée dans l'État.

---

1. Créé par la loi Dodd-Frank sous l'impulsion d'E. Warren après la crise de 2008.

Chapitre 7
Le recul des droits civiques et politiques

Il s'agit ici de s'attacher essentiellement au droit de vote et à la façon dont son exercice peut être entravé au point de constituer un obstacle au système représentatif. En ce qui concerne les droits et libertés, l'accent est mis sur ceux ce qui sont particulièrement en danger, le droit à l'avortement instrumentalisé – par D. Trump pour se faire élire, même si les législations restrictives ne sont qu'indirectement de son fait – et les droits des minorités, domaine dans lequel il réactive un historique raciste et intolérant jamais véritablement éradiqué.

Droit de vote et système représentatif

Le droit de vote n'est pas suffisant pour garantir le caractère démocratique d'un système, mais il est indispensable pour qu'existent un système représentatif et le *self-government*. Ce concept qui renvoie au gouvernement du peuple par le peuple et pour le peuple est central dans la Déclaration d'indépendance mais n'est pas au cœur du dispositif constitutionnel. Pour des raisons historiques, le droit de vote est abordé de façon indirecte dans la Constitution et la question du système représentatif n'est pas posée.

Les paradoxes du droit de vote

Le vote est un droit mentionné dans la Constitution qui confie sa mise en œuvre aux États fédérés. Il est central dans un système représentatif mais boudé par les électeurs, ainsi qu'en témoignent les chiffres généralement élevés d'absention. Il est attaqué dans certains États dans une tentative à peine voilée des majorités républicaines d'ancrer le *statu quo* et asseoir leur domination dans la durée. La question de savoir si le droit de vote est un droit fondamental n'a pas été tranchée par la Cour suprême qui a selon les affaires répondu par l'affirmative ou par la négative. Selon le professeur Chemerinsky, elle aurait affirmé à plusieurs reprises que le droit de vote est un droit fondamental protégé par la clause d'égale protection, pour la première fois en 1886 dans l'affaire *Yick Wo* [1] puis en 1932 dans l'affaire *Smiley v Holm* [2]. Pour Lani Guinier [3], le droit de vote devrait être un droit fondamental car il est au cœur du gouvernement par le peuple *(self-government)* ; c'est « la revendication du droit à exprimer des idées et les faire représenter ». Pour lui, voter ne consiste pas simplement à gagner un siège ou une élection. Les citoyens participent et font de la politique afin que leurs idées et leurs intérêts soient représentés. Mais pour Richard Hasen [4], il n'est pas si évident que le droit de vote soit un droit fondamental [5], et il cite la délicate affaire de 2000. La Cour a identifié plusieurs droits non énumérés dans la Constitution qu'elle a jugés fondamentaux en vertu de leur importance pour garantir la liberté individuelle et le *self-government* et qui bénéficient de la pleine protection de la Constitution. Mais elle a jugé que d'autres n'étaient pas fondamentaux, ainsi le droit à recevoir une éducation publique qui n'impliquerait pas les intérêts individuels fondamentaux au cœur du *self-government.*

Le droit de vote d'abord restreint aux hommes et aux propriétaires fonciers a été progressivement élargi au cours d'une longue conquête

1. *Yick Wo v. Hopkins*, 118 US 356, 370 (1886). La Cour y analyse le concept de souveraineté et juge que le droit de vote est un droit politique fondamental.

2. *Smiley v Holm*, 285 US 355, 366 (1932).

3. Lani Guinier, *The Tyranny of the Majority, Fundamental Fairness in a Representative Democracy*, Free Press, 1994.

4. Richard Hasen, « *Bush v. Gore* and The Future of Equal Protection Law in Election », 29 *Florida State University Law Review*, 377, 378-79 2001.

5. Joshua Douglas, « Is the Right to Vote Really Fundamental? », *Cornell Journal of Law and Public Policy*, vol. 18, 143, 2007.

dont les acquis ne sont pas irréversibles. En effet, la Constitution des États-Unis confie l'organisation des scrutins et le choix des critères d'accès au vote aux États fédérés (Article I, section 4), mais elle laisse la porte ouverte aux interventions fédérales. Le droit de vote s'est construit négativement par le biais d'interdictions posées par le gouvernement fédéral *via* des amendements à la Constitution puis des lois fédérales votées par le Congrès [1]. Les amendements sont rédigés sous forme d'interdiction faite aux États de discriminer contre certaines catégories, d'abord les Noirs (15e Amendement en 1870), puis les femmes (19e Amendement [2] en 1920). Et parce que la ségrégation n'avait pas disparu, le Congrès a adopté les législations nécessaires et en particulier la loi sur les droits civiques (CRA) en 1964, puis la loi sur le droit de vote (VRA) en 1965 imposant l'une et l'autre des obligations aux États. Le 23e Amendement (1961) a conféré aux habitants de la capitale fédérale (DC) le droit de participer aux élections présidentielles en accordant à DC le nombre « de sénateurs et représentants au Congrès auquel ce district aurait droit s'il était constitué en État », soit trois. Le 24e (1964) a interdit le cens électoral ou tout autre impôt (*any poll tax*). Enfin le 26e (1971) a abaissé à 18 ans l'âge auquel les citoyens peuvent voter.

Une démocratie à deux vitesses

Le droit de vote pour les Noirs est longtemps resté virtuel. Le directeur du programme *Racial Politics* à l'université de Berkeley explique que le 20e siècle américain a été une démocratie libérale uniquement pour le groupe ethnique majoritaire, les Blancs, apportant à eux seuls des réponses à leurs problèmes d'identité nationale et de réussite économique. La démocratie américaine a été une démocratie à deux vitesses qui ne réglait pas les problèmes des autres groupes ethniques. Pour les non-Blancs, l'Amérique

1. Les Amendements prévoient que « le Congrès aura pouvoir de donner effet au présent article par une législation appropriée ».

2. « Le droit de vote des citoyens des États-Unis ne pourra être dénié ou restreint en raison du sexe par les États-Unis ni l'un quelconque des États. »

n'était ni libérale ni démocratique. Robert Mickey montre [1] que la majeure partie du Sud était sous la coupe d'un parti unique, les Démocrates, et qu'il a fallu l'interdiction des primaires blanches [2] en 1944 et des réformes internes au parti Démocrate pour que le Sud commence à se démocratiser. Pour Carol Anderson [3], le consensus hors des États-Unis est que ce pays s'est longtemps situé très bas sur l'échelle de la démocratie, tant par la nature de ses institutions que par le fonctionnement de sa vie politique [4]. Aujourd'hui, il s'agit de déterminer si les États-Unis étaient finalement devenus une authentique démocratie libérale avant que D. Trump ne s'attaque aux institutions et aux valeurs de l'Amérique ou bien s'il y a toujours eu des courants non libéraux dans l'opinion que D. Trump a su capter à son profit. Carol Anderson étudie les manifestations à Ferguson, Missouri, et la façon dont la nation a été choquée, paralysée de crainte devant la rage noire, les images d'émeutes, d'incendies et de pillages. Pour elle, la rage blanche est tout aussi virulente que la rage noire mais elle est moins visible car elle a moins besoin de s'exprimer par la violence, si on excepte les manifestations de l'extrême droite (*Alt Right*). Elle sait utiliser avec efficacité le droit de vote, les rouages du gouvernement, les tribunaux et la bureaucratie. La question serait alors l'existence ou non de progrès et de désir de progrès. Ou, pour utiliser les mots de Carol Anderson, la démocratie est elle davantage une aspiration (*aspirational*) qu'une réalité et y a-t-il aspiration à davantage de démocratie ? Pour l'auteur, la réponse est négative, car c'est l'architecture même de la politique américaine qui est profondément non libérale et non démocratique, pas seulement le

1. Robert Mickey, *Paths Out of Dixie: The Democratization of Authoritarian Enclaves in America's Deep South, 1944-1972*, Princeton Studies, Paperback, 2015.

2. Il fallut plusieurs décisions de la haute juridiction en 1927 et 1935 et finalement dans *Smith v. Allwright*, 321 US 649 (1944).

3. Carol Anderson, *White rage: the Unspoken Truth of our Nation*, Bloomsbury Publishing, 2016.

4. À l'extérieur des États-Unis, les notes obtenues pour la qualité de leur démocratie ont été mauvaises. Le projet *Varieties of Democracy* leur a attribué la note 48 sur 100 en 1945 et celle de 59 en 1965. C'est seulement après le mouvement des droits civiques que les États-Unis ont obtenu des notes entre 70 et 80.

Président Trump et ses sorties non libérales. Pourtant, la Présidence Trump est différente de deux façons au moins. Elle regarde vers un certain passé idéalisé qui interdit de se tourner vers l'avenir et elle ne défend plus les idéaux des Lumières.

Les documents fondateurs ont jusqu'ici toujours servi de guide à ceux qui s'efforçaient de faire fonctionner ou de réformer le système. Aucun progrès ne s'est jamais fait facilement et il y a toujours eu un prix à payer mais il existait une aspiration à progresser vers davantage de démocratie. Ainsi le mouvement pour les droits civiques des années 60 a été combattu dans la rue (67 % des Américains y étaient opposés), devant les tribunaux et au Congrès où le blocage législatif au Sénat (*filibuster*) par les Démocrates du Sud a permis d'empêcher toute avancée pendant des décennies. La victoire partielle des activistes progressistes et l'acceptation des progrès, au moins en surface, ont eu un coût : elles ont causé la polarisation grandissante des deux grands partis et accentué le dysfonctionnement des institutions. Mais il y avait cette aspiration. C. Robin s'interroge sur ce rapport au passé et rappelle [5] l'amnésie historique des Américains et de Ph. Roth, décédé en 2018, qui a condamné comme « pires époques de l'Amérique » la Présidence de Nixon, celle de Reagan puis celle de D. Trump, chacune à ses yeux pire que la précédente. Robin considère cette attitude dangereuse car elle revient à normaliser le passé *a posteriori*. Les Démocrates et les progressistes agissent de même lorsque, après avoir combattu R. Reagan, chantre du libéralisme, ils n'hésitent pas après son décès à chanter ses louanges afin de mieux critiquer G. W. Bush. Celui-ci, dont les chiffres d'approbation en 2005-2006 étaient si bas qu'ils avaient contribué au retour en force des Démocrates au Congrès, jouit aujourd'hui de taux d'approbation enviables. Cette tendance à oublier et idéaliser le passé empêche de percevoir la continuité à travers les différentes périodes.

Une Cour suprême ambivalente

La Cour suprême progressiste des années 60 a rendu plusieurs décisions visant à rendre l'accès aux urnes plus large et plus égal.

5. Cory Robin, « Forget about It », *Harper*, avril 2018.

Avant cela et jusqu'au milieu du 19e siècle, la Cour s'abstenait de pénétrer dans le « maquis politique » (*political thicket*) et interprétait sa mission comme s'arrêtant aux frontières des institutions démocratiques. Pour elle, la Constitution ne prévoyait pas de méta-règles de nature constitutionnelle auxquelles les rouages démocratiques étaient soumis et dont l'application relevait des juridictions. En 1946, elle avait ainsi conclu que les découpages électoraux sont « non justiciables » et ne relèvent pas des juridictions car ce sont des « questions politiques » [1]. La situation change à partir de 1962 [2] lorsque la Cour commence à se pencher sur les règles régissant le fonctionnement démocratique, élimine progressivement les obstacles au droit de vote mais sans adopter de schéma jurisprudentiel global et sans développer une théorie de la représentation et une jurisprudence cohérente sur la place du droit de vote dans le processus politique et le système représentatif d'une démocratie.

La Cour a voulu remédier au vide juridique au cœur de la jurisprudence constitutionnelle, mais a opté pour la solution de facilité. En s'appuyant sur l'instrument juridique disponible, le droit à l'égale protection de la loi garanti par le 14e Amendement [3], elle a divisé l'électorat en sous-groupes et catégories. La Cour suprême a distingué [4] plusieurs critères, mais elle ne les utilise pas de façon cohérente. Elle différencie selon qu'une loi a un impact sur une classe « suspecte » (les Noirs) ou empiète sur un droit fondamental et dans ce cas, elle applique le « contrôle strict » (*strict scrutiny*). Lorsque la discrimination est basée sur le genre, elle recourt à un niveau intermédiaire de contrôle. Et si les mesures en question sont liées un intérêt légitime de l'État, la Cour les valide en appliquant le critère de la « base rationnelle » (*rational basis*) beaucoup moins contraignant. En promulguant la doctrine « un homme, une

---

1. *Colegrove v. Green*, 328 US 549 (1946).

2. *Baker v. Carr*, 369 US 186 (1962).

3. Cet Amendement stipule qu'« aucun État ne privera aucune personne de l'égale protection de la loi » et devrait permettre aux juridictions fédérales de le protéger contre les atteintes que lui portent de nombreux États.

4. *Rohmer v. Evans*, 517 US 620, 631 (1996).

voix»[1], la Cour avait exigé que les circonscriptions électorales soient de taille équivalente afin que les électeurs pèsent d'un poids équivalent. Mais dans la décision *Buckley* en 1976, elle a jugé qu'il était impossible de limiter les dépenses des candidats et qu'il n'est pas question «d'égaliser l'arène politique»[2]. En dérégulant le financement des élections, elle a diminué le poids du vote citoyen et son impact relatif et donné naissance à une ploutocratie[3].

Le droit de vote attaqué

Malgré tout, si l'on exclut la question du financement des élections, la tendance jusqu'aux années 2000 a été à l'élargissement de l'accès au droit de vote. Ce droit, critiqué comme «ne servant à rien» ou contesté parce qu'il privilégie les mouvements populistes au détriment de la composante droits et libertés, est indispensable à l'exercice d'un suffrage universel libre, composante non suffisante mais nécessaire d'un régime démocratique. Or, on assiste depuis 2010 au démantèlement des mécanismes qui protègent son fonctionnement aux États-Unis. Les conservateurs dominent le Congrès, les deux tiers des États jusqu'à 2019 ainsi que la Cour suprême depuis 2018, et ils sont déterminés à en profiter.

Certains États avec un historique de discrimination étaient limités dans leurs tentatives anti démocratiques par la loi sur le droit de vote de 1965 (VRA) qui avait pour objectif d'empêcher ces États de discriminer certaines populations. La loi avait eu des

1. *Wesberry v. Sanders*, 376 US 1 (1964).

2. La loi FECA de 1974 prévoyait un financement public pour les élections présidentielles qui fonctionna pendant quelques années. Mais la perversion du système a rendu le financement public inapplicable dans les faits et il a été abandonné par les candidats.

3. Anne Deysine, «Les États-Unis sont-ils une ploutocratie : la Cour suprême face aux pouvoirs politique et économique» dans : *Argent, pouvoir et représentations*, éds. Éliane Elmaleh, Pierre Guerlain, Raphaël Ricaud; Anne Deysine, «La Cour suprême américaine inventa le casino électoral,» *Le Monde diplomatique*, juin 2016.

résultats positifs, mais en 2013 la décision *Shelby* de la Cour [1] a éliminé le dispositif de protection mis en place en invalidant la section 4 de la loi VRA. Le texte fixait les critères déterminant les États et les circonscriptions électorales qui, en raison de leur histoire passée de discrimination, devaient obtenir l'aval du Département de la justice (DOJ) avant toute modification de leur procédure électorale : horaires d'ouverture des bureaux de vote, type de pièce d'identité à fournir. Depuis *Shelby*, les neuf États antérieurement visés peuvent procéder aux modifications qu'ils souhaitent sans en référer à Washington. Or, la vague républicaine de 2010 a donné aux Républicains la majorité au Congrès et dans 25 États dont ils ont détenu tous les leviers, *legislature* et poste de gouverneur, jusqu'en 2018. Parce que la Constitution délègue aux États le soin d'organiser les élections, ceux qui sont aux mains des Républicains ont cherché à modifier les règles du jeu de façon à éloigner des urnes les jeunes et les minorités qui ont tendance à voter Démocrate et c'est facile car aucune modification n'est neutre. Élargir les plages de vote anticipé (*early voting*) favorise les minorités et les plus pauvres, souvent des Démocrates; en revanche accepter le permis de port d'armes comme pièce d'identité permettant de voter, mais pas une carte d'étudiant comme au Texas, favorise les conservateurs. Et le parti majoritaire procède au découpage électoral jamais neutre qui peut viser à exclure les Noirs ou à diminuer leur poids électoral, ce qu'on appelle le découpage « racial » ou à éliminer ou minimiser la représentation du parti adverse, démocrate ou républicain selon le parti majoritaire dans l'État. C'est le découpage « partisan ».

Gerrymandering ou les dérives du découpage électoral

En 1962, la Cour a reconnu que chaque électeur doit pouvoir peser d'un poids égal. Pourtant, ce n'est pas le cas au Sénat, ce n'est pas vrai en matière de financement électoral et ce n'est pas le cas non plus à la chambre des Représentants en raison d'une pratique ancienne, la manipulation du découpage électoral. Le terme utilisé communément pour faire référence à cette pratique est le

1. *Shelby County v. Holder*, 570 US _ (2013).

gerrymandering, mot forgé à partir du nom du gouverneur Gerry et du mot *salamander*, car la circonscription « fabriquée » avait la forme alambiquée d'une salamandre. L'Article I section 2 qui avait réparti 65 sièges entre les treize États d'origine prévoit une nouvelle répartition (*reapportionment*) tous les dix ans, après le recensement qui a lieu les années « rondes » : 1980, 1990, 2000 [(1)]. Il incombe ensuite à chacun des États qui a obtenu ou perdu des sièges de procéder à un découpage électoral (*redistricting*) correspondant aux nouveaux chiffres et c'est le parti majoritaire qui s'en charge. Comme la Constitution ne prévoit rien de précis, la majorité des États a divisé son territoire en un nombre de circonscriptions électorales correspondant au nombre de Représentants qui lui est attribué. Ce sont des *single member districts* qui élisent chacun un Représentant. L'inconvénient est que si, en raison des fluctuations démographiques, un État gagne ou perd un Représentant, il faut redessiner toutes les circonscriptions.

En théorie, depuis la décision *Baker* de 1962, le principe du « un homme, une voix » [(2)] est la règle. Pourtant, l'égalité numérique ne règle pas tous les problèmes et le niveau fédéral a dû intervenir. Ainsi, sous le Président G. H. Bush, une nouvelle interprétation de la loi VRA a exigé des États qu'ils constituent des circonscriptions électorales au sein desquelles les minorités sont la majorité, ce qu'on appelle les *majority-minority districts* de façon à permettre l'élection de représentants issus des minorités, essentiellement noire et hispanique. Pendant plusieurs décennies, le problème majeur a été le découpage électoral « racial » contre lequel la Cour suprême s'est efforcée de lutter [(3)]. Elle a accepté une prise en compte de la race et

1. Chacun des 50 États se voit attribuer un nombre de représentants en fonction de sa population. Afin que la représentation soit adéquate, les constituants ont inscrit dans la Constitution la nécessité de procéder tous les dix ans à un recensement suivi d'une éventuelle nouvelle répartition des sièges entre les États.

2. *Gray v. Sanders* 372 US 368 (1963) ; *Westberry v. Sanders*, 376 US 1 (1964) ; *Karcher v. Daggett*, 1983 qui invalide une variation minime. Malgré l'exode rural, le redécoupage n'avait pas été effectué pendant plusieurs décennies.

3. J.-F. Mignot, « Le *racial redistricting* aux États-Unis : une introduction à la jurisprudence de la Cour suprême », *Revue internationale des sciences sociales*, 2005-1.

des facteurs raciaux dans le découpage électoral, puis a mis un frein à ce mouvement en 1993 [1] en invalidant deux circonscriptions aux formes particulièrement irrégulières. Aujourd'hui, le problème est moins la discrimination « raciale » que sa version ouvertement partisane, le parti en place au niveau local dessinant des circonscriptions visant à sous-représenter l'autre parti de façon discriminatoire. Cette situation est le résultat des recensements de 2000 et 2010, car en raison des progrès informatiques, des simulations affinées ont permis au parti majoritaire dans un État de dessiner des circonscriptions sur mesure afin d'obtenir le résultat cherché, par définition partisan.

Chacun des deux grands partis a cherché à consolider l'existant et à l'améliorer. Et c'est facile puisque, à de rares exceptions près, c'est le corps législatif de chaque État qui dessine « ses » circonscriptions électorales. Tout dépend donc de qui détient la majorité au moment-clé. Et tous les coups sont bons. Quand les Républicains du Texas ont voulu maximiser leur avantage en 2003, les Démocrates n'ont eu comme seul recours que de s'enfuir en autocar [2] dans l'État voisin d'Oklahoma afin d'empêcher l'obtention d'un quorum. L'association du bipartisme et de la règle de la majorité relative (WTA) explique l'acharnement partisan sur le découpage électoral car beaucoup en dépend. La situation en 2019 au plan national, un an avant le prochain recensement est que, dans la quasi-totalité des circonscriptions (environ 400 sur 435), les élections ne sont plus concurrentielles [3], le siège allant automatiquement à l'un des deux partis [4]. Comme la balance penche du côté Républicain, ceux-ci peuvent obtenir la majorité à la Chambre, comme en 2016 alors qu'ils ont obtenu moins de voix que les Démocrates.

---

1. *Shaw v. Reno*, 509 US 630 (1993).

2. Après de multiples péripéties, le congrès texan est parvenu à adopter le nouveau plan le 13 octobre 2003.

3. Sam Hirsh « The US House of UnRepresentatives: What Went Wrong in the latest Round of Redistricting », *Election Law Journal*, vol. 2, N° 2, Nov. 2003, p.3.

4. En conséquence, l'élection « qui compte » est la primaire, ce qui accentue encore le glissement des candidats vers les extrêmes.

Le découpage électoral « partisan » devant la justice

Alors que la Cour suprême a dégagé une jurisprudence en matière de discrimination raciale dans le découpage électoral, elle refuse de statuer en matière de découpage partisan (*partisan gerrymandering*). En 1986 [1], elle a reconnu que le découpage « partisan » constitue un problème, mais elle a invoqué l'absence de critères suffisamment fiables applicables et s'est abstenue de statuer. Il en a été de même en 2004 [2] et en 2006 [3]. En 2018, ces questions étaient à nouveau devant la Cour et celle-ci s'est à nouveau défaussée dans deux affaires de découpage partisan dans le Maryland [4] et le Wisconsin [5]. Dans une autre affaire émanant de Caroline du Nord [6] et qui dure depuis 2016, la Cour suprême avait renvoyé devant la cour de district puis de nouveau accepté l'affaire en 2018. Cette affaire est intéressante en raison du nombre de pétitions « amis de la cour » (environ 40). L'une d'entre elles proposée par la fondation Floyd Abrams pour la liberté d'expression démontre de façon convaincante qu'il est possible de concevoir le droit de vote comme ancré dans le 1er Amendement et

---

1. *Davis v. Bandemer*, 478 US 109 (1986) ; le juge Byron White jugea que « les affaires de *gerrymandering* partisan sont justiciables en vertu de la clause d'égale protection » mais que les Démocrates de l'Indiana n'avaient pas apporté la preuve que le plan était déséquilibré au point de constituer une violation de la Constitution.

2. *Vieth v. Jubelirer*, 541 US 267 (2004).

3. *League of United Latin American Citizens v. Perry*, 548 US 399 (2006) ; le juge Anthony Kennedy, pour la majorité, écrit que la décision du Texas de procéder à un découpage au milieu de la décennie n'était pas suffisamment suspect et que l'affaire ne permettait pas de dégager un critère fiable pour identifier les découpages « partisans » et donc « inconstitutionnels ».

4. *Benisek v. Lamone*, 585 US _ (2018) ; « Efforts to limit partisan gerrymandering falter at Supreme Court », *Washington Post*, 18 juin 2018.

5. *Gill v. Whitford*, 585 US ___ (2018). Le *Chief Justice*, auteur de l'opinion, juge que les requérants ont invoqué le préjudice collectif au niveau de l'État mais n'ont pas établi leur préjudice individuel, préalable nécessaire à l'intervention des juridictions.

6. *Rucho v. Common Cause* (Docket No. 18-422) et *Rucho v. League of Women Voters of North Carolina*.

protégé par lui. Elle cite plusieurs passages provenant de décisions récentes touchant au financement des élections : « Aucun droit n'est plus fondamental dans notre démocratie que le droit de participer à l'élection de nos dirigeants politiques », « Le droit de vote est la forme ultime d'expression pour les citoyens sur les questions d'intérêt public » ou encore « C'est le mécanisme principal par lequel les citoyens peuvent défendre la victoire ou la défaite d'un candidat » [1]. L'argument avancé dans l'« ami de la cour » est que le découpage électoral partisan est fondamentalement en violation des principes du 1er Amendement. Lorsque les circonscriptions sont dessinées de façon à sélectionner certains électeurs et à déterminer quel parti va l'emporter, cela revient à faire de la discrimination par point de vue (*view point discrimination*) ou préférences politiques, ce qui est spécifiquement interdit par le 1er Amendement. Mais les juges conservateurs utilisent ces arguments uniquement pour déréguler le financement des élections et ils ont à nouveau botté en touche en juin 2019 [2]. Faut-il se réjouir de la retenue judiciaire dont les juges suprêmes font preuve ou regretter leur refus de s'en mêler ? La gauche critique la Cour, mais n'est-ce pas au Congrès plutôt qu'à la Cour suprême qu'il incomberait de trancher ces questions hautement politiques ?

Le système représentatif attaqué

Il est d'autres moyens d'influer sur le droit de vote et les résultats des élections. L'un est la radiation des listes électorales dans des conditions douteuses « afin de lutter contre la fraude électorale » – que les experts jugent inexistante. Il est vrai que certains électeurs déménagent et ne demandent pas à être radiés avant de s'inscrire au lieu de leur nouvelle résidence. Mais ils ne votent pas deux fois. Dans une affaire est en jeu une loi de l'Ohio adoptée par sa législature à majorité républicaine qui prévoit qu'en l'absence de participation

1. *McCutcheon v. Federal Election Commission*, 572 US 185 (2014) ; *Lane v. Franks*, 573 US 228, 235 (2014) ; *Citizens United v. Federal Election Commission*, 558 US 310, 320 (2010).

2. *Rucho v. Common Cause*, 588_U.S, (2019).

aux scrutins pendant un cycle électoral de deux ans, l'électeur sera radié des listes électorales. Selon les Démocrates et les associations de défense des libertés fondamentales qui la contestaient, la loi de l'Ohio était en violation de la loi fédérale de 1995 sur l'inscription sur les listes électorales (NVRA [1]). La cour d'appel du 6e Circuit a jugé que l'absence de participation au scrutin pendant un cycle électoral de deux ans était l'élément déclencheur de la radiation, ce qui est spécifiquement interdit par la loi NVRA, et a invalidé la loi de l'Ohio comme contraire à la loi. Ce n'est pas l'avis de la Cour suprême qui, sous la plume du juge Alito, par cinq voix contre quatre a validé cette loi en 2018 [2]. Pour la majorité, il n'incombe pas à la Cour de juger du bien-fondé de la méthode adoptée par l'État ; son rôle est de se prononcer sur la conformité ou non de la loi étatique avec la loi fédérale NVRA. Dans la mesure où l'État envoie un courrier à l'électeur qui n'a pas voté durant deux ans, c'est l'absence de réponse à ce courrier qui déclenche la radiation et donc la loi étatique est conforme à la loi fédérale. Cette décision était accompagnée de deux opinions dissidentes, l'une du juge Breyer et l'autre de la juge Sotomayor [3] insistant sur le danger de priver certaines catégories de la population de leur droit à s'exprimer lors des scrutins électoraux.

D'autres moyens de fausser le jeu politique touchent au recensement décennal. Au fil des années, le questionnaire du recensement a évolué. Aujourd'hui, chaque individu reçoit un questionnaire simplifié et quelques dizaines de milliers de personnes un document plus détaillé. Parmi les questions posées figure la race à laquelle la personne estime appartenir. Depuis 1950, la nationalité ne figure plus parmi ces questions [4]. C'est pourtant la « nouveauté » que voulait réintroduire l'administration Trump pour le recensement de 2020, avec les effets

1. Le Congrès adopta le *National Voter Registration Act of 1993* (NVRA) pour faciliter l'inscription et le maintien sur les listes électorales.

2. *Husted v. A. Philip Randolph Institute*, No. 16-980, 584 US _ (2018). « Supreme Court rules in favor of Ohio 'voter purge' », *The Hill*, 11 juin 2018.

3. « Sotomayor is raising her voice for what's right », CNN, 12 juin 2018.

4. Benoit Breville, « Quelle est votre race ? Des statistiques aux identités », *Le Monde diplomatique*, juillet 2019.

pervers possibles immédiatement dénoncés par les Démocrates et les groupes de défense des droits et libertés. Dans l'atmosphère actuelle de chasse à l'immigrant illégal, il faut penser qu'un certain nombre de ces illégaux aurait renoncé à remplir le questionnaire, craignant que l'information ne fuite vers le service en charge des déportations (ICE), d'autant qu'il existe un précédent, celui des Américains d'origine japonaise après l'attaque de Pearl Harbour durant la Seconde Guerre mondiale. Ce sous-comptage aurait eu des conséquences sur la représentation des États qui risquaient de perdre des sièges à la Chambre, des délégués au sein du collège électoral pour l'élection présidentielle, ainsi que des financements fédéraux puisque tous découlent des chiffres de la population dans l'État. Bien que les services en charge du recensement aient tenté de rassurer en expliquant que ces données resteraient totalement confidentielles, le risque était loin d'être théorique. Les Américains d'origine japonaise ont pu être localisés très facilement puis internés dans des camps de concentration grâce à la coopération des services du recensement. Celle-ci est maintenant avérée grâce aux travaux [1] d'un chercheur et d'un statisticien qui soulignent que le directeur du recensement a présenté ses excuses en 2000 reconnaissant que « les chiffres du recensement ont effectivement joué un rôle capital dans la privation de citoyens américains de leurs droits civiques uniquement parce ce qu'ils se trouvaient être d'origine japonaise ».

Ces manquements avaient conduit à l'abandon de la question sur la nationalité dans le recensement. Ces divers arguments sont invoqués par la dizaine d'États et les quelques municipalités qui contestent le projet de questionnaire et l'ajout d'une question concernant la nationalité devant les tribunaux. Ils soulignent qu'« un comptage juste et précis de toute la population présente sur le territoire américain est l'une des obligations constitutionnelles les plus importantes incombant au gouvernement ». Parmi les requérants, l'État de Californie représenté par son ministre de la Justice alléguait que l'ajout de cette question constitue une violation de la Constitution qui lui ferait perdre un ou deux représentants à la Chambre et des « grands électeurs » pour l'élection du Président ;

1. « Confirmed: The US Census Bureau Gave Up Names of Japanese-Americans in WW II », *Scientific American*, mars 2007.

cela lui porterait aussi un préjudice financier chiffré à plusieurs milliards de dollars si sa population était sous-comptée en raison de la question sur la nationalité. Les requérants demandaient une déclaration d'inconstitutionnalité et une ordonnance bloquant l'inclusion de la question dans le questionnaire. De son côté, le ministère de la Justice, qui aurait réclamé au Département du commerce l'inclusion de cette question, expliquait qu'elle est indispensable pour protéger le droit de vote et assurer des élections libres et justes. Deux juges ont autorisé les actions en justice [(1)] et certaines dépositions. La Cour suprême avait le choix entre suivre les juridictions inférieures qui ont considéré qu'ajouter une question sur la nationalité allait à l'encontre des objectifs du recensement ou accorder une victoire politique au président Trump [(2)]. À cinq voix contre quatre, la Cour suprême a considéré que les motivations avancées par l'administration étaient spécieuses (*contrived*) [(3)] et en violation des critères posés par la loi APA de procédure administrative [(4)].

Retenons que le recours au contentieux est devenu systématique. Les Démocrates tentent de s'opposer au démantèlement et les Républicains, sachant qu'ils peuvent compter sur une solide majorité à la Cour sur tous ces sujets, sont de plus en plus offensifs et visent un grignotage des droits et libertés comme des droits économiques et sociaux.

---

1. « California Legal Challenges To Census Citizenship Question To Continue », *NPR*, Aug. 17, 2018.

2. « Supreme Court's conservatives appear likely to let Trump add citizenship question to 2020 Census », *Washington Post*, 23 avril 2019.

3. *Department of Commerce v. New York*, n° 18-966 27 juin 2019.

4. Loi APA, 5 US Code, §706. Ce que contestent les quatre juges conservateurs de la minorité dans leur opinion dissidente.

Les attaques contre les droits et libertés

Les attaques sont multiples dans tous les domaines, du droit à l'avortement jusqu'à l'arbitrage imposé en matière de conflits du travail. Nous ne donnons ici que quelques exemples.

La question de l'avortement a été au cœur de la campagne de 2016. D. Trump avait bien compris qu'il pouvait mobiliser les conservateurs et les évangéliques en promettant de nommer des juges anti-avortement. Les progressistes n'avaient pas su convaincre les électeurs du risque de ne pas voter pour Hillary Clinton. Ils ont perdu et le Président a pu nommer deux juges à la Cour suprême où il existe désormais une solide majorité de cinq juges conservateurs opposés à l'avortement. Le message a été entendu dans 15 États en 2019 comme il l'avait été en 2011 quand 24 États dominés par les Républicains avaient adopté 93 restrictions au droit à l'avortement. La loi votée en mai 2019 dans l'Alabama ne prévoit aucune exception en cas de viol ou inceste et une peine de prison pouvant aller jusqu'à 99 ans pour les médecins qui pratiqueraient un avortement. Ces lois restrictives, contestées par les progressistes, sont en train de cheminer devant les juridictions fédérales. Plusieurs d'entre elles viendront sans doute devant la Cour suprême, ce qui est l'objectif des conservateurs qui voudraient un revirement de jurisprudence, mais la décision de 1973[1] qui a « découvert » un droit à l'avortement n'est déjà plus la règle depuis 1992. Dans *Planned Parenthood*[2], la Cour a renversé la charge de la preuve qui incombe dorénavant à la femme qui doit prouver que la législation nouvelle constitue un obstacle trop important (*undue burden*). La Cour va-t-elle considérer qu'interdire l'avortement après six semaines fait peser un « fardeau trop lourd » sur la femme ? Quoi qu'il en soit, les États-Unis sont déjà divisés en deux blocs : l'Ouest et la côte est où il est encore possible d'avoir accès à un avortement, le Sud et le centre du pays où le droit est réduit à son minimum et où il n'existe plus que quelques cliniques par État qui pratiquent des avortements.

1. *Roe v. Wade*, 410 US 113 (1973).
2. *Planned Parenthood of Southeastern Pennsylvania v. Casey*, 505 US 833 (1992).

Dans d'autres domaines, l'hostilité envers certains groupes (les minorités, les LGBT, les Noirs) est visible. Le candidat Trump a fait campagne contre l'autre « différent » ; il n'est donc guère surprenant que ses ministres de la Justice (Sessions, puis Barr) aient agi pour annihiler les initiatives de la Présidence Obama en faveur des jeunes immigrants (« les rêveurs »), des LGBT, des Noirs et mènent à la baguette une politique anti-minorités [1]. Le ministre de la Justice a demandé aux juridictions de ne plus prendre en compte les lignes directrices préconisées par l'administration Obama pour les LGBT et revient sur les accords passés entre certaines municipalités et le ministère de la Justice afin d'améliorer les relations très mauvaises de la police avec les Africains-Américains et plus généralement les minorités.

Quid des LGBT ?

L'élection de 2016 a été marquée par une controverse commencée en Caroline du Nord où une loi a imposé que l'élève aille dans les toilettes du sexe figurant sur son acte de naissance. Il s'agissait de déterminer si une école peut empêcher un élève d'aller dans les toilettes du genre avec lequel il s'identifie plutôt que celles de son sexe d'origine. Dans un pays où, selon les États, entre 0,4 % et 1,1 % de la population serait transgenre, l'administration Obama était allée dans le sens de l'élève. L'administration Trump est revenue sur les lignes directrices établies par B. Obama et le ministère de l'Éducation en 2015. Dans les affaires intentées [2] contre les États (Caroline du Nord et Virginie), les requérants alléguaient que la politique de l'État viole la clause d'égale protection de la Constitution et un décret de 1975 qui précise qu'il est interdit de discriminer pour des raisons de sexe dans les écoles qui reçoivent des financements fédéraux. L'étudiant défendu par l'ACLU avait obtenu gain de cause devant la cour d'appel du 4e Circuit

1. Le DOJ a rétabli la peine de mort pour les crimes fédéraux ; or on sait qu'elle touche de façon disproportionnée les minorités.

2. Les requérants ont généralement le soutien d'associations de protection des libertés fondamentales comme l'ACLU.

qui avait jugé que la formulation de la loi était ambiguë et que l'étudiant pouvait aller dans les toilettes de son sexe d'identification. Mais la décision d'appel a été cassée [1] par la Cour suprême qui a renvoyé pour réexamen à la lumière des nouvelles lignes directrices promulguées par l'administration Trump. La Cour suprême devait déterminer si le titre IX (qui couvre l'interdiction de discrimination sur la base du genre) interdit à une école d'empêcher un élève d'aller dans les toilettes du genre avec lequel il s'identifie. Dans sa décision de renvoi, la Cour suprême a jugé que l'affaire avait insuffisamment « percolé » parmi les juridictions inférieures et qu'il était préférable d'attendre. À court terme, cela n'a pas changé grand-chose puisqu'une ordonnance applicable sur le territoire national interdit la mise en œuvre et l'application des lignes directrices de l'administration Obama [2]. Un autre texte (HB 142) prohibant la régulation des toilettes dans les bâtiments officiels, y compris les écoles, a été attaqué par l'ACLU et *Lambda Legal* pour son caractère trop vague et parce qu'il interdit aux villes d'adopter des textes anti-discrimination jusqu'en décembre 2020. Parallèlement, l'État est aussi poursuivi car le plan santé de l'État exclut la couverture des traitements de transition, en violation, selon les requérants, de la clause d'égale protection de la Constitution, du titre IX de la loi sur l'éducation et de la loi santé ACA (*Affordable Care Act*). La Cour suprême a déjà accepté pour 2019-2020 deux affaires touchant aux droits des employés LGBT et à la protection que leur accorderait ou non la loi CRA sur les droits civiques de 1964. Il s'agit d'un domaine où règne une grande insécurité juridique car les règles changent au fil des décisions rendues par les juridictions fédérales et la Cour suprême.

---

1. *Gloucester County School Board v. GG*, No 16-273.

2. L'étudiant Gavin Grimm qui a entre-temps terminé ses études au lycée Gloucester est de nouveau devant le juge en 2019. Lui et ses partisans souhaitent obtenir une décision qui fasse jurisprudence. La partie qui n'obtiendra pas gain de cause fera appel devant la cour du 4e Circuit et il y aura très certainement saisine de la Cour suprême en 2020.

Noirs et minorités

Mêmes changements dans l'attitude de l'État fédéral vis-à vis des Noirs et des minorités. L'élection de B. Obama en 2008 avait fait espérer l'avènement d'une Amérique post-raciale, mais les nombreuses déclarations racistes du Président, la résurgence du racisme au sein du *Tea Party* dès 2009 et parmi les électeurs de D. Trump ainsi que le nombre de violences policières contre de jeunes Noirs, le plus souvent désarmés, montrent qu'il n'en est rien. Au mieux, la Présidence Obama a été une parenthèse, au pire elle a réveillé les vieux démons de l'Amérique. L'Histoire rappelle que la démocratie américaine s'est construite sur le racisme et qu'à chacun de ses tournants, les avancées en matière raciale ont été suivies par de profonds bouleversements et des reculs. La Constitution de 1787 a accepté l'esclavage, non mentionné dans le texte fondateur, et à la demande des États du Sud souhaitant voir leur représentation renforcée à la chambre des Représentants, les Pères fondateurs ont accepté de comptabiliser les esclaves noirs comme « trois cinquièmes » d'une personne. Il a fallu la guerre de Sécession, la suspension de l'*habeas corpus* par A. Lincoln et une occupation militaire du Sud après la défaite, ce qu'on appelle la « Reconstruction [1] », pour que les choses changent. Mais la période de stabilité entre la Reconstruction et les années 1980 est un leurre et le résultat du compromis « infâme » de 1877 [2] entre les deux grands partis. Celui-ci a mis fin à la Reconstruction, pourtant indispensable pour contraindre les États du Sud à respecter les droits des Noirs et a permis au Sud de construire un régime de ségrégation raciale, un *apartheid*

---

1. L'époque de la Reconstruction succède à la guerre de Sécession et se termine en 1877.

2. Le compromis de 1877 aussi appelé « la grande trahison » fait référence à l'accord informel entre Républicains et Démocrates pour mettre fin au contentieux électoral qui a suivi l'élection présidentielle de 1876. La victoire a été accordée au Républicain Hayes ; en échange, le gouvernement fédéral a retiré les troupes fédérales du Sud des États-Unis, mettant fin à la Reconstruction et aux tentatives faites pour imposer aux États du Sud le respect des trois amendements.

qui a existé juridiquement jusqu'à une décision de 1954 [1] de la Cour suprême qui déclare la ségrégation inconstitutionnelle. Avant, prévalait le régime « Jim Crow » par référence au personnage d'une chanson de 1828 mettant en musique les tribulations d'un Noir du Sud profond. Les lois du Sud imposaient une stricte séparation entre Noirs et Blancs dans les lieux publics, basée sur la doctrine du « séparé mais égal » énoncée par la Cour suprême en 1896 [2], régime de ségrégation raciale qui a participé de la civilité partisane et de la coopération entre les deux grands partis qui caractérisent le 20e siècle américain.

Ces lois qui ont interdit les mariages inter-raciaux jusqu'à la décision *Loving* de 1967 [3] de la Cour intervenaient aussi sur le terrain des droits civiques, ainsi les tests d'alphabétisation ou de connaissance de la Constitution auxquels les Blancs n'étaient pas astreints s'ils pouvaient prouver que leur grand-père pouvait voter (« clause du grand-père » [4]). Ces mesures ont permis l'émergence d'un « Sud solide » comme force conservatrice au sein du parti Démocrate et susceptible de travailler avec les Républicains au Congrès. La proximité idéologique des Démocrates du Sud avec les Républicains conservateurs a facilité les projets bipartisans et diminué la polarisation. Puis l'histoire bascula au milieu du 20e siècle avec l'intervention des branches politiques et le vote des lois sur les droits civiques et le droit de vote (CRA et VRA) en 1964 et 1965. Depuis, peu a été fait en matière de droits civiques malgré une certaine stabilisation des atteintes aux droits sous B. Obama. Le tournant à droite s'est produit dès 2009 et a mené à l'élection d'une majorité républicaine au Congrès en 2010 puis celle de D. Trump en 2016. Depuis 2016, on assiste à une recrudescence des discriminations et des violences anti-minorités. La remise en vigueur par le ministre de la Justice des peines planchers obligatoires pour

1. *Brown et al. v. Board of Education of Topeka et al.*, 347 US 483 (1954).

2. *Plessy v. Ferguson*, 163 US 537 (1896).

3. *Loving v. Virginia*, 388 US 1 (1967).

4. Le régime « Jim Crow » fait référence à une série d'arrêtés et de règlements promulgués dans les États du Sud et dans certaines municipalités entre 1876 et 1964 et visant à interdire aux Noirs l'accès aux urnes.

les petits délits en matière de drogue est emblématique des buts poursuivis quand on sait le caractère inefficace de cette mesure qui touche de façon disproportionnée les Africains-Américains et les Hispaniques. Les chiffres d'incarcérations ou de condamnations à mort confirment que la discrimination est inscrite dans tous les rouages de la société et tout particulièrement du système judiciaire et pénal.

On a salué la réforme de la justice pénale adoptée par le Congrès en décembre 2018 et signée par D. Trump. Il est vrai que la loi *First Step* rend rétroactive le *Fair Sentencing Act* de 2010 qui diminue la disparité de peines entre crack et cocaïne, mais elle ne touche que le système fédéral et n'affectera qu'entre 2600 et 4000 prisonniers selon le Projet Marshall. Pour les délits et infractions commis dans les États, le barème des peines demeure différent selon que la drogue concernée est le crack ou la cocaïne (1), le premier utilisé par les minorités étant sanctionné beaucoup plus sévèrement que le second. Le texte *First Step* remédie aussi au problème des peines obligatoires (2) et met fin, pour les délits liés à la drogue, au système *three strikes* qui prévoit une peine de prison à vie dès la troisième infraction. Mais il s'agit d'une loi fédérale qui ne touche donc que 181 000 prisonniers sur les plus de deux millions au total, les autres prisonniers relevant du droit des États. Une autre faiblesse du texte tient aux algorithmes qui risquent de perpétuer les disparités de race et de classe déjà ancrées dans le système en excluant des bénéfices de la loi ceux qui ont un casier judiciaire (3). Il est connu que les condamnés dans le couloir de la mort sont en large majorité noirs et hispaniques mais des dispositions, apparemment non discriminatoires, aboutissent à un traitement inégal des Noirs. En Louisiane jusqu'en 2018, un inculpé pouvait être condamné par un

1. « Cracks in the system: 20 years of the unjust federal crack cocaine law », *ACLU*, 2006. La plupart des personnes incarcérées le sont en vertu des lois pénales des États.

2. La loi réduit les peines minimum obligatoires en matière de drogue, ce qui rend une certaine latitude aux juges pour les délinquants non violents.

3. Les programmes et mesures de réinsertion qui ne s'adressent qu'à ceux pour qui c'est la première violation, excluent *de facto* les minorités.

jury non unanime et donc par les Blancs du jury sans que les voix des jurés noirs ne comptent dans la décision finale, le privant ainsi de l'égale protection de la loi.

C'est dans ce contexte de normes reposant en grande partie sur l'exclusion raciale que s'inscrit l'histoire mouvementée des Noirs avec la police. Si l'on en parle davantage aujourd'hui, c'est grâce aux vidéos nombreuses de violences policières ; avant les téléphones portables, seul le passage à tabac de Rodney King [1] avait été filmé ; aujourd'hui, la plupart des bavures policières circulent sur le Net et deviennent virales. Confrontée à plusieurs décès suspects dans les États, B. Obama avait commandé un rapport [2] au ministère de la Justice et lui avait demandé d'inciter par tous moyens, y compris financiers, les départements de police à se réformer et à modifier leurs pratiques. Le ministre de la Justice de D. Trump est immédiatement revenu sur les engagements pris avec les services de police et les accords soumis au contrôle des tribunaux dans lesquels les municipalités s'engageaient à se réformer. Les relations des Noirs avec la police risquent non seulement de revenir à l'état antérieur à 2016, mais sans doute de se détériorer même si plusieurs municipalités, comme la ville de Baltimore, ont indiqué vouloir poursuivre dans la direction de la réforme.

Les propos racistes et déshumanisants du candidat puis du Président qui parle de « chiens » ou « d'infestation » [3] pour parler des minorités et des immigrants a très certainement contribué à l'augmentation des *hate crimes* ou crimes de haine [4] et des attaques contre les gens de couleur, ainsi la fusillade dans une église noire de Charleston en 2015 ou la tuerie d'El Paso en août 2019 dont

1. Le 29 avril 1992, quatre policiers blancs accusés d'avoir tabassé un jeune Afro-américain, Rodney King, sont acquittés, ce qui déclenche plusieurs jours d'émeutes à Los Angeles.

2. Rapport du DOJ sur les Noirs et la police de Chicago, janvier 2017.

3. Les élus de l'État et de la ville de Baltimore ont dû contester que la ville était infestée de rats après les attaques ouvertement racistes du Président en juillet 2019.

4. Rapport du projet Carnegie-Knigt News 21 *Hate in America* et « Hate crimes rose 17 percent last year, according to new FBI data », *Washington Post*, 13 novembre 2018.

l'auteur avait posté en ligne un « manifeste » exprimant sa haine des « Hispaniques qui envahissent le pays ».

Comme le racisme anti noir, le sentiment anti hispanique n'est pas nouveau et s'il revient en force, il a toujours été présent [1]. Dix ans après la Déclaration d'indépendance, Thomas Jefferson suggérait que les États-Unis pourraient bien s'emparer de l'Amérique latine « morceau par morceau » ; et John Adams assez d'accord ne voulait néanmoins pas s'encombrer de gens « plus ignorants, extrémistes, superstitieux et dévots ». Ces craintes n'ont pas empêché les États-Unis au milieu du 19e siècle de s'emparer de terres qui appartenaient au Mexique. Par le traité de Guadalupe de 1848, ce dernier cédait 55 % de son territoire aux États-Unis. C'est ainsi que le Texas, l'Arizona, le Nouveau-Mexique, le Colorado, l'Utah, le Nevada et la Californie sont américains. Récemment, Nixon et Reagan ont montré leur grande ignorance mâtinée de condescendance vis-à-vis des pays d'Amérique latine. En 2006, un présentateur radio Hall Turner utilisait les termes que l'on retrouve dans les tweets de D. Trump et dans la rhétorique du suspect de la tuerie d'El Paso. La justification pour les suprématistes blancs est simple : les Hispaniques sont aujourd'hui beaucoup trop nombreux, 56 millions soit 18 % de la population, un chiffre en augmentation de 40 % en quarante ans.

Ce qui change en 2019 après la tuerie d'El Paso est que pour la première fois les élus et les candidats à l'investiture démocrate ont parlé de « terrorisme blanc » et de « terrorisme nationaliste » alors que le terme terrorisme était jusqu'ici réservé aux islamistes, ce qui a amené le Président Trump à condamner du bout des lèvres la haine et les suprématistes blancs. Mais il manque les signaux d'unité et de tolérance qui devraient émaner de la Maison-Blanche et le désir réel de lutter contre ce terrorisme qui fait davantage de morts que le terrorisme islamique qui pourtant concentre toutes les attentions et ressources des services.

---

1. « A history of anti-Hispanic bigotry in the United States », *Washington Post*, 9 août 2019.

Chapitre 8
Le recul des droits économiques et sociaux

Les États-Unis sont une société de plus en plus inégalitaire. Les chiffres de Thomas Piketty font apparaître une montée des inégalités, tout particulièrement aux États-Unis [1] et un accaparement de la quasi-totalité des richesses par une portion de plus en plus étroite de la société. Après l'administration Obama, qui s'est efforcée de protéger les plus faibles et leurs droits, celle de D. Trump et son ministère de la Justice prennent la direction opposée. En conséquence, certains Américains verront leurs droits de moins en moins protégés et leur niveau de vie se détériorer au fur et à mesure du démantèlement de leurs droits économiques et sociaux. Les électeurs de D. Trump souffriront autant que les minorités de cette érosion car certaines politiques leur sont défavorables : suppression des bons alimentaires *(food stamps)*, destruction de l'assurance maladie mise en place par B. Obama qui permet en particulier à ceux qui ont une maladie chronique de s'assurer, démantèlement du ministère de l'Éducation, de la Santé, du Logement. À quoi s'ajoute l'augmentation du coût de la vie due à l'imposition de droits de douane.

Aux États-Unis, des causes culturelles et juridiques expliquent la montée des inégalités. Les premières sont dues à l'Histoire, ainsi l'hostilité profondément ancrée envers l'État fédéral et la

1. Thomas Piketty, *Le Capital au XXIe siècle*, Le Seuil, 2013 ; « Rapport sur les inégalités mondiales 2018 ». Sans mettre en cause ces résultats, Stephen J. Rose souligne l'importance de la méthodologie adoptée : Stephen J. Rose, « How Different Studies Measure Income Inequality: Piketty and Company Are Not the Only Game in Town », *Urban Institute*, déc. 2018.

redistribution des richesses. Le droit et la fiscalité favorables aux nantis et aux entreprises confortent les croyances profondes. Le système actuel est le résultat des politiques dictées par la puissance de l'agent déversé dans les campagnes électorales, un Congrès soumis aux lobbyistes et des décisions de la Cour suprême de plus en plus favorable aux positions du *business*. Il s'agit d'un cercle vicieux car plus les riches détiennent le pouvoir économique et politique, moins leurs élus dépensent en infrastructures et pour le bien commun et plus ils dérégulent, ce qui revient à créer un air de plus en plus pollué, une eau de moins en moins potable. Je donne quelques exemples, mais les inégalités se traduisent à tous les niveaux en érosion de la situation de la classe moyenne et des plus démunis. Dans un État apparemment progressiste comme la Californie, le forage a été autorisé dans la région de Bakersfield. Selon les scientifiques et les groupes écologistes, le niveau de pollution y a augmenté au point d'avoir déjà diminué l'espérance de vie des riverains de plusieurs mois.

Par commodité, j'utilise le terme « droits économiques et sociaux » mais il est inexact dans la mesure où ces droits n'existent pas en tant que droits reconnus par la Constitution des États-Unis. Après son discours de 1941 sur les « quatre libertés », F. D. Roosevelt dans son discours sur l'état de l'Union de 1944 préconisait l'adoption d'une déclaration des droits économiques et sociaux nécessaire selon lui car la Déclaration des droits n'était pas parvenue à assurer l'égalité dans la « poursuite du bonheur ». Convaincu que la liberté ne peut exister sans sécurité économique, il prônait le droit à un emploi, un salaire convenable, un logement, des soins médicaux, des assurances sociales et une bonne éducation. Cette seconde Déclaration des droits n'a pas vu le jour et en conséquence les droits économiques et sociaux ne jouissent d'aucune garantie légale ou constitutionnelle aux États-Unis.

Le pourquoi des inégalités

La classe moyenne et les cols bleus aiguillonnés par les mots d'ordre « liberté » ou « port d'arme » instrumentalisés avec efficacité par la droite continuent de voter contre leurs intérêts. Au lieu de privilégier des priorités comme le salaire minimum, la couverture sociale ou encore des mesures touchant au fonctionnement du système (lutte contre la corruption, accès au vote ou réforme du financement des élections), ils votent pour le parti Républicain et permettent aux plus riches de conserver et accroître leur contrôle sur tous les leviers politiques et économiques. Les plus pauvres ont été convaincus de « rester maîtres de leur argent » et ne souhaitent pas que l'État le leur « confisque », même si c'est pour le redistribuer en leur faveur. Les études montrent que les électeurs de la classe ouvrière votent souvent contre leurs intérêts économiques (1), non conscients de l'aide que leur apportent les programmes de lutte contre la pauvreté mis en place par L. Johnson en 1964. Poursuivis après lui, ils ont amélioré la vie de millions d'Américains et la pauvreté serait plus répandue sans ces programmes : bons alimentaires, crédits d'impôt, *Medicaid*, expansion du système de retraite. Malgré cela, 45 millions de personnes, soit 14 % de la population, vivent encore en dessous du seuil de pauvreté (2), essentiellement des jeunes et des personnes âgées. La moitié des citoyens américains est incapable de faire face à une urgence de 400 dollars – parmi eux une majorité de personnes de couleur, d'Indiens, d'handicapés, de familles monoparentales et d'enfants. C'est dans ce contexte qu'au printemps 2018, le Président Trump a signé un décret au titre trompeur : « Réduire la pauvreté en Amérique » (3). Le texte a en réalité pour objectif à peine dissimulé de réduire les aides et les programmes en les conditionnant à une obligation de travail. Dans une société fondée à l'origine sur le puritanisme, il est bien vu d'être riche puisque la réussite est le signe que l'on est élu de Dieu. Corollaire de cette idée, les pauvres, surtout s'ils sont Noirs, sont objets de réprobation car pour une grande partie des Américains, ils sont responsables de leur situation. C'est l'un des effets pervers du rêve américain : parce qu'il

1. Thomas Frank, *What's the Matter with Kansas: How Conservatives won the Heart of America*, Metropolitan Books, 2004.

2. Joseph Dalaker, « Poverty in the United States in 2017 », *Congressional Research Service* – 7 nov. 2018.

3. « Trump's War on the Poor has just begun », William Barber & Karen Dolan, *Washington Post*, 18 juillet 2018.

met l'accent sur l'initiative individuelle, il amène souvent ceux qui en auraient le plus besoin à rejeter le filet social ou les programmes d'aide. La classe moyenne, qui avait vu sa situation s'améliorer durant les Trente Glorieuses, est particulièrement consciente de la stagnation ; 38 % d'entre elle est convaincue que ses enfants vivront moins bien qu'elle.

Des facteurs juridiques et fiscaux ajoutés à ces facteurs culturels ont concentré entre les mains des entreprises et des très riches la quasi-totalité des richesses économiques et en conséquence les clefs du pouvoir politique, ce qui par un cercle « vertueux » vient conforter leurs privilèges et les inégalités. Au plan général, le droit américain est très protecteur des entreprises et des personnes morales auxquelles la Cour suprême a reconnu des droits politiques [1] et religieux [2] à l'instar de ceux dont jouissent les personnes physiques. *A contrario,* les droits des salariés sont peu protégés, tout particulièrement dans les 26 États qui ont mis en place un environnement anti-syndicats, appelé « droit au travail » (*right to work*) car les salariés peuvent travailler dans l'entreprise sans adhérer au syndicat, ce qui a contribué à l'affaiblissement du mouvement syndical. La décision *Janus* [3] de la Cour qui revient sur une jurisprudence ancienne a aggravé la situation des syndicats de la fonction publique en les privant de ressources financières. Plus généralement, le peu d'intérêt porté par l'État aux infrastructures (routes, ponts, écoles)

1. Dans l'arrêt *Citizens United* de 2010, la Cour conclut qu'il n'est pas possible de limiter les dépenses indépendantes faites par les entreprises ou les très riches car cela reviendrait à porter atteinte à leur liberté d'expression garantie par le 1er Amendement.

2. Dans plusieurs affaires touchant à l'obligation de fournir aux salariées une protection médicale incluant la contraception, la Cour suprême n'a pas distingué entre la personne morale et les personnes physiques propriétaires de l'entreprise.

3. *Janus v. American Federation of State, County, and Municipal Employees, Council 31*, 585 US ___ 2018. Dans l'affaire, certains salariés refusant de payer la partie de la cotisation syndicale qui correspond au travail de négociation collective et de défense des salariés mené par les syndicats ont contesté cette pratique pourtant validée par la Cour suprême dans *Abood v. Detroit Board of Education,* 431 US 209 (1977).

et à l'environnement porte préjudice aux plus pauvres. Des études montrent que ceux-ci habitent les quartiers proches des usines où l'air est le plus pollué. Bien que la gauche et des chercheurs travaillent sur le concept de « justice environnementale », celle-ci n'existe pas. Les baisses d'impôts sous G.W. Bush et celles votées par le Congrès fin décembre 2017 accroissent le déficit fédéral et facilitent la diminution des programmes sociaux et des transferts financiers vers les États. Le candidat Trump avait fait miroiter un projet de grands travaux. Mais compte tenu de l'hostilité des Républicains traditionnels à voter ce type de projet qui accroîtrait encore davantage le déficit fédéral, le Président aurait dû mettre tout son poids politique dans la balance en début de mandat pour lui donner une chance de se réaliser, ce qu'il n'a pas fait. En conséquence, la situation des services publics continue de se détériorer, toujours au détriment des plus pauvres.

Dès l'origine, le système a été biaisé en faveur des nantis et du capital avec pour résultat des dimensions oligarchiques établies par deux chercheurs [(1)]. Ils ont étudié 1 800 décisions politiques prises entre 1980 et 2002 et presque toutes reflètent les préférences des Américains les plus riches [(2)]. Le système a toujours été biaisé mais depuis la dérégulation du financement des élections (accentuée en 2010 par la Cour suprême), les millionnaires peuvent dépenser librement et sans limite des millions de dollars en publicités électorales à 80 % négatives. Ce sont ces milliardaires et les propriétaires des GAFA et autres entreprises du *Fortune 500* qui décident ce qui est bon pour le pays, baisses d'impôts pour les entreprises qui creusent le déficit et dérégulation aussi large que possible au détriment de la santé et de la sécurité des consommateurs, de l'environnement et de la prévention des risques bancaires et financiers.

---

1. Jeffrey Winter et Benjamin Page, « Oligarchy in the United States », *Perspectives on Politics,* vol. 7, n° 4, déc. 2009, p. 731. Voir aussi « Pouvoir et surreprésentation des classes supérieures aux États-Unis, la dérive oligarchique », Salah Oueslati, *Aux origines du conflit*, ed. Elmaleh, Lachazette & Melchior, Eric Jamet Editeur, 2018.

2. Martin Gillens et Benjamin Page, « Testing Theories of American Politics », *Perspectives on Politics*, sept. 2014, vol. 12, n° 3, p. 564-581.

Le pouvoir de l'argent

Une première raison de cet état de fait est le financement des campagnes électorales principalement par les individus et les entreprises indirectement *via* des structures prévues par la loi et peu réglementées, les comités d'action politique (PAC). Elles sont particulièrement onéreuses en raison de la taille du pays, du nombre de consultants que doit compter une campagne et du coût des publicités à la télévision.

Les scandales liés à la corruption ouverte sont rares, mais il règne un climat de suspicion généralisée et les accusations de clientélisme ou d'« accès aux politiques » acheté par les contributions électorales versées sont légion. Le résultat est la désaffection des citoyens pour la vie politique. Le système actuel est régi par deux lois, la loi FECA de 1971 amendée en 1974 et la loi BCRA de 2002, toutes deux adoptées à la suite de scandales, liés à l'affaire Watergate pour la loi FECA et à la réélection de Clinton en 1996 et à la montée du *soft money* pour la loi bipartisane McCain-Feingold ou BCRA. Une décision de 1976 [1] a déséquilibré le dispositif législatif FECA en déclarant inconstitutionnels les plafonds de dépenses des candidats et des PACs qui constituaient, selon la Cour, une entrave à la libre d'expression en violation du 1er Amendement. La loi BCRA a été validée [2], qui mettait en place un système de contrôle du *soft money* (ou argent non réglementé par la loi fédérale), des dispositions en matière de « communication électorale », c'est-à-dire de publicités politiques, et imposait certaines règles de divulgation (*disclosure*) et de transparence. Mais d'autres décisions ont suivi qui ont vidé la loi BCRA de sa substance et ont ouvert la voie à la dérégulation et à la décision *Citizens United* [3] de 2010 dans laquelle la Cour suprême a jugé qu'entreprises, syndicats et millionnaires ont le droit de dépenser sans limites sur leurs fonds propres du moment que leurs dépenses ne sont pas coordonnées avec celles du candidat soutenu. Comme dans *Buckley* en 1976, la Cour a refusé toute idée que le

1. *Buckley v. Valeo,* 424 US 1 (1976).

2. *McConnell v. FEC,* 540 US 93 (2003).

3. *Citizens United v. FEC,* 558 US 310 (2010).

gouvernement puisse s'efforcer « d'égaliser l'arène politique » et de rétablir une relative égalité entre individus et groupes susceptibles d'influencer le résultat des élections.

Ces décisions sont le résultat d'une longue évolution qui a commencé dans les années 60 avec les écrits d'un étudiant ambitieux, Martin Redish, et la montée d'un mouvement initialement méritocratique mais qui, selon Steven Brill [1], a fait boomerang. Pour Brill, une méritocratie brillante à laquelle il reconnaît appartenir a détourné et confisqué à son profit les valeurs clés des États-Unis, le 1er Amendement par exemple. Dès 1969, Martin Redish avait proposé que les *corporations* jouissent des mêmes droits que les personnes physiques, position inacceptable à une époque où elles étaient le diable personnifié, attaquées devant les tribunaux par le consumériste Ralph Nader et ses *raiders*. Mais pour Redish, l'expression commerciale doit jouir de la protection du 1er Amendement, qui s'applique aussi bien à celui qui parle qu'à celui qui entend le message. Bien avant la Cour suprême, il avait construit une doctrine jurisprudentielle reposant sur l'idée qu'il n'était pas possible de priver les citoyens de leur droit à tout entendre. Pour Redish, si on limite l'expression de nature commerciale ou financée par des dépenses électorales, c'est certes une atteinte aux droits des *corporations,* mais surtout cela prive les citoyens d'un accès à une information diversifiée ; or, pour lui, ces deux facettes de la liberté d'expression sont indispensables dans une démocratie.

La première étape du changement a été un mémorandum rédigé par un avocat souhaitant réagir à l'activisme des jeunes *Nader's raiders* qui enquêtaient et poursuivaient les entreprises coupables de divers délits. Ce mémorandum de 34 pages rédigé par Lewis Powell, associé du plus gros cabinet d'avocats de Virginie, appelait au sursaut du monde des affaires attaqué de toutes parts. Pour l'auteur, il n'était plus temps de s'occuper d'externalités, il s'agissait de sauver le système capitaliste. L'une des cibles de ce document était l'ouvrage de Charles Reich, *The Greening of America*, que Powell qualifiait d'« agression à l'égard de notre gouvernement, de notre système de justice et de la libre entreprise ». Powell appelait

1. Steven Brill, *Tailspin, The People and Forces behind America's Fifty –Year Fall and Those Fighting to Reverse It*, Knopf, 2018.

à une contre-attaque et incitait les associations et les *think tanks* à se mobiliser. Les chiffres témoignent de sa réussite. En 1971, seules 175 entreprises faisaient appel à des lobbyistes enregistrés à Washington ; aujourd'hui, 1 400 entreprises ont des bureaux à Washington. Le nombre total des entreprises et associations professionnelles représentées par les 11 000 lobbyistes enregistrés (soit 20 par membre de la Chambre et du Sénat) dépasse 1 700 [(1)], avec une dépense supérieure à 3 milliards de dollars en 2017. À ces activités de *lobbying* protégées par le 1er Amendement s'ajoute le nombre croissant de départements « d'affaires publiques » (qui font du *lobbying*) dont se dotent les entreprises et le développement des PACs destinés à financer les campagnes de ceux que le *business* soutient, majoritairement des Républicains mais aussi des Démocrates. Il y avait 300 PACs défendant les intérêts du *business* en 1971, 1 369 en 1980 et 2 553 en 2017. En raison de l'omniprésence de ces PACs et parce que les Démocrates ont besoin de collecter des fonds de campagne provenant d'origines diverses, ils ne peuvent pas faire abstraction de cette force de frappe et sont amenés à nuancer leurs positions législatives.

La seconde étape a été une décision de la Cour suprême de 1978 [(2)]. Le paradoxe est qu'il s'agissait d'une affaire intentée par Nader qui défendait un organisme de défense des consommateurs en Virginie, qui voulait obtenir l'invalidation d'une loi de l'État interdisant aux pharmacies de faire de la publicité sur le prix des médicaments. Pour eux, la publicité sur les prix encourage la concurrence et donc la baisse des prix, ce qui bénéficie aux consommateurs. Les pharmacies, très satisfaites pour leur part de la protection que leur apportait la loi, n'avaient pas cherché à faire valoir leurs droits découlant du 1er Amendement. C'est Nader qui défend la position que les consommateurs destinataires des informations sur les prix jouissent de la protection du 1er Amendement. Il n'était pas certain que la Cour suprême reconnaîtrait que les consommateurs remplissaient

1. Le chiffre est le double en comptant tous ceux qui ne s'enregistrent pas mais n'en influencent pas moins le Congrès et l'Exécutif.

2. *Virginia State Pharmacy Board v. Virginia Citizens Consumer Council*, 425 US 748 (1976).

les critères de l'intérêt à agir (*standing*), mais ce fut le cas. L'opinion de la majorité, rédigée par le juge Blackmun, affirme que « refuser de protéger l'expression simplement parce qu'elle est commerciale est une approche simpliste qui prive les destinataires de leur droit découlant du 1er Amendement ». L'intérêt pour le consommateur d'un libre échange d'informations commerciales est aussi fort, voire plus fort, que l'intérêt qu'existe un libre débat politique. Forte de la conviction que ceux à qui l'absence d'informations sur le prix des médicaments porte préjudice sont « les pauvres, les malades et les personnes âgées », la Cour suprême étendit la protection du 1er Amendement. Cette décision est le résultat de l'action d'un homme de gauche défendant une association de consommateurs et c'est elle qui a ouvert la porte à l'argent en politique. Nader reconnaît et regrette « le pire effet boomerang de tous les temps [(1)] ».

Powell, nommé à la Cour suprême des États-Unis quelques semaines après la publication de son mémo, a pu apporter la cinquième voix nécessaire en faveur de la liberté d'expression pour les *corporations* dans *First National Bank of Boston* [(2)]. La décision déclare inconstitutionnelle une loi du Massachusetts interdisant à une *corporation*, la banque de Boston, de dépenser pour faire de la publicité sur les grandes questions de politiques publiques, dans ce cas un référendum sur l'impôt sur le revenu. L'avocat de l'entreprise soulignait l'importance du 1er Amendement qui doit protéger un large débat informé sans tenir compte du locuteur. « La Constitution protège souvent des intérêts sociétaux plus larges que ceux de la partie qui veut faire valoir son droit. En conséquence, la question à poser n'est pas de savoir si les *corporations* jouissent des droits du 1er Amendement et si, dans l'affirmative, ces droits sont les mêmes que ceux des personnes physiques. La question doit être de déterminer si la loi interdisant les publicités par la banque limite l'expression que le 1er Amendement se doit de protéger. Nous jugeons que c'est le cas ». À l'époque, le conservateur *Justice* Rehnquist rédigea une opinion dissidente soulignant l'influence indue que les *corporations* pourraient exercer si elles avaient la

1. Brill, *op. cit.* p. 98.

2. *First National Bank of Boston v. Bellotti,* 435 US 765 (1978).

possibilité de financer des publicités politiques : « Un État accorde à une entreprise les avantages que sont une existence perpétuelle et une responsabilité limitée de façon à améliorer son efficacité en tant qu'entité économique. On peut raisonnablement conclure que ces propriétés, si bénéfiques dans la sphère économique, présentent des dangers particuliers dans la sphère politique ». Il n'a pas été entendu et l'étape suivante a été *Citizens United* dans laquelle la majorité (à cinq voix contre quatre) jugea qu'il n'est pas possible de limiter l'expression politique, donc les dépenses électorales d'une personne, physique ou morale, simplement parce qu'elle est fortunée. Pour les juges de la majorité, les interdictions visées étaient clairement inconstitutionnelles puisqu'elles opéraient une discrimination à l'encontre des grandes entreprises et des millionnaires mais la virulence des opinions dissidentes révèlent les débats internes à la Cour suprême. La décision *Citizens* précise que le Congrès a l'autorité pour réglementer l'activité politique si celle-ci est susceptible de corrompre. Mais la définition de la corruption retenue par la Cour est si étroite (donnant-donnant ou *quid pro quo*) qu'elle ne prend pas en compte la corruption systémique ou « légale » (non interdite) [(1)] qui découle de la dépendance dans laquelle se trouvent les élus qui doivent financer des campagnes électorales toujours plus onéreuses [(2)]. Le résultat est la multiplication des Super PACs créées pour profiter de l'aubaine offerte par *Citizens* et des publicités négatives financées par eux. Pour la Cour, ce n'est pas un problème puisque les Super PACs sont censés ne pas se coordonner avec les candidats. Mais ils le font, et le mythe de la non-coordination a montré ses limites [(3)].

---

1. Anne Deysine, « Argent et élections aux États-Unis : la campagne de 2012 », *Potomac Paper*, n° 13, juin 2012.

2. Plusieurs études font apparaître que les membres du Congrès passent chaque jour près de cinq heures à collecter des fonds, l'objectif étant 18 000 dollars par jour, ce qui limite leur temps de présence et de travail à DC à deux jours, du mardi matin et au jeudi après-midi ; puis les membres du Congrès repartent dans leur circonscription. « Fundraising demands turning lawmakers into telemarketers », *The Hill*, 24 avril 2016.

3. Hillary Clinton était soutenue par un Super PAC dont le responsable était l'un de ses anciens proches conseillers.

La domination des groupes indépendants extérieurs constitue un réel problème pour la démocratie car ces derniers concentrent leurs dépenses prétendument indépendantes sur quelques campagnes de façon à submerger les dépenses du candidat et celles des comités du parti. Or, ces groupes indépendants à l'origine de publicités mensongères et des pires excès des campagnes électorales sont irresponsables aux sens juridique et politique ; ils ont, qui plus est, une durée de vie limitée, peuvent changer de nom à volonté et les abus ne sont jamais sanctionnés. Un autre risque mis en lumière par les enquêtes d'opinion est que tous ces éléments cumulés aboutissent à accroître le cynisme et la désaffection et à décourager la participation électorale et financière des citoyens. C'est un risque réel, même si le candidat Obama en 2008 et le candidat « socialiste » Bernie Sanders en 2016 sont parvenus à mobiliser un grand nombre de petites contributions et à faire voter en masse. Comme en 2018, il peut y avoir en 2020 mobilisation et forte participation tant électorale que financière [1]. Mais les dés sont pipés en faveur des nantis.

L'omniprésence du *lobbying*

L'autre grand bénéficiaire du 1er Amendement est le *lobbying*. Le pouvoir de l'argent et des *lobbies* ne date pas d'hier et tous les Présidents depuis Eisenhower ont dénoncé le *Washington as usual* devenu « le marécage de Washington » pour D. Trump qui s'était engagé à l'assécher. Les campagnes électorales ont été l'occasion d'attaques populistes « anti groupes d'intérêts et lobbies » par des candidats comme Jimmy Carter qui s'était ému en quittant la Présidence : « L'Amérique n'est plus une nation. C'est une commission de *lobbies* ». En 1992, le candidat B. Clinton s'était engagé à s'attaquer aux intérêts spéciaux (*special interests*) et au financement des élections, mais il a usé et abusé du système. Ross

1. À fin septembre 2019, Bernie Sanders a franchi le cap du million d'individus qui soutiennent sa campagne pour la Présidence. Il a collecté 18 millions de dollars en trois mois de juin à septembre 2019, 97 % en provenance d'individus qui ont donné en moyenne dix-huit dollars.

Perot durant la même campagne criait à la mainmise des Japonais, *via* le *lobbying* sur le système politique et économique américain et proposait une télé-démocratie directe qui aurait éliminé les « intérêts spéciaux ». La campagne 2008 a été marquée par l'attention portée par les deux candidats (Obama et McCain, co-auteur de la loi BCRA de 2002) aux dérapages éthiques et à la lutte contre les tout-puissants et omniprésents groupes d'intérêts qualifiés d'« intérêts spéciaux ». Le candidat Obama s'était engagé à fermer la porte de communication entre le gouvernement et l'industrie du *lobbying* (*revolving door*) et, dès son entrée en fonction, il signait un décret présidentiel interdisant cette pratique, affirmant que le texte constituait une rupture nette avec le passé (*a clean break from business as usual*). Mais tout aussi vite, le Président a accordé des dérogations et fait des exceptions à la règle, ce qui a sapé la fragile confiance des citoyens et créé une impression de « deux poids, deux mesures », ainsi que l'affirment des groupes d'intérêt public comme Citoyens pour la responsabilité éthique à Washington (CREW). La première exception a concerné William Lynn, ex-lobbyiste de Raytheon (le fabricant d'armes [1]), nommé secrétaire adjoint à la Défense et l'autre Marc A. Patterson, ex-lobbyiste pour Goldman Sachs (qui reçut des milliards de dollars du plan de sauvetage des banques), nommé chef de cabinet du secrétaire au Trésor, Tim Geithner. Tous deux ont dû obtenir une dérogation (*waiver*) aux règles nouvellement promulguées parce qu'ils étaient l'année précédant leur nomination rémunérés par des sociétés qui allaient être directement affectées par les décisions et règles adoptées par les deux ministères en question. Malgré les engagements de B. Obama de réformer le *Washington as usual*, si peu a changé qu'en 2016 D. Trump a pu faire campagne sur le même thème rebaptisé le « marécage de Washington ». Et la situation s'est aggravée avec D. Trump qui est revenu sur les quelques règles existantes, s'est entouré d'un cabinet au sein duquel le conflit d'intérêt est devenu la règle et a installé les lobbyistes au cœur de la Maison-Blanche et des agences.

Lobbying, qui vient de *lobby* ou couloir, apparaît en 1808 et est d'usage courant au Capitole dès 1832. Il recouvre à l'origine la

1. Raytheon est l'une des plus grosses entreprises travaillant pour le Pentagone et a obtenu plus de 18 milliards de dollars de contrats en 2007.

défense d'intérêts privés auprès du Congrès par des individus ou groupements importants. Une définition du *lobbying* recouvre « tous efforts incluant la sollicitation personnelle afin d'inciter les membres du Congrès à voter d'une certaine façon ou à déposer une proposition de loi » (*Black's Law Dictionary*). De nos jours, le phénomène s'exerce non seulement à destination du Congrès, mais des agences réglementaires, de la bureaucratie et de la Présidence ; en bref toute institution ayant un pouvoir décisionnaire, tant au niveau fédéral qu'à celui des États, fait l'objet des attentions des *lobbyists*. Et réciproquement, le Président, de même que les agences réglementaires, font du *lobbying*.

James Madison avait compris la « puissance des factions », car les groupes d'intérêt apparaissent dès lors qu'il y a vie en société, et leurs dangers. Il explique dans *Le Fédéraliste* n° 10 qu'à défaut de pouvoir en éliminer les causes, il faut au moins contrôler leurs effets. Mais des raisons institutionnelles expliquent leur rôle majeur : la complexité des circuits décisionnels résultant du système de freins et contrepoids et l'existence d'un système fédéral décentralisé multiplient les points possibles d'accès et de pression. La protection du 1er Amendement qui stipule que « le Congrès ne fera aucune loi [...] restreignant la liberté d'expression ou le droit des citoyens de se réunir pacifiquement et d'adresser à l'État des pétitions pour obtenir réparation des torts subis » permet au *lobbying* de fonctionner sans guère de contrôle. Selon que l'on défend une thèse pluraliste ou élitiste, le *lobbying* sera perçu comme révélateur d'une démocratisation du pouvoir ou au contraire d'une confiscation du pouvoir. Pour les tenants de la thèse pluraliste[1], l'intérêt général est la somme des intérêts particuliers qui ont la possibilité de se faire entendre, se concurrencent et se font équilibre. Laurent Cohen-

1. David Truman et Lester Milbrath en particulier insistent sur l'apport démocratique des groupes d'intérêts qui, à l'instar des partis politiques, concourent à l'articulation et à la canalisation des idées : Lester Milbrath, *The Washington Lobbyists*. Chicago, Rand McNally, 1963 ; David Truman, *The Governmental Process: Political Interests and Public Opinion*, Praeger Publishers Inc., 1981.

Tanugi [1] s'était laissé séduire par cette représentation privée de la société américaine assurée par les *lobbies* et les *lawyers* (souvent *lobbyists*) : « Les *lobbies* jouent le rôle de représentants privés, de médiateurs de la société tandis que les *lawyers* font évoluer le processus de représentation à l'extérieur même des instances traditionnelles de représentation politique, en concurrence avec elles, voire contre elles ». Selon Wright Mills au contraire et les tenants de la thèse élitiste [2], les groupes d'intérêts les plus puissants sur-représentent la bourgeoisie et le monde des affaires (*Big Business*) aux dépens des autres groupes, qui sont éliminés et c'est le bien commun qui en pâtit nécessairement. Pour les uns, les *lobbyists* sont des dangereux trafiquants d'influence (*influence peddlers)* prêts à se vendre aux banques, aux pétroliers ou aux intérêts saoudiens ; pour les autres, le *lobbying* est un mécanisme indispensable au bon fonctionnement du système politique.

Si l'on en croît divers sondages étalés dans le temps, deux tiers des personnes interrogées estiment que les hommes politiques cherchent davantage à satisfaire les intérêts spéciaux qu'à œuvrer pour l'intérêt général. Ce qui explique qu'il faut généralement la pression des événements et des scandales [3] pour pousser l'électorat à exiger des membres du Congrès des réglementations : en 1872 puis en 1938 le *Foreign Agents Registration Act (FARA)* [4], puis le

1. Laurent Cohen-Tanugi, *Le droit sans l'État*, PUF 1985, réédition Quadrige, 1992.

2. Pierre Birnbaum, *La structure du pouvoir aux États-Unis*, Presses universitaires de France, 1971 ; Charles W. Mills, *L'élite du pouvoir*, Agone, coll. « L'ordre des choses », 2012.

3. Pour un historique des scandales et lois votées, voir « Easing the pressure on pressure groups: Towards a Constitutional Right to Lobby », Andrew P. Thomas, *Harvard Journal of Law & Public Policy*, vol. 16, 1993. L'auteur passe en revue les arrêts rendus quand ces lois ont fait l'objet de recours en inconstitutionnalité et dégage les critères retenus par la Cour suprême. *Rumely v. United States*, 345 US 41 (1953) ; *United States v . Harris*, 347 US 612 (1954); *Regan v. Taxation with Representation of Washington*, 461 US 540 (1983).

4. La loi FARA requiert que les individus agissant en tant qu'agents ou représentants de puissances étrangères s'enregistrent auprès du garde des Sceaux et commu-

Federal Registration of Lobbying Act (FRLA) de 1946 et finalement le *Lobbying Disclosure Act* de 1995 et le *Honest Leadership and Open Government Act* de 2007. À ces textes s'ajoutent des réglementations indirectes et complémentaires qui ont été adoptées pour tenter de limiter l'influence des intérêts spéciaux et du *lobbying*. C'est le cas du *Ethics in Government Act* de 1978 et d'un texte limitant le pantouflage et la pratique du tourniquet (*Post-Employment Restrictions Act*) (1) de 1989. Le Congrès s'est attaqué à la facette financière du problème en exigeant dans la loi de 1978 la divulgation du patrimoine des membres de l'administration et du Congrès ainsi que des dons qui leur sont faits. La seconde loi traite du passage vers le secteur privé ou tourniquet (*revolving door*) avec des périodes d'interdiction aussi bien pour les membres de l'administration que pour ceux du Congrès ou leurs équipes (2). Les Chambres ont par ailleurs renforcé leur code d'éthique en matière de dons, petits cadeaux et honoraires (3) versés pour allocutions diverses devant les groupes d'intérêts.

Malgré tout, le *lobbying* est un phénomène si protéiforme et si bien protégé par le bouclier du 1er Amendement que les lobbyistes ont toujours un temps d'avance et trouvent parades et échappatoires (*loopholes*). Pourtant, les tentatives pour moraliser le processus politique ont permis de rendre publics le patrimoine et les divers versements dont bénéficient les membres du Congrès et

niquent des informations périodiques.

1. Voir « Post-Employment Lobbying Restrictions on the Legislative Branch of Government: a Minimalist Approach to Regulating Ethics in Government », *Washington Law Review Association,* vol. 65: 883, 1990.

2. Le *lobbying* des ex-membres de l'administration fédérale est réglementé et il existe des textes similaires dans les États imposant un délai avant que ceux-ci ne puissent exercer des activités de *lobbying* sur les membres de l'administration dont ils émanent. Pour les membres du Congrès et leurs équipes, toute activité de *lobbying* rémunérée (*compensated acts*) est interdite pendant l'année qui suit leur départ du Congrès ou leur non-réélection.

3. Les *honoraria* ont été limités dans la loi de 1978, puis interdits en 1989 à la chambre des Représentants et en 1991 au Sénat, en échange d'une substantielle augmentation de salaire que se sont octroyé les sénateurs.

les Présidents (et candidats à la Présidence) pendant les campagnes électorales ou durant leur mandat. Il faut se féliciter de ce progrès, qui permet aux groupes d'intérêt public d'analyser les chiffres et de mettre en lumière les corrélations éventuelles entre contributions électorales et action ou inaction des membres du Congrès. Mais c'est une arme à double tranchant qui conforte l'électeur dans sa conviction que les élus sont tous nécessairement à la solde des intérêts spéciaux. Cette perception tend à susciter le cynisme et à éloigner les électeurs des urnes car à la différence de la question du port d'armes pour les membres du *lobby* des armes, les électeurs préoccupés par d'autres sujets classent rarement la réforme du *lobbying* comme prioritaire dans leurs décisions de vote.

C'est peu connu, mais les excès du *lobbying* sont en partie responsables du déficit budgétaire. Le Congrès n'a pas adopté de « vrai » budget selon les règles depuis 1996 et les déficits ont augmenté en grande partie parce que le système des marchés publics est prisonnier des lobbyistes dont la priorité n'est ni le bien commun ni les économies budgétaires. Ceci explique les dépenses toujours croissantes du Pentagone et les dépassements quasi systématiques de budget. L'exemple de l'entreprise Lockheed Martin et de l'avion F 35 est emblématique. En 2001, les prévisions budgétaires pour construire 2 866 avions F35 étaient de 233 milliards de dollars. En 2017, le coût estimé pour en construire 2 457 seulement s'élève à 379 milliards de dollars (+ 63 %). Ce n'est guère étonnant lorsque l'on sait que le secteur de la défense emploie 757 lobbyistes et que les dépenses de *lobbying* pour 2016 se sont élevées à 128,8 millions de dollars. C'est un bon retour sur investissement pour les entreprises et c'est très mauvais pour le bien commun. Le mécanisme est toujours le même. Les responsables du Pentagone veulent obtenir le financement des avions ou matériels dont ils estiment avoir besoin ; ils sous-estiment les coûts et s'informent aussi peu que possible sur le coût réel de façon à ne pouvoir être convaincus de tromperie. Une fois le processus lancé, il est difficile de mettre fin au programme, d'autant que l'entreprise prend soin de répartir la production en de multiples sites situés dans autant d'États et de circonscriptions que possible. Dans le cas du F35, 46 États, soit la quasi-totalité, étaient concernés. Robert Gates, qui fut ministre de la Défense de G.W. Bush et de B. Obama, parvint à supprimer 36 projets dispendieux et hors-budget mais c'est l'exception, ce que confirme une étude du GAO portant sur l'année 2010. Sur 66 projets, lancés avant B. Obama, seuls 13 n'avaient pas dépassé le budget prévu. Le surcoût des autres s'élève à 296 milliards de dollars. En matière de marchés publics existe la classique relation incestueuse entre les trois sommets du triangle qui ont besoin les uns des autres et ne veulent pas se fâcher, ce qu'atteste la fréquence de rotation entre les différents postes. Les bureaucrates du Pentagone ont besoin de beaux projets et de points de chute lucratifs dans un cabinet de *lobbying* après un passage de quelques années dans l'administration, purgatoire mal payé mais qui les rend attractifs. Les entreprises doivent se concilier les bonnes grâces des responsables du Pentagone qui définissent les critères et celles des élus dont dépend le financement du projet. Comme les fonctionnaires, les élus et leurs équipes ne veulent pas se fâcher avec leurs futurs employeurs. Ce n'est donc pas une question de corruption personnelle mais systémique, une culture de la corruption qui n'est pas contraire à la lettre de la loi, mais détruit le système de l'intérieur. Et c'est au contribuable de payer. Mais si certains contribuables doivent financer l'inefficacité et les excès, les grandes entreprises et les milliardaires ne sont guère affectés car ils ne payent que peu d'impôts en raison des niches fiscales et des régimes spéciaux et dérogatoires ajoutés dans le code des impôts grâce aux lobbyistes au fil des réformes fiscales successives. C'est un sujet qui fait régulièrement la Une, mais pas au point que les électeurs se prononcent sur ce type de problème. Comme pour le financement des élections, les électeurs sont conscients mais ce n'est que rarement l'élément déterminant de leur vote [1]. Dans l'un et l'autre cas, cela accroît le cynisme et amène un nombre croissant d'électeurs à bouder les urnes.

1. 2020 sera différent car les propositions de nature institutionnelle et politique touchant au découpage électoral ou au financement des élections sont très présentes en particulier au niveau des États.

La dictature du droit

Steven Brill [1] montre qu'une perversion des valeurs-clés des États-Unis, ainsi la clause de *due process*, s'est faite au bénéfice d'une minorité. Les États-Unis sont un pays de *common law* ou droit jurisprudentiel souvent vanté pour sa flexibilité et son pragmatisme. Mais c'est un droit dépourvu d'un Code civil définissant de grands principes et des règles de droit supplétif. Avocats et juristes ont découvert que le droit des États-Unis tel qu'il fonctionne aujourd'hui crée de l'insécurité juridique, ce qui suscite en réaction la tentation de vouloir inclure toujours plus de détails afin de tenter de ne rien oublier. C'est vrai en matière contractuelle avec l'inclusion de clauses-types (*boiler plate clauses*) et c'est vrai en matière de réglementation, environnementale ou autre. Chaque texte peut comporter des centaines de pages et d'articles, ce qui accroît la complexité du projet et les délais. Un auteur a parlé de « mort du bon sens [2] » en montrant comment il est devenu impossible de bâtir un pont ou d'apporter une réponse rapide et de bon sens à une urgence en raison de la multiplication des règles et des risques de contentieux.

C'est dans ce contexte que des juristes animés des meilleures intentions et cherchant à accroître les droits des individus se battirent pour une prise en compte accrue de la garantie de procédure régulière (*due process* [3]) devenue de nos jours un obstacle au licenciement de fonctionnaires incompétents comme à la construction d'un tunnel. Le *Civil Service Reform Act* de 1883 a imposé un niveau de compétences minimum et un système de concours, gros progrès par rapport au système des dépouilles. Mais 80 ans plus tard, Robert Reich a changé la donne avec son essai « La nouvelle propriété » publié dans le *Yale Law Journal* en 1964. Il

---

1. Steven Brill, Tailspin, *The People and Forces behind America Fifty-Year-Fall and those fighting to reverse it,* Knopf, 2018.

2. *The Death of Common Sense, How Law Is Suffocating America,* Philip K. Howard, Random House, 1995, 2e éd. 2010.

3. Le 5e Amendement interdit de priver un individu de sa vie, sa liberté ou sa « propriété » sans un procédure juste (*without due process of law*). Le 14e Amendement a imposé l'exigence d'une procédure juste aux États fédérés.

y défend l'idée que les avantages sociaux et la couverture maladie dont bénéficient les salariés doivent être considérés comme un type de « propriété » dont il n'est pas possible de priver leurs détenteurs sans garantie d'« une procédure juste ». La Cour suprême l'a entendu quand elle a cassé la décision de licenciement d'un vigile qui avait menti lors de sa candidature d'emploi, affirmant que le salarié avait droit à « être notifié verbalement et par écrit des griefs retenus contre lui et devait avoir l'opportunité de présenter sa version des faits ». L'employé a finalement été licencié, mais le système de méritocratie créé en 1883 s'est, en raison de cette jurisprudence, transformé en un mélange de droits acquis et de quasi-monopoles au sein duquel il est devenu impossible de tenir les fonctionnaires responsables de leurs erreurs ou de leur mauvaise gestion et de les licencier [1]. L'une des conséquences est la dictature des syndicats du secteur public. Grâce à l'action des syndicats qui furent tout-puissants et de leurs préférences pour un avancement à l'ancienneté plutôt qu'au mérite, enseignants et employés municipaux jouissent de privilèges et d'une protection quasi illimitée. La décision *Janus* [2] de la Cour suprême en 2018 a été très critiquée par la gauche parce qu'elle limite les droits des syndicats du secteur public, mais le problème est réel. À la tête de quasi-monopoles, ceux-ci sont responsables d'une partie des blocages et des déficits des municipalités qui doivent financer des plans de retraite très avantageux dont le coût n'est plus supportable. Cette situation explique les attaques des Républicains et les réformes indispensables entreprises par de nombreuses municipalités. Mais la politique n'est jamais loin.

---

1. Une lettre de licenciement doit de nos jours préciser les instructions spécifiques auxquelles la personne ne s'est pas conformée et le type particulier de vigilance ou de contrôle qu'il ou elle aurait dû exercer

2. *Janus v. American Federation of State, County, and Municipal Employees*, 585 US ___ 2018.

Crises du capitalisme et de la démocratie

Comme les 1 % les plus riches n'ont pas besoin d'un réseau d'éducation publique, ni d'un système de retraite et encore moins d'un service des impôts opérationnel, ils font en sorte que leurs contributions électorales incitent les membres du Congrès à toujours plus couper dans le budget des ministères et des agences [1]. Pour le service des retraites, le budget alloué a baissé de 10 % entre 2010 et 2016 tandis que le nombre de retraités augmentait de 12 %. Le gel des recrutements a pour conséquence des services de moindre qualité. Il faut patienter trois semaines pour obtenir un rendez-vous et le traitement d'une réclamation prend 596 jours.

C'est la même chose aux impôts (IRS) dont le budget est régulièrement diminué de quelques centaines de millions de dollars et où les contribuables rencontrent de plus en plus de difficultés pour contacter les agents du fisc lorsqu'ils ont besoin d'éclaircissements. Ce n'est pas un problème pour les plus riches qui ont leurs avocats et leurs comptables et qui profitent directement de la diminution du budget de l'IRS car les agents ont moins de temps à consacrer aux contrôles fiscaux. En conséquence, les redressements sont moins nombreux, les rentrées fiscales sont inférieures de 10 milliards de dollars par tranche d'économies de 900 millions de dollars et les intérêts des nantis sont de mieux en mieux protégés dans une forteresse imprenable contre laquelle les 99 % des non-protégés ne peuvent rien, en l'état actuel du système.

Les excès du capitalisme

Le résultat de l'environnement juridique et réglementaire peu contraignant est le nombre de scandales dans lesquelles les entreprises américaines sont impliquées. Elles figurent parmi les 100 premières entreprises mondiales par leur chiffre d'affaires mais aussi par le nombre de scandales se chiffrant à plus de 1,5 trillion de dollars et affectant quelque 200 millions de consommateurs. Ce n'est pas

1. Voir Thomas Frank, *How Conservatives Ruined Government, Enriched Themselves, and Beggared the Nation*, Holt Paperbacks, 2008.

nouveau : au 19e siècle, les abattoirs vendaient de la viande avariée et dans les années 1960, Detroit fabriquait des voitures « dangereuses à n'importe quelle vitesse » selon les mots de Ralph Nader à l'origine de la croisade pour les droits des consommateurs. Puis ce furent les scandales du tabac et de l'amiante dans les années 1990 qui se conclurent par des accords amiables pour un coût de 150 milliards de dollars pour les actionnaires. Il y eut les scandales comptables et financiers d'Enron, Word Com et celui des crédits immobiliers (*subprimes*) à l'origine de la crise de 2007-2008. Plus récemment, Boeing a vendu des avions dont certains services touchant à la sécurité étaient facturés en supplément, Monsanto a dissimulé le caractère dangereux de ses pesticides, la banque Wells Fargo a contraint ses clients à ouvrir 3,5 millions de comptes non désirés, Facebook a laissé Cambridge Analytica utiliser des informations personnelles et l'industrie pharmaceutique est responsable de la crise des opioïdes. Si crises et scandales se succèdent, c'est parce que ces entreprises sont en situation de position dominante, les quelques règles existantes ne sont pas appliquées et les sanctions sont minimes.

Malgré les révélations par les médias, les enquêtes du Congrès parfois et quelques condamnations, elles n'ont perdu en moyenne que 11 % du prix médian de leurs actions. Et sur dix affaires récentes, seuls deux patrons ont dû démissionner, ceux de Wells Fargo et d'Equifax. Quant à la rémunération moyenne des responsables, elle a, selon Bloomberg, augmenté au cours des dernières années. Les raisons sont les réglementations insuffisantes et l'inapplication des rares textes [1]. La régulation est entre les mains des agences soumises aux lobbyistes et qui réglementent peu. Et comme la bureaucratie n'est pas suffisamment étoffée, elle n'a pas les ressources pour faire appliquer et poursuivre ; ou alors elle délègue comme dans le cas de l'administration de l'aviation fédérale (FAA) qui a sous-traité une partie de son processus d'inspection aux employés de Boeing. Il reste les actions en justice peu efficaces. Les poursuites ont montré leurs limites et rares sont les dirigeants d'entreprise qui vont en

1. C'est vrai aussi pour les individus. À cet égard, les affaires de fraude fiscale qui ont touché les proches de Trump sont venues sur le devant de la scène, mais c'est l'exception.

prison. Les dommages et intérêts élevés accordés à l'issue d'une action de groupe ont un temps permis de sanctionner les entreprises et d'indemniser les consommateurs. Mais les sommes n'ont jamais été très élevées et sont donc peu dissuasives : elles ne représentent qu'environ 2 % du produit national brut par an. De surcroît, la Cour suprême a, par ses décisions depuis quelques années, rendu plus difficile la mise en œuvre des actions de groupe [1]. En ce qui concerne les litiges de droit du travail, les clauses d'arbitrage imposées par les entreprises excluent les recours collectifs (*class actions*) ; validées par les juridictions, elles ont laissé les salariés sans remède [2]. Seuls le boycott et l'atteinte à l'image de l'entreprise semblent encore avoir un impact [3].

Le piège de la philanthropie

Entreprises et milliardaires profitent du système et, comble de cynisme selon certains, parviennent à convaincre le bon peuple de leurs intentions louables et des bienfaits de leurs actions philanthropiques qui ont pourtant des inconvénients majeurs. Le premier est que les déductions fiscales pour dons dont bénéficient ces millionnaires coûtent 60 milliards de dollars par an au Trésor. Cet argent pourrait être utilisé pour financer des infrastructures, des routes, des transports publics, des écoles publiques de bonne qualité selon des politiques décidées par les élus. Or ce sont des individus non élus qui choisissent les priorités et les secteurs dans lesquels l'argent sera dépensé. Ainsi l'entreprise Sackler est un mécène actif en faveur du soutien à l'art qui est sa priorité mais sans doute pas celle de tous ceux qui sont touchés par la crise des opiacés dont elle est responsable, à cause de ses mensonges sur le danger du médicament Ocycontin. Comme Coca-Cola, responsable de l'épidémie de diabète chez les jeunes ou Wells Fargo qui a trompé ses clients en leur ouvrant des comptes bancaires à leur insu, ces entreprises s'achètent à bas coût bonne conscience et image positive.

1. *Wal-Mart v. Dukes*, 564 US 338 (2011)
2. *Lamps Plus, inc., et al. v. Varela*, No. 17–988.,24 Avril 2019
3. « The New Age of Corporate Scandals », *The Economist*, 6 Avril 2019.

L'ouvrage d'un ancien éditorialiste du *New York Times* [1] montre bien comment ces super-riches « font le bien » en saupoudrant quelques millions de dollars et de bonnes actions tout en se gardant bien de s'attaquer aux racines du mal et aux causes de la situation actuelle, les inégalités croissantes et la stagnation des salaires de la classe moyenne. S'attaquer à ces problèmes irait directement contre leurs intérêts, ce qu'ils ne sont pas disposés à faire. L'auteur montre comment la mondialisation a profité à ces millionnaires qui se réunissent dans des lieux chics comme Aspen, au Colorado, ou Davos en Suisse pour colloques, conférences et événements réservés aux puissants de ce monde et financés par Monsanto, Pepsi ou les frères Koch. Ils y décident de l'avenir du monde tout en se gargarisant de slogans tels que « gagnant-gagnant », « capitalisme philanthropique », « investissement socialement responsable », « intelligence artificielle ». Et ils financent leurs programmes « bonne conscience » sans s'attaquer aux règles et politiques fiscales injustes responsables des distorsions du marché. Car la mondialisation n'a pas apporté les bénéfices promis à la majorité des Américains.

Pour A. Giridharadas, la responsabilité de cette situation est partagée entre des conservateurs comme les frères Koch qui ont discrédité l'État et l'action de l'État et certains libéraux bien intentionnés qui en individualisant le « sauvetage de la planète », ont ouvert la voie aux populistes et ont permis à D. Trump de convaincre 40 % des électeurs que « lui seul était la solution » (*I alone can fix it*). Jusqu'ici ces généreux donateurs ont laissé entendre qu'ils pourraient s'acheter quelques yachts ou châteaux supplémentaires au lieu de s'efforcer en toute bonne foi d'améliorer le monde ou de sauver la planète et ils sont parvenus à contrôler le récit et à proposer un semblant de justification de la situation et de leurs actions [2]. Combien de temps encore ? Comme Thomas Piketty l'a souligné,

1. Anand Giridharadas, *Winners Take All; The Elite Charade of Changing the World*, Alfred A. Knopf, 2018.

2. David Callahan, *The Givers: Wealth, Power and Philanthropy in a New Gilded Age*, New York, Knopf, 2017 ; Nancy MacLean, *Democracy in Chains: The Deep History of the Radical Right's Stealth Plan for America*, Viking, 2017.

« la longévité du système dépend de l'efficacité du mécanisme de justification ».

Crises du capitalisme et de la démocratie sont liées

Plus largement, la crise de la classe moyenne et la montée des inégalités interrogent l'avenir du capitalisme et celui de la démocratie dans un système capitaliste global. Le système capitaliste, pour survivre, doit se réformer en profondeur et s'attaquer à la confiscation des profits entre quelques mains mais cette réforme n'est possible que si l'électeur est à nouveau en mesure de peser par son vote sur les décisions. Certains auteurs insistent sur le sauvetage du système capitaliste ; d'autres sur la survie de la démocratie. Robert Kuttner [1] met l'accent sur la démocratie et Steven Pearlstein [2] sur le capitalisme américain, mais survie de la démocratie et survie du capitalisme sont intimement liées. Certains font des propositions spécifiques, veulent s'attaquer aux monopoles ou instaurer un impôt sur les transactions financières. Paul Collier [3] considère que les fractures économiques profondes ont déchiré le tissu social. « L'anxiété, la colère et le désespoir ont déchiqueté les allégeances politiques, la confiance dans le gouvernement et la confiance dans les autres ». Il écrit : « Avec son insistance impitoyable sur les bénéfices et la répartition de plus en plus inégale des revenus et des chances, le capitalisme anglo-américain a perdu la majeure partie de sa légitimité économique, politique et morale ». Pour lui, la responsabilité est partagée entre les idéologues de gauche avec leur foi excessive en l'État et les idéologues de droite avec leur foi excessive dans les marchés non régulés. Il prône le retour à l'attitude centriste et pragmatique qui caractérisait l'immédiat après Seconde Guerre mondiale, quand l'accent était mis sur la prospérité partagée et les obligations réciproques. Son ouvrage se veut moins économique que moral lorsqu'il regrette la disparition du citoyen acteur de la

1. Robert Kuttner, *Can Democracy Survive Global Capitalism?* Norton & Co., 2018.

2. Steven Pearlstein, *Can American Capitalism Survive* ? St Martin's Press, 2018.

3. Paul Collier, *The future of Capitalism facing the New Anxieties*, Harper 2018.

cité et la transformation d'un État éthique en un État paternaliste, la responsabilité de la création d'une société juste incombant non plus au citoyen mais à l'État. Si Paul Collier est opposé à un rôle central de l'État, il s'attaque aussi à l'entreprise[1] lorsque son seul objectif est de maximiser les profits, ce qui a causé la désaffection du travailleur américain et son cynisme renforcé par les rémunérations faramineuses des dirigeants. Dans le sillage de Robert Putnam[2], il regrette aussi la disparition de la famille et la dictature de la réalisation individuelle au détriment du bien collectif. Il apparaît qu'économie et politique sont intimement liés et que le capitalisme est condamné à terme sauf s'il s'attaque à la confiscation des profits entre quelques mains. La réforme du capitalisme passe par un retour à un fonctionnement plus démocratique qui permettrait d'élire des représentants qui ne soient pas à la solde des entreprises et des plus riches, ce qui n'est possible que si l'électeur est en mesure de peser par son vote sur les décisions qui seront prises. Ceci implique la fin de l'argent omniprésent, une mise en jeu efficace des contre-pouvoirs et des institutions, bancaires et fiscales, susceptibles d'empêcher la prospérité et l'ascension d'hommes comme Trump, Manafort, Michael Cohen et consorts dont les excès et violations n'ont été connus et rendus publics que grâce à l'enquête sur l'ingérence russe[3].

Où est le « récit progressiste » ?

La réforme de l'environnement économique doit passer par la voie politique dont tous les rouages sont entre les mains de ceux qui ne veulent surtout pas de changement. Pour le moment, il manque encore à gauche l'équivalent du récit concocté et imposé par les conservateurs. Il manque du côté Démocrate la panoplie

---

1. Il propose de rendre les administrateurs juridiquement responsables et est en faveur d'un impôt sur les transactions financières.

2. Robert Putnam, *Our Kids: The American Dream in Crisis*, Simon & Schuster, 2015.

3. « The rule of law in the United States is in dismal shape », *Washington Post*, 10 août 2018.

de *think tanks*, financés par les millionnaires de gauche chargés de développer les cadres de la pensée libérale. S'il existe des *think tanks* de gauche, le CAP (*Center for American Progress*) créé en 2003 ou l'Institut des politiques progressives (*Progressive Policy Institute*), ils manquent comme souvent du côté Démocrate de la détermination systématique dont savent faire preuve les conservateurs. Or elle seule pourrait contrebalancer la puissante machine de guerre que constitue l'association entre milieux d'affaires et droite religieuse. En ne développant pas les cadres conceptuels susceptibles de s'adresser aux cols bleus et à la classe moyenne, le parti Démocrate a perdu la classe ouvrière qui continue à voter contre ses intérêts grâce à l'habileté des conservateurs, leur insistance sur les valeurs culturelles (avortement, mariage pour tous et port d'armes) et leur monopole du récit politique passant sous silence les difficultés économiques des plus pauvres et l'enrichissement des 1 %.

C'est pourquoi les programmes de candidats comme Alexandra Occasio Cortez élue à la Chambre en 2018 ou Bernie Sanders candidat à la Présidence en 2016 et en 2020 trouvent un tel écho chez les électeurs et inquiètent le Président Trump candidat à sa réélection. Il a beau qualifier Sanders et Warren, également candidate en 2020, de « socialistes », leur programme n'est pas de nationaliser les mines ou les exploitations pétrolières mais de restaurer un équilibre entre marchés, gouvernement et société civile et de proposer un modèle différent d'État qui apporterait protection sociale et environnementale et investirait dans les infrastructures et l'éducation [(1)]. Il incomberait aussi à cet État comme à son prédécesseur de la fin du 19e siècle d'assurer un rôle de gendarme des entreprises et de leur concentration [(2)]. Mais cette approche qui semble modérée est loin de l'ADN conservateur dominant et de

1. Ce qui implique à défaut de la gratuité une réduction drastique des droits d'inscription. Les dettes étudiantes s'élèvent à 1,5 trillion de dollars, soit 1 500 milliards de dollars.

2. Elizabeth Warren, candidate aux primaires démocrates en 2020, a mis au centre de son programme le retour à une application stricte des lois en matière d'antitrust et de lutte contre la criminalité en col blanc. Voir Elizabeth Warren, *Big Tech, and the History of Antitrust Law in the US*, 15 mars 2019.

l'opposition entre individualisme et collectivisme tels qu'exprimés par exemple par George Will [1]. Pour lui, lorsque E. Warren ou B. Obama replacent le succès d'un individu dans l'environnement social dont il a pu bénéficier (éducation ou réseau d'infrastructures financés par la collectivité), c'est parce qu'ils ont pour objectif de diluer le concept d'individualisme et de faire avancer un agenda politique collectiviste. Will ne nie pas qu'un individu a besoin du comportement coopératif des autres, mais le corps social doit être vu non comme une manifestation de l'État mais comme un ordre spontané de coopération entre individus sur le mode contractuel. Les conservateurs prônent un État humble qui reste à l'écart de façon à ne pas brider la « créativité spontanée de la société ». Il reste alors la question de la source des inégalités de fortune, selon qu'elles sont vues comme le résultat de la productivité d'un individu ou d'un héritage génétique.

Parce qu'ils considèrent que le succès dépend au moins en partie de prédispositions génétiques, les progressistes sont en faveur d'un rôle redistributeur de l'État susceptible de compenser les inégalités de naissance. Pas Will et les conservateurs pour qui il n'est pas évident que le pouvoir politique doive avoir pour objectif et mission de niveler les différences naturelles. Pourtant la transmission des aptitudes cognitives se traduit en transmission d'avantages familiaux et dans la situation actuelle, il est possible de prédire l'avenir d'un enfant à partir de la situation de ses parents. Les Américains se sont souvent imaginés comme une société sans classes permettant la mobilité sociale mais il faut bien constater qu'il existe une sous-classe piégée dans une transmission intergénérationnelle de la pauvreté et que la mobilité vers le haut est bloquée par les élites retranchées dans leur capacité à transmettre leurs avantages à leurs enfants. La possibilité d'étudier dans une institution d'élite fournit des avantages considérables qui durent toute la vie et qu'il est difficile de mesurer en termes uniquement monétaires. C'est pour lutter contre ce contexte et le récit des conservateurs que les progressistes doivent élaborer leur contre-récit mais ils ont été jusqu'ici moins disciplinés et moins déterminés. Or, pour faire avancer leur programme de capitalisme progressif, il leur

1. George F. Will, *The Conservative Sensibility*, Hachette Books, 2019.

faut remporter les élections et détenir les leviers au plan national et étatique, d'où les nombreuses propositions visant à réformer le fonctionnement des institutions.

Chapitre 9
La contagion du mauvais exemple

Aujourd'hui, les conséquences des assauts contre la primauté du droit ne sont pas qu'internes car en s'attaquant aux droits, fondement de l'exceptionnalisme américain, D. Trump affaiblit les États-Unis et leur *soft power*. Le rayonnement des États-Unis n'est pas uniquement économique et militaire; il tient à l'attractivité du rêve américain et des institutions américaines. Le comportement du Président, oscillant entre autoritarisme, menaces, racisme, enrichissement personnel et conflits d'intérêts généralisés, a un impact sur le *soft power* des États-Unis qu'il sous-estime, convaincu que seuls le *hard power* militaire et un mélange de menace/chantage sont efficaces. Dans un monde où les États-Unis ne montrent plus la voie, la contagion du mauvais exemple affaiblit l'Occident, renforce les valeurs antidémocratiques et repousse toujours plus loin la frontière entre l'acceptable et l'inacceptable.

Les États-Unis demeurent la première puissance mondiale mais les actes du Président ont un impact sur leur *leadership* et le *soft power* américain dans le monde. Avant, il y avait le message de l'exceptionnalisme et la défense des grands principes. À la manière du fondateur puritain de la colonie du Massachusetts, John Winthrop, les Présidents américains ont affirmé que les États-Unis sont « une boussole (*a beacon of light*) pour le reste du monde [1] », tout en mettant en garde ceux qui voudraient remettre en question

1. Au centre de l'idée de mission est « la ville sur la montagne » qui renvoie à l'idéal religieux auquel aspiraient les Puritains de la grande migration de 1630-1635. La cité idéale, lumière du monde est là pour guider la chrétienté vers la perfection.

cet exceptionnalisme. Le pays était et restait le défenseur des droits humains, de la démocratie et du multilatéralisme. C'est ce qui change avec D. Trump. Certes, les États-Unis n'ont jamais été parfaits. L'Amérique, c'est aussi les complots de la CIA, le soutien apporté à des dictatures d'extrême droite, les ingérences économiques en violation des beaux principes de libre concurrence. Et quels que soient les principes professés, les États-Unis n'ont pas attendu D. Trump pour faire passer leurs intérêts avant ceux des autres pays. Le plan Marshall, dont il ne faut pas nier la générosité et les effets positifs, avait pour objectif principal de contenir le communisme et de reconstruire une Europe dévastée afin de créer un marché pour les produits américains. La doctrine Truman n'a pas été qu'un acte altruiste envers les Européens, la Turquie et la Grèce.

En matière économique, les États-Unis, qui prônent et prêchent la liberté des échanges et la libre concurrence, n'hésitent pas à utiliser les moyens de la NSA pour espionner[1] les entreprises européennes. Ils n'hésitent pas non plus à « écouter » les dirigeants européens ainsi que l'a révélé l'affaire Snowden et usent de tout un arsenal juridique (dont l'application extra territoriale[2] de leurs lois anti-corruption et de boycott) pour torpiller les concurrents de leurs entreprises. Les prédécesseurs de Trump, Bush mais aussi les Présidents démocrates Clinton et Obama avaient un double discours : ils se déclaraient en faveur des droits de l'homme et n'hésitaient pas à sanctionner certains pays, mais ils ont toujours placé les intérêts stratégiques américains avant la défense des grands principes, ne voulant pas se priver de contrats, échanges commerciaux, accès au pétrole ou ventes d'armes. D'où le traitement privilégié de l'Arabie Saoudite après les attentats terroristes de 2001 alors que la quasi-totalité des terroristes venait de ce pays. Mais D. Trump ne défend même plus ces valeurs en paroles et lorsqu'il ment, critique la presse ou

1. Christian Harbulot, « La guerre économique et le *soft power* économique américain », dans : « Séduction et manipulation : le *soft power* américain », *Conflits*, hors-série 7, 2018.

2. Ali Laidi, *Le Droit, nouvelle arme de guerre économique, Comment les États-Unis déstabilisent les entreprises européennes,* Actes Sud, 2019.

les décisions rendues par les juges, il envoie un signal fort aux autocrates de la planète.

Perte de *leadership* et affaiblissement du *soft power*

D. Trump a durant sa campagne témoigné d'une hostilité absolue aux accords multilatéraux de sécurité (OTAN) et de libre-échange. L'OTAN a été qualifiée d'organisation obsolète à laquelle les alliés ne contribuent pas suffisamment. Parmi les accords de libre-échange si critiqués, la première victime a été le partenariat trans-Pacifique (TPP), initié par l'administration Obama pour asseoir l'influence américaine dans la zone Asie-Pacifique et contrer la Chine montante. D. Trump décide de quitter certains accords multilatéraux, donc défavorables aux États-Unis, et veut les remplacer par des accords par définition meilleurs car bilatéraux. Or, le multilatéralisme mis en place après la Seconde Guerre mondiale à l'initiative et sous la houlette des États-Unis, repose sur la croyance qu'un système fondé sur les normes est préférable à la loi de la jungle et au « chacun pour soi ». Mais le Président tourne le dos à des accords multilatéraux considérés comme cruciaux par la communauté internationale et à une longue tradition américaine d'engagement et de *leadership* sur la scène internationale. Les États-Unis perdent leur rôle central en partie en raison des mauvais choix de D. Trump. La sortie par décret des États-Unis du partenariat trans-Pacifique (TPP) est une excellente nouvelle pour les Chinois qui en ont profité pour s'autoproclamer champions du libre échange à Davos en 2017 et envisagent de rejoindre le projet d'accord de remplacement des autres pays membres du TPP. Lorsque D. Trump sort les États-Unis de l'accord sur le climat en violation de leurs engagements internationaux, c'est encore une bonne nouvelle pour la Chine, satisfaite d'assumer le *leadership* énergétique. Alors que D. Trump se proclame patriote et dit vouloir promouvoir les intérêts de l'Amérique, le résultat de ses actions est une perte de *leadership* dans de nombreux domaines, dont le commerce et l'environnement. En outre, par ses paroles et ses actes, il porte atteinte au *soft power*.

La « puissance douce » ou « influence culturelle » n'est pas une idée nouvelle ou inventée par Joseph Nye, ainsi que le rappelle Olivier Zajec[1]. Elle repose sur deux piliers, le rêve américain ou possibilité de réussir en partant de rien et les droits et libertés qui sont les fondements de l'exceptionnalisme américain. Encore faut-il que ces deux volets conservent leur attractivité. Or, ainsi que Joseph Stiglitz le souligne[2] dès 2011, le reste du monde a commencé à percevoir les inégalités considérables et les multiples atteintes aux droits et libertés. Depuis 2016, le décalage a crû et le modèle américain est devenu moins attractif.

Contagion du mauvais exemple et perte d'influence des valeurs occidentales

Les valeurs à l'origine de l'attractivité américaine sont toutes remises en cause par D. Trump qui viole les normes juridiques, morales et déontologiques. Il critique les héros de guerre Mueller et McCain, utilise des termes déshonorants et déshumanisants pour faire référence aux Hispaniques et aux Noirs. Il professe son admiration pour les hommes forts de la planète, ceux qui critiquent la presse, emprisonnent les journalistes, s'en prennent aux juges et aux libertés, avec une prédilection pour le Russe Poutine et le Turc Erdogan. Depuis qu'il occupe la Maison-Blanche, ses paroles ont le poids de la première puissance diplomatique, économique et militaire dans le monde. Tous les pays et tous les dirigeants de la planète prêtent attention aux propos et aux actes du Président des États-Unis et aux mauvais signaux qu'il envoie. Sans faire une liste exhaustive, il a loué l'approche de Saddam Hussein pour combattre le terrorisme et dès le 26 janvier 2017 a rappelé son acceptation de la torture, pourtant abandonnée par les administrations Bush

1. Olivier Zajec, *Les nouvelles fragilités du* soft power *américain*, dans : « Séduction et manipulation : le *soft power* américain », *Conflits*, hors-série 7, 2018.

2. Joseph Stiglitz, *Le Prix de l'inégalité*, Les liens qui libèrent, Paris, 2012.

(deuxième mandat), puis Obama. Pour le Président Trump, la torture « obtient des résultats » et il se déclare prêt à revenir aux simulations de noyade (*water boarding*). Il nomme à la tête de la CIA en remplacement de Mike Pompeo, une ex-agent infiltrée Gina Haspel qui a dirigé un site « noir », camp d'interrogation secret durant la « guerre contre le terrorisme » de G. W. Bush. D. Trump félicite le président philippin que B. Obama avait refusé d'inviter à la Maison-Blanche, s'extasiant sur ses méthodes qui sont des assassinats extra-judiciaires. Et lorsqu'il est questionné sur les assassinats d'adversaires politiques commandités par Poutine, il répond qu'il ne sait pas, qu'« il n'y a pas de preuves », introduisant par là-même de nouvelles normes pour condamner un dirigeant, l'inculpation et la condamnation par un tribunal indépendant, par définition non existant dans le pays en question. Lorsqu'il loue des dirigeants autocrates pour leur efficacité, lorsqu'il indique avec délectation que eux ne « lisent pas leurs droits aux inculpés », c'est l'autocrate qui transparaît ainsi que son mépris pour tout ce qui constitue le cœur de la culture juridique américaine : la Grande Charte (*Magna Carta*), la Déclaration des droits, la présomption d'innocence, la garantie d'une procédure juste et le respect de la primauté du droit.

Un des domaines où le Président américain a une influence dangereuse est la liberté de la presse. Quand D. Trump menace de supprimer leur carte de presse et leur accès à la Maison-Blanche à certains journalistes critiques, ne fait aucune conférence de presse pendant un an et n'accorde de rares interviews qu'à la chaîne de droite Fox News qui lui est tout acquise, les dirigeants autocrates à l'étranger qui, comme Trump, considèrent les médias comme des empêcheurs de tourner en rond, sont confortés dans leur attitude et n'hésitent plus à s'attaquer à la liberté de la presse, à traîner les journalistes en justice, à les emprisonner ou à les assassiner. L'immoralité et l'absence de décence sont désormais la norme à la Maison-Blanche et le mauvais exemple gagne et se répand si bien que pratiquement tous les ministres ont fait l'objet d'enquêtes et plusieurs ont dû démissionner. Les États-Unis n'ont jamais été parfaits, mais au moins ils portaient la bonne parole *via* leur exceptionnalisme affiché et leur désir de changer le monde à leur image idéalisée. Avec D. Trump, ils envoient de mauvais signaux et déclenchent la contagion du mauvais exemple. Or, ceci s'inscrit dans un contexte de recul de la démocratie dans le monde. Une étude de la Fondapol [1] note l'évolution des attitudes à l'égard de la démocratie dans vingt-six pays, comprenant l'ensemble des pays européens et les États-Unis : tous les sondés dans la plupart des démocraties font à des degrés divers état de leur défiance à l'égard des institutions et des acteurs politiques. Le diagnostic est plus négatif encore lorsque l'on considère aussi les régimes non ou peu démocratiques. Selon Freedom House [2], il n'y aurait aujourd'hui que 45 % de pays libres, à comparer avec 25 % non libres et 30 % partiellement libres. En 2017, les valeurs centrales que sont la tenue d'élections libres et justes, la reconnaissance des droits des minorités, la liberté de la presse et la primauté du droit sont attaquées un peu partout dans le monde. Pour la deuxième année de suite, il y a déclin de la liberté globale dans le monde et la démocratie est confrontée à sa crise la plus grave depuis des décennies. Alors que le monde aurait besoin que les États-Unis soient le défenseur des valeurs démocratiques, ils ne jouent plus et ne sont plus en mesure de jouer leur rôle habituel de champion de la démocratie, de la liberté de la presse et d'élections libres. D. Trump a renoncé à tout *leadership* dans ce domaine et aucun message de condamnation des atteintes commises dans le monde n'émane de la Maison-Blanche. En raison des attaques menées contre les droits politiques et les libertés fondamentales sur le sol américain, les États-Unis ne peuvent plus assumer leur mission « exceptionnelle ». Le Président Trump n'y voit d'ailleurs aucun intérêt.

L'affaiblissement des valeurs occidentales

La conséquence est une montée de la Chine et un affaiblissement des valeurs occidentales. En attaquant ses alliés traditionnels que sont l'UE, le Canada, le Japon, D. Trump affaiblit le camp occidental

1. *Où va la démocratie ? Une enquête internationale de la Fondation pour l'innovation politique*, Plon, 2017.

2. https://freedomhouse.org/report/freedom-world/freedom-world-2018.

au moment où la Chine et la Russie veulent prendre le *leadership* du monde en contestant les valeurs démocratiques de l'ordre libéral international [1] dont les États-Unis restaient à ce jour l'étendard. Les contours et les atouts de cet ordre libéral international diffèrent selon les auteurs [2], mais pour John Ikenberry, ce serait grâce à lui que le monde a connu la paix pendant 70 ans [3], et D. Trump constitue aujourd'hui la principale menace à cet ordre. Malgré leur diversité, toutes les analyses s'accordent à déplorer que les États-Unis n'opposent plus de front commun à la montée de pays qui s'opposent aux valeurs de cet ordre libéral.

En face de la Chine, il faudrait un front uni rendu impossible par la perte d'influence de la diplomatie et la préférence de D. Trump pour le bilatéralisme. La place déclinante de la diplomatie remplacée par les activités militaires est étudiée par Ronan Farrow [4]. Le processus a commencé sous Bill Clinton [5] et a été accentué sous G.W. Bush après les attentats terroristes du 11 septembre 2001. La Présidence Obama offre un bilan mitigé surtout durant le premier mandat mais avec une recrudescence des activités diplomatiques et des accords durant le second mandat. La pensée dominante après la chute du mur et l'effondrement de l'URSS était que la guerre froide était terminée et qu'il n'y avait plus besoin d'experts nucléaires.

---

1. L'ordre libéral international fait généralement référence à l'ordre qui a pris naissance après la Seconde Guerre mondiale avec la domination économique, militaire et diplomatique des États-Unis.

2. Pour Graham Allison, la « paix » de la guerre froide n'a été due qu'à l'équilibre de la terreur nucléaire et non à un ordre libéral qui pour lui est un mythe.

3. John Ikenberry, « Liberal Internationalism 3.0: America and the Dilemmas of Liberal World Order », *Perspectives on Politics*, Vol. 7, No. 1 (Mar., 2009), p. 71-87.

4. Ronan Farrow, *War on Peace, the End of Diplomacy and the Decline of American Influence*, Norton and company, 2018

5. Pour réduire le déficit budgétaire, Bill Clinton opéra des coupes dans la présence américaine à l'étranger. Cette tendance s'accéléra après 1994 lorsque les Républicains, dont la priorité était de réduire les dépenses et de se concentrer sur les affaires intérieures, reprirent la majorité au Congrès. En conséquence, les États-Unis fermèrent 26 consulats et 55 missions de l'Agence pour le développement international (USAID).

L'agence de désarmement nucléaire et l'agence d'information des États-Unis furent supprimées en tant qu'entités autonomes et intégrées au sein d'un ministère des Affaires étrangères débordé, en sous-effectif et en sous-budget en 2001. Quand les tours du World Trade Center tombèrent, il manquait 20 % des effectifs au ministère des Affaires étrangères. Et ceux qui restaient n'avaient ni la formation ni l'expertise ni les budgets nécessaires. Colin Powell injecta immédiatement des fonds mais dans des opérations essentiellement militaires dans le cadre de la guerre globale contre le terrorisme. Avec l'arrivée de D. Trump à la Maison-Blanche, c'est la mort du département d'État et de la diplomatie. Farrow décrit le limogeage [1] des responsables de zones géographiques (Irak, Afghanistan, Iran) et de secteurs (lutte contre la prolifération nucléaire) ; il montre comment le couperet est tombé aussi pour des ambassadeurs et des contractuels qui furent rapidement remerciés. Parce que les ambassadeurs aux Etats-Unis sont des « politiques » nommés par le Président le plus souvent pour services rendus, il n'est pas anormal que le nouveau Président veuille placer ceux qui l'ont aidé à collecter des fonds et se faire élire ; mais généralement il maintient en fonction au moins ceux qui sont les moins ouvertement partisans, jusqu'à ce que leur successeur soit nommé et confirmé par le Sénat. Ce ne fut pas le cas. Quant aux contractuels recrutés pour leur expertise sur des sujets bien précis comme la Corée du Nord ou le désarmement nucléaire, ils furent limogés. Cet assaut tous azimuts de l'administration Trump contre les diplomates et assimilés fut vivement critiqué en particulier dans la publication *Foreign Policy*, mais ne fut pas abandonné. Il se conjugue avec ce que Danielle Allen appelle « bilatéralisme pur » [2] pour décrire l'approche de D. Trump qui quitte les divers accords car ils sont multilatéraux et veut

1. En principe, un Président ne peut limoger des fonctionnaires de carrière responsables de secteurs clés comme la lutte contre la prolifération nucléaire ; il peut simplement les déplacer. Mais il existe une règle écrite en vertu de laquelle un responsable du Département d'État après de longues années à un poste de direction (senior), qui n'obtient pas de nomination politique, doit présenter sa démission. Farrow, *op. cit.*

2. « Trump's foreign policy is perfectly coherent », *Washington Post*, 23 juillet 2018.

les remplacer par des accords qui seront par définition meilleurs car bilatéraux. Trump viserait, selon Allen, à mettre en place un ordre global qui tournerait autour de lui et dans lequel la politique globale consisterait en une série de *deals* avec D. Trump. Dans cette optique, les Etats-Unis et leur immense marché de 350 millions de consommateurs sont devenus son « actif », au sens comptable, le plus utile dans les négociations et son atout majeur car tous les pays de la planète veulent avoir accès au marché américain [1]. Mais si le bilatéralisme pur est peut-être bon pour D. Trump, il n'est bon ni pour la cause du multilatéralisme ni pour les valeurs occidentales, ni pour le monde. Le multilatéralisme est la grande victime de D. Trump, en matière commerciale comme en matière diplomatique, avec pour conséquence l'impossibilité de construire un front uni et la dilution des valeurs partagées par l'Occident que sont la liberté, la démocratie et la primauté du droit.

Le livre d'Elizabeth C. Economy [2] consacré à la Chine permet de saisir ce qui est en jeu. L'auteur met l'accent sur les paradoxes du chef de l'État chinois, Xi Jinping, qui se pose en champion de la globalisation tout en contrôlant strictement les flux de capitaux, d'information et de marchandises entre la Chine et le reste du monde et en revenant sur trente années d'ouverture et de réforme initiées par son prédécesseur Deng Xiaoping. La Chine profite de l'ouverture des marchés étrangers et s'en sert pour promouvoir ses intérêts économiques et ses valeurs non libérales. Elle veut, selon Elisabeth Economy, devenir « le porte-étendard des pays déçus et désenchantés par les modèles européen et américain de démocratie libérale ». Or, D. Trump, confronté à un État illibéral qui vise le *leadership* dans un ordre mondial libéral, a pris de gros risques en détruisant le front commun des démocraties au lieu d'agir en accord avec les alliés des États-Unis en Europe et en Asie. La mise en place d'un cadre stratégique avec des priorités et des moyens

1. Les Allemands n'ont pas hésité une seconde : confrontés aux menaces d'application extraterritoriale de la loi sur les sanctions, ils ont renoncé à toute activité et tout investissement en Iran.

2. Elizabeth C. Economy, *The Third Revolution, Xo Jinping and the new Chinese State*, Oxford University Press, 2018.

tant économiques et diplomatiques que militaires aurait permis de faire pression sur la Chine et de soutenir l'ordre libéral et les valeurs occidentales. Mais D. Trump par ses positions sur l'OTAN, le G7, le retrait de l'accord avec l'Iran et l'imposition de droits de douane sur les alliés traditionnels de l'Amérique, s'est aliéné ces alliés indispensables dont les États-Unis ont besoin pour contrer l'influence politique grandissante de la Chine dans le monde et dans des pays comme l'Éthiopie ou le Pakistan. La montée en puissance de la Chine fait dangereusement baisser les exigences mondiales en matière de droits de l'homme et de primauté du droit. Le Président chinois a mis fin à la limite constitutionnelle des deux mandats et s'est décrété Président à vie, avec l'approbation envieuse de D. Trump. De surcroît, la Chine exporte en Afrique et dans les pays où elle investit, ses méthodes, son non-respect pour la primauté du droit et son absence de toute exigence en matière de lutte contre la corruption par exemple. Et le grand frère, qui est censé montrer la voie, faillit aux valeurs de l'Amérique, augmentant chaque jour la tolérance à ce qui était auparavant jugé inacceptable.

Alors que l'ONU, malgré ses insuffisances, reste un acteur central des relations internationales, l'ambassadrice américaine à l'ONU, Nikki Haley, n'a pas hésité à qualifier l'institution de « cloaque de partis pris politiques ». Elle a retiré les États-Unis du Conseil des droits de l'homme (CDH) de l'ONU [1] avec l'explication suivante : « Nous prenons cette mesure parce que notre engagement ne nous permet pas de continuer à faire partie d'une organisation hypocrite et servant ses propres intérêts, qui fait des droits de l'homme un sujet de moquerie ». En 2017, elle avait appelé à une profonde réforme de l'organe principal du système onusien en matière de droits de l'homme, créé en 2006 pour remplacer la Commission du même nom. Ce n'est pas la première fois que les États-Unis sont absents de ce Conseil. Sous le Républicain G. W. Bush, les États-Unis avaient boycotté le CDH dès sa création, avant de le rejoindre sous l'administration du Démocrate B. Obama.

1. « Les États-Unis claquent la porte du Conseil des droits de l'homme de l'ONU », *Le Figaro*, 20 juin 2018.

Dans ce domaine comme dans les autres, Trump ne fait que poursuivre un mouvement déjà amorcé, le recul progressif de l'importance attachée à la Déclaration universelle des droits de l'homme depuis les années 1980, qui coïncide avec la perte d'hégémonie de l'Occident sur le corpus de normes du droit international. Dans les années 2000, les programmes économiques comme les objectifs du millénaire pour le développement (OMD) posaient toujours comme condition d'obtention des fonds le renforcement des droits humains. Quinze ans plus tard, les droits de l'homme ne sont plus au centre du dispositif, comme le souligne Jean-Marc Huissoud [1] à propos de la clôture du programme OMD en 2015. Il attire l'attention sur l'influence croissante de la Chine, de la Russie et de l'Inde et sur « la prise de *leadership* de la CNUCED (Conférence des Nations unies sur le commerce et le développement – plus influencée par les États du Sud) sur le Programme des Nations unies pour le développement (PNUD). Une conséquence est le retour des critiques adressées à la Déclaration universelle accusée de véhiculer une vision occidentale colonialiste, ignorante des réalités et des valeurs sociales en dehors de la vieille Europe et de l'Amérique du Nord. La crise existait avant D. Trump. Faut-il se contenter de déplorer son aggravation ou en profiter pour poser la question de la signification des droits de l'homme aujourd'hui ? Une vision mieux adaptée aux contingences contemporaines permettrait peut-être de construire un nouveau consensus sur leur signification dans le monde actuel mais il manque le *leadership* des États-Unis.

Les États-Unis sont à un tournant. Par ses excès, D. Trump a braqué le projecteur sur tout ce qui ne va pas aux États-Unis et dans le monde. Cette prise de conscience peut susciter un nécessaire sursaut et pousser les Américains à se mobiliser dans les urnes lors des élections de 2020. Les uns voudront empêcher un deuxième mandat et les inconditionnels du Président, aidés par le mécanisme du collège électoral, chercheront à lui donner ce second mandat. L'avenir des États-Unis et du monde dépend des résultats de 2020.

---

1. « Le déclin des droits de l'Homme, un mouvement qui vient de loin », Jean-Marc Huissoud, *The Conversation*, 21 juin 2018.

Conclusion

Les élections 2020 seront essentielles à plus d'un titre. Si D. Trump est réélu, c'est la confirmation que son élection en 2016 n'a pas été un accident mais une étape supplémentaire dans le glissement du pays vers un système démocratique en apparence seulement. De loin, les États-Unis demeurent une démocratie et des élections seront organisées mais dans des conditions qui ne garantissent ni l'égalité des électeurs et des États ni un environnement permettant le libre débat. La régression démocratique a commencé par les urnes et peut continuer dans les urnes avec l'élection d'autres Présidents aussi autoritaires et peu respectueux des freins et contrepoids et de la primauté du droit. À court terme, le premier enjeu des élections de 2020 est la durée du mandat de Donald Trump, quatre ou huit ans ? Dans le premier cas, D. Trump ne serait qu'une parenthèse de quatre années sur laquelle il serait possible de revenir plus ou moins facilement selon les domaines et la configuration politique élue en 2020. Renouer avec les alliés ou rejoindre l'accord de Paris sur le climat serait sans doute plus facile que de réparer les dommages faits à la primauté du droit, à l'indépendance du pouvoir judiciaire et à la liberté de la presse.

Retour sur 2018

Les résultats des élections 2018 n'ont pas été ceux que les Démocrates espéraient et D. Trump est parvenu à mobiliser ses électeurs dans les États « rouges » et à augmenter sa majorité au Sénat (désormais 53-47), ce qui lui a permis de ne plus être à la merci de semi-dissidents comme Susan Collins et Lisa Murkowski et de faire approuver les nominations les plus extrémistes. Les Démocrates ont néanmoins, malgré le découpage électoral partisan qu'ils ont su retourner à leur profit, repris la majorité à la chambre des Représentants, ce qui leur a permis d'empêcher l'abrogation de la loi santé ou la poursuite de la dérégulation par voie législative et d'adopter des propositions de loi qui ne deviendront pas lois mais témoignent de leurs priorités. La présidence des commissions leur a permis de lancer enquêtes et auditions mais l'arme de l'*oversight* est à manier avec précaution.

Les élections de 2018 ont été l'illustration des transformations démographiques et des changements de coalitions politiques au sein de chacun des deux grands partis que tout désormais oppose. La part des électeurs non Blancs dans le vote Démocrate est passée de 17 % dans les années 1950 à 44 % en 2016, faisant du « Parti de l'âne » un parti de minorités ethniques tandis que le Parti républicain est demeuré presque entièrement un parti de Blancs et de couples mariés blancs et chrétiens qui représentaient 80 % des électeurs américains dans les années 1950 et seulement 40 % dans les années 2000. En d'autres termes, les deux partis sont maintenant deux « tribus » aux antipodes sur les questions de race, d'identité, de religion ou de port d'arme, questions extrêmement polarisantes qui génèrent davantage d'intolérance et d'hostilité que les questions fiscales ou budgétaires. 2018 a confirmé que les partis sont devenus plus distants idéologiquement, racialement et religieusement et qu'ils regardent l'autre « bord » comme une coalition très différente de gens qui ne les aiment pas et qu'ils craignent. Selon un sondage de 2018, 49 % des Républicains et 55 % des Démocrates disent avoir « peur » de l'autre parti. La crainte chez les membres du *Tea party* que l'Amérique (la vraie, celle d'avant) est en train de disparaître aide à comprendre le succès des slogans de D. Trump : « Reprendre notre pays » ou « Rendre sa grandeur à l'Amérique». À cet égard, dans un domaine où les perceptions sont aussi, voire plus importantes que les chiffres, les statistiques ont contribué à la montée des craintes des nationalistes blancs. Elles montrent qu'à long terme, la démographie n'est pas favorable au parti républicain car les Blancs non hispaniques constitueront moins de la moitié de la population en 2042 (ou 2050 selon les chiffres et la méthodologie adoptés). Or les minorités votent traditionnellement Démocrate. Mais ces craintes et l'optimisme des Démocrates sont sans doute artificiellement augmentés car les projections du Bureau du recensement sont effectuées à partir d'un système de classification qui n'est plus adapté [1] et attribue l'étiquette « non-Blanc » à quiconque a des origines à la fois blanches et non blanches, ce qui grossit automatiquement la part des non-Blancs.

Les résultats des élections de 2018 témoignent de plusieurs prises de conscience. Les électeurs ont compris qu'avec les nominations par D. Trump de deux juges à la Cour suprême et de 144 juges très conservateurs dans les juridictions fédérales, le progrès ne peut plus venir des décisions de justice comme ce fut le cas dans les années 60. Les réformes devront être le fait des pouvoirs politiques élus mais afin de promouvoir les réformes économiques, sociales et fiscales, il est nécessaire de réformer les institutions et de rendre le système plus représentatif et plus démocratique. Or, les institutions fédérales sont prisonnières des *lobbies* et de la procédure d'amendement voulue très difficile par les Pères fondateurs ; en conséquence réformer le système au niveau fédéral est pratiquement impossible en raison des contraintes institutionnelles et en l'état actuel des forces politiques. Le mouvement doit donc commencer au niveau des États car s'il existe encore une aspiration à la démocratie, c'est au plan local et des États que peut se faire la mobilisation des électeurs/électrices et des forces progressistes. Et c'est normal car ce sont les États, en raison des compétences larges qui leur sont dévolues, qui conditionnent la vie des citoyens au quotidien. C'est l'État qui décide d'adhérer (ou non) au volet Medicaid de la loi santé, qui consacre un budget élevé (ou non) à l'enseignement et à des programmes de grands travaux. Détenir la majorité dans la *legislature* de l'État en 2020 est aussi un atout stratégique pour l'avenir car dans la majorité des États, cela veut encore dire être en charge du découpage électoral. C'est donc bien à ce niveau qu'il faut agir et cela passe, quand la procédure est autorisée dans l'État, par le passage d'initiatives directes ouvrant le jeu démocratique.

2018 a montré la mobilisation des électeurs/électrices et des forces progressistes. Nombre de femmes détentrices d'un diplôme de l'enseignement supérieur, âgées entre 40 et 70 ans, essentiellement dans les banlieues, les villes universitaires et déjà impliquées dans la

1. Paul Schor, *Compter et classer. Histoire des recensements américains*, EHESS, coll. « En temps et lieux », 2009 ; « Des statistiques aux identités », B. Bréville, *Le Monde Diplomatique*, juillet 2019

vie de la communauté (école, sport des enfants) ont décidé de sortir de leur environnement de proximité et de mettre les ressources et le temps dont elles disposent au service d'un engagement politique plus large au niveau de l'État ou au niveau national. La mobilisation s'est traduite par le nombre de portes auxquelles les volontaires ont frappé, en augmentation selon Lara Putnam [1] de 50 % entre 2016 (111 millions) et 2018 (155 millions). Le chiffre est d'autant plus spectaculaire que 2018 est une année sans élection présidentielle. Et ces femmes qui ont été élues ne sont pas des extrémistes, ce sont des centristes qui ont décidé d'agir pour protéger leurs enfants ou leurs petits-enfants, le climat et le pays. On a assisté du côté démocrate en 2018 au même type de mobilisation que chez les Républicains en 2009-2010 avec le Tea Party. La mobilisation démocrate a permis le basculement dans certaines circonscriptions de 20 à 25 % d'électeurs qui avaient voté républicain à plus de 17 % en 2016 et qui ont voté démocrate à plus de 8 % en 2018.

Les gains démocrates en 2018 sont importants : 41 sièges à la chambre des Représentants, 309 élus dans les législatifs des États (dont six deviennent Démocrates) et sept postes de gouverneur (soit 23 au total).Ce sont des gains spectaculaires même si les Démocrates restent minoritaires dans trente États, les Républicains détenant 67 chambres sur les 99 contre 32 aux Démocrates. Mais l'élection de sept gouverneurs démocrates supplémentaires limite le nombre d'États au sein desquels les Républicains détiennent tous les leviers, législatif et exécutif, ce qu'on appelle triplet (*trifecta*). Dans les 23 États où les Démocrates détiennent depuis 2018 les postes de gouverneur, ils ont pu bloquer les manœuvres les plus partisanes dans l'optique du recensement de 2020 et du découpage électoral qui suivra. Ces résultats représentent un renversement spectaculaire par rapport aux années Obama durant lesquelles les Démocrates n'ont pas su capitaliser sur la formidable mobilisation qui avait porté Obama au pouvoir et ont perdu 900 sièges au niveau des États. Candidats, électeurs et bénévoles ont compris l'importance du scrutin et de chaque voix et montré leur détermination à protéger le droit de vote et l'accès aux urnes, l'un des éléments avec

1. Lara Putnam, « Middle America Reboots Democracy », *Journal of Democracy*, 20 fév. 2018.

l'assurance santé que l'on trouvait dans le programme de la plupart des candidat(e)s démocrates élu(e)s en 2018.

Les mesures d'initiative directe

Les mesures d'initiative directe peuvent déclencher une réelle transformation quand elles touchent comme en 2018 à la vie politique ou à l'organisation des élections. C'est le signe que les électeurs ont compris les enjeux et la nécessité de se mobiliser au niveau des États fédérés pour une transformation en profondeur de la vie politique. Les citoyens d'États comme le Dakota du Nord ont par le biais de mesures d'initiative directe réglementé le *lobbying* et amélioré la représentation des citoyens. En Floride, la mesure qui proposait de rendre leur droit de vote au million et demi d'anciens condamnés ayant purgé leur peine et qui en étaient privés, en vertu d'une loi datant de l'époque Jim Crow, a obtenu la majorité nécessaire de 60 % des suffrages. Dans d'autres États comme le Colorado, l'Utah, le Michigan et l'Ohio, les électeurs ont ont mis fin au découpage électoral partisan et confié cette tâche à une commission non partisane indépendante, comme c'est déjà le cas en Arizona et en Californie. C'est important à un moment où l'utilisation des outils informatiques rend possible le découpage de circonscriptions sur mesure [(1)] et où la Cour suprême refuse d'intervenir sur les questions de découpage partisan. La solution ne peut venir que des électeurs et c'est peut-être une bonne chose car il s'agit d'une question politique qui devrait en principe relever des branches politiques [(2)]. Aujourd'hui, les citoyens se sont emparés du sujet compliqué qu'est le découpage électoral partisan, considérant qu'il n'a plus dorénavant à être réservé aux spécialistes et aux professeurs de droit et de sciences politiques.

---

1. Les Républicains de Caroline du Nord ont pu se réserver 10 sièges sur les 13 alors qu'ils représentaient la moitié des suffrages exprimés.

2. C'est parce que le Congrès n'avait pas agi dans les années 1960 que la Cour est intervenue, et elle fut accusée d'« activisme judiciaire ».

Les électeurs se sont aussi intéressés aux conditions du vote, à l'inscription sur les listes électorales parfois difficile et aux radiations non justifiées. Dans le Dakota du Nord, les Républicains ont adopté quelques semaines après l'élection de la Démocrate Heidi Heitkamp en 2012 une loi exigeant que la pièce d'identité comporte un nom de rue, ce qui permettait d'empêcher de voter des milliers d'Indiens vivant dans des réserves et n'ayant qu'une boîte postale [(1)]. Dans d'autres États, les jours et plages de vote anticipé ont été diminués, ainsi en Caroline du Nord, dans l'Iowa ou au Kansas où les responsables politiques ont déplacé l'unique bureau de vote à Dodge City, très loin de la population latino. Globalement plusieurs centaines de bureaux de vote ont été fermés depuis la décision *Shelby* de 2013 qui prive d'efficacité la loi sur le droit de vote (VRA) de 1965 [(2)].

C'est contre ces manipulations diverses et ces atteintes à leurs droits que les électeurs et électrices se sont mobilisés en 2018. Ainsi, dans 13 États, les citoyens ont approuvé un système d'inscription automatique sur les listes électorales utilisant les informations des systèmes des cartes grises ou d'autres agences gouvernementales. Il s'agit d'un véritable changement de paradigme susceptible d'ajouter plusieurs millions d'électeurs tout en réduisant les coûts et en améliorant la sécurité du scrutin. La proposition 3 du Michigan, l'une des mesures les plus ambitieuses en matière électorale, ajoute dans la Constitution de l'État l'inscription automatique sur les listes électorales, l'inscription possible le jour même du scrutin, le vote par correspondance sans nécessité de justification, et l'exigence que les bulletins destinés aux électeurs à l'étranger ou dans l'armée soient envoyés au moins 45 jours avant l'élection. Mais de nombreux États n'autorisent pas les initiatives populaires directes ; les projets doivent émaner de la législature, d'où l'absence de mesures touchant au processus électoral en Géorgie par exemple. Pourtant, c'est l'un des États où il est le plus difficile de voter en raison des exigences en matière de pièce d'identité à fournir et parce que la loi impose une

1. La mesure a été contestée en justice mais validée par la cour d'appel du 8e Circuit en août 2019.

2. *Shelby County v. Holder*, 570 US ___ (2013).

exacte correspondance des nom et prénoms, un tiret supplémentaire ou manquant entraînant la disqualification.

Des remèdes n'ont pu être apportés partout mais l'ampleur de la mobilisation et le nombre des initiatives populaires ainsi que leur adoption à de larges majorités – parce qu'elles ont été votées par des électeurs des deux partis – sont le signe que les électeurs sont dans l'ensemble furieux de la façon dont leurs élus manipulent le processus électoral. Et ils sont déterminés à agir. Deux cas d'espèce témoignent des enjeux, des progrès et des reculs. On a appris mi-novembre 2018 qu'il y avait eu des fraudes électorales dans la 2e circonscription de Caroline du Nord aux alentours de Charlotte. Ces fraudes seraient le fait des Républicains qui aiment à mettre en garde contre l'existence de fraude électorale aux États-Unis ; et elles les ont suffisamment préoccupés pour qu'ils demandent la constitution d'une commission d'enquête bipartisane. Ceci peut être interprété comme le signe que l'impatience des électeurs vis-à-vis de ces pratiques peut amener les élus à les changer, mais ce qui s'est passé dans le Wisconsin mi-décembre 2018 n'autorise pas le même optimisme. Les Républicains ont conservé leur majorité dans les deux chambres de l'État mais un gouverneur démocrate a été élu en novembre 2018. Les Républicains ont profité de la session de fin de mandat (*lameduck*) avant l'entrée en fonction du nouveau gouverneur démocrate pour adopter plusieurs propositions de loi visant à limiter les pouvoirs du gouverneur, ceux du ministre de la justice et à restreindre ses pouvoirs de contrôle sur le déroulement des élections et la fixation du nombre de jours de vote anticipé. Ces textes ont été signés par le « futur ancien » gouverneur républicain Scott Walker encore en place pour quelques jours, malgré les critiques du futur gouverneur, soulignant à juste titre que « la volonté du peuple était délibérément ignorée ».

L'enjeu des élections de 2020 ?

Après le 25 septembre 2019, début de l'enquête susceptible de mener à une mise en accusation, la campagne se déroule dans un climat encore plus polarisé qui pompe quantité de l'oxygène médiatique. Pourtant, deux facteurs joueront un rôle essentiel, la capacité démocrate à faire émerger un candidat portant un programme susceptible de rallier une majorité et la situation économique. En 2019, tous les voyants de l'économie américaine sont au beau fixe jusqu'à l'été : taux de croissance de 3 % et baisse du chômage au point que l'on commence à noter une augmentation des salaires, même si c'est peu sensible pour la majorité des Américains. Le progrès social est au point mort et les inégalités continuent de croître car ce ne sont pas uniquement des inégalités de revenus ; ce sont des inégalités de fortune, d'éducation et de santé. Et en raison des choix faits par le Président, la baisse massive d'impôts adoptée fin 2017, et la guerre commerciale avec la Chine, les risques de récession ou de crise financière (facilitée par le relâchement de la supervision financière sous l'administration Trump) sont réels. Les électeurs en sont-ils davantage conscients ? Et s'ils ressentent les effets négatifs des politiques de Trump (les agriculteurs) et des hausses de prix résultant de l'augmentation des droits de douane, vont-ils en tirer les leçons ou continuer de faire confiance au Président ? C'est l'une des questions.

L'autre question est la capacité (ou non) des Démocrates à faire émerger un bon candidat qui soit davantage qu'un anti-Trump [(1)]. La pléthore de candidats est un problème mais seulement à court terme car la situation va se décanter au fil des débats et des premiers caucus et primaires. Et l'avantage d'une telle variété de candidatures est que chacun(e) s'est fait le champion de thèmes qui pris ensemble couvrent une large gamme de projets démocrates. Certains tiennent à la personne du candidat (égalité raciale et programme pour les Noirs ou régulation du port d'armes) ou de la candidate (contraception et droit de choisir). D'autres sujets sont en apparence techniques et peu porteurs mais ils informent les électeurs et accréditent l'idée que réformes économiques et sociales et réformes des institutions sont indissociables. Alors que beaucoup avaient renoncé à réformer le collège électoral [(2)], la question est de nouveau débattue et candidats, élus ainsi que juristes et scientifiques ont proposé des mécanismes

1. La défaite de D. Trump ne serait aucunement une garantie contre la résurgence du « trumpism » dès 2024.

2. La revue *The Atlantic* (janvier 2019) propose un système compliqué pour contourner la nécessité d'un amendement qui a peu de chance de voir le jour et

au niveau des États qui permettraient de minimiser les effets antidémocratiques du collège électoral. Une proposition a été faite il y a quelques années que les États cessent d'attribuer leurs grands électeurs à la majorité relative (WTA), le gagnant à quelques voix près emportant tous les grands électeurs. Mais cette décision doit être prise au niveau des États et aucun d'entre eux ne veut passer à la représentation proportionnelle et surtout pas les États pivots (*swing states*) qui perdraient alors ainsi leur rôle clé dans l'élection. Un autre système, le *National Popular Vote*, est une initiative dans laquelle les États s'engageraient à accorder leurs grands électeurs à celui des deux candidats qui aurait obtenu la majorité des suffrages populaires. Pour que le mécanisme entre en vigueur, il faut que les États qui adhèrent représentent 270 grands électeurs, soit la majorité nécessaire. En 2019, 11 États et le district de Columbia ont déjà signé et représentent 172 grands électeurs.

D'autres candidats, dont Bernie Sanders, dénoncent le mode de financement des élections qui fait la part belle aux entreprises et aux milliardaires à l'origine des dysfonctionnements au Congrès. Il faudrait un revirement de jurisprudence et l'abandon de la décision *Citizens*, ce qui est *a priori* impossible pour les trente ans à venir. Mais porter le projecteur sur ces questions jugées impossibles à réformer à court terme a augmenté la prise de conscience des électeurs. D'autant que certains États ont tenté à leur niveau d'assainir le système tout en prenant bien soin d'adopter des mesures qui ne risquent pas de tomber sous le coup d'un contentieux alléguant une violation du 1er Amendement, ainsi le Missouri ou le Dakota du Sud . D'autres candidats se sont fait le chantre d'un découpage électoral piloté au niveau fédéral et empêchant la majorité dans un État au moment du recensement décennal de perpétuer son avantage sur le parti opposé. Plusieurs proposent une augmentation du nombre de juges à la Cour suprême et un système de nomination plus équitable et moins partisan [1]. D'autres encore soulignent le rôle pernicieux des

montre bien la prime donnée aux petits États au Sénat, le Wyoming pesant 67 fois plus que la Californie.

1. « Fixing a Broken process for Nominating US Supreme Court Justices? », *The Conversation*, 15 oct. 2018.

corporations et des GAFA et de la non-application des règles antitrust, porte ouverte aux situations de monopole et scandales. Tous mettent l'assurance médicale, l'enseignement et l'augmentation du salaire minimum fédéral au cœur de leurs propositions. Plus globalement, il y a une prise de conscience graduelle qu'il sera difficile d'adopter les réformes nécessaires pour lutter contre les inégalités et une fiscalité ouvertement favorable aux entreprises sans auparavant réformer les institutions de façon à permettre l'élection de majorités progressistes. L'élection d'un Président démocrate disposant d'une majorité démocrate au Sénat pourrait aussi permettre aux futurs présidents de nommer un ou deux juges à la Cour suprême et des juges dans les juridictions fédérales. Mais avec deux réserves. La première est qu'aucun changement de la jurisprudence n'est envisageable avant une génération car les juges nommés par Trump sont jeunes et en place pour 30 ou 40 ans. Ensuite, beaucoup dépendra de l'attitude des Démocrates lorsqu'ils seront au pouvoir. Reviendront-ils à un fonctionnement apaisé des nominations en réintroduisant la règle du « papier bleu » et la possibilité de blocage par la minorité ? Ou adopteront-t-ils la même approche cynique et partisane que les Républicains pour faire passer leurs candidats de préférence très à gauche ? Avec, à la clé, un accroissement de la polarisation.

La participation au cœur de 2020

La question est l'existence ou non en 2020 d'une majorité progressiste dans la population susceptible de dépasser les blocages du système pour élire un Président et une majorité progressistes dans les deux chambres. Dans le cas contraire, D. Trump sera réélu. Les Républicains sont convaincus de l'emporter à nouveau en raison du nombre élevé (23 au départ, mais plusieurs avaient déjà renoncé à l'automne 2019) de candidats aux primaires démocrates rendant difficile l'émergence d'un candidat à la Présidence. Ils espèrent que le ou la candidat(e) investi(e) sera une personnalité très à gauche, donc peu susceptible de remporter les élections générales. Ils espèrent aussi qu'il ou elle sera une cible facile pour les attaques et l'instrumentalisation par D. Trump, candidat à sa réélection. Hillary avait été parfaite et Elizabeth Warren, que D. Trump appelle Pocahontas, semble mieux préparée à résister aux assauts et commentaires sexistes du Président et de ses fidèles décidés à le soutenir quoi qu'il arrive. Il est vrai que dans le paysage médiatique polarisé où règne la désinformation, les médias de droite apportent au Président un soutien indéfectible que les ingérences russes pourraient à nouveau amplifier en 2020 ; car rien n'a été fait [(1)] pour les empêcher malgré les preuves détaillées dans le rapport Mueller. D. Trump, comme tous les dirigeants autoritaires, sait occulter ses actes ou les présenter comme des mesures nécessaires pour protéger « nous, les travailleurs » contre les « étrangers immoraux et profiteurs ». Tant que lui et son successeur parviendront à convaincre les électeurs que la civilisation américaine est en déclin et en danger et que lui seul peut la sauver, les dérives autocratiques accompagnées ou non d'enrichissement personnel et les politiques hostiles à la classe moyenne ne feront pas changer d'avis la base des électeurs trop longtemps ignorés par les élites de deux partis.

Beaucoup va se jouer sur la mobilisation des électeurs à droite et à gauche et sur le taux de participation électorale. Celui-ci va dépendre chez les Démocrates du candidat investi et du succès des manœuvres républicaines pour empêcher de voter ou dissuader le maximum d'électeurs démocrates. Le vote a été l'objet d'une grandissante désaffection dont témoigne la faible participation électorale en 2014 qui restera dans l'Histoire comme l'une des élections de mi-mandat avec un des plus bas taux de participation : 83 millions d'électeurs, soit seulement 37 % des électeurs. La participation électorale est traditionnellement plus élevée les années d'élection présidentielle et a atteint 62,3 % en 2008 mais seulement 57,5 % 2012 (année de réélection de B. Obama) et 58 % en 2016, confirmation que pour de nombreux électeurs aucun des deux candidats n'était satisfaisant. En 2018, 113 millions d'électeurs sont allés aux urnes (48 %), en d'autres termes 25 millions d'électeurs (et 10 points) de moins que pour l'élection présidentielle de 2016 mais 30 millions d'électeurs de plus qu'en 2014. Des jeunes, des femmes, des anciens

---

1. Ni par l'exécutif ni par le Congrès car Mitch McConnell bloque tous les projets au Sénat. « Election security bills face GOP buzzsaw », *The Hill*, 15 juin 2019. Certains craignent que l'attitude du Président vis-à-vis de son homologue ukrainien incite d'autres États à interférer dans les élections américaines.

combattants (marine, pilotes) ont compris qu'ils pouvaient avoir un impact et qu'il existe de réelles différences entre le parti Républicain traditionnel ou « trumpien » en faveur de baisses d'impôts – de préférence pour les riches – et d'une intervention aussi réduite que possible de l'État au nom de la liberté et le parti démocrate qui fait passer l'égalité avant la liberté et privilégie les droits et libertés et un État fédéral fort, redistributeur et régulateur. Mais il faut aux Démocrates un récit convainquant qui dépasse le message populiste de Bernie Sanders, rassure ceux qui ont peur du « socialisme » ou du « collectivisme » et soit susceptible d'attirer la classe moyenne et les cols bleus qui ont voté Trump en 2016, tout en consolidant le soutien indispensable des Noirs et des Hispaniques et en amenant quelques évangéliques [(1)] à renoncer à leur soutien à D. Trump.

Si les Démocrates veulent vraiment changer la donne, il ne suffit pas de faire élire un Démocrate à la Maison-Blanche. Il leur faut conserver leur majorité à la Chambre et faire élire au moins quatre sénateurs démocrates afin de mettre fin au blocage et aux confirmations de juges d'extrême droite. Or à l'été 2019, ce sont plutôt les combats fratricides et les batailles d'ego qui dominent. Alors qu'à fin juin 2019 les Démocrates avaient collecté 277 millions de dollars, 45 de ces millions ont été dépensés par les petits candidats à la Présidence qui recueillent 1 % des intentions de vote et qui n'ont aucune chance de gagner ni même de se maintenir jusqu'au début des primaires. Ces sommes pourraient être utilisées de façon plus judicieuse pour contrer la réélection des élus républicains les plus dangereux, le *leader* du Sénat Mitch McConnell (Kentucky), le puissant Lindsey Graham (Caroline-du-Sud) sans oublier Susan Collins (Maine) dont la voix a permis la nomination du juge Kavanaugh à la Cour suprême. Les Démocrates pourraient aussi soutenir leurs candidats en danger dans des États remportés par D. Trump en 2016, par exemple Gary Peters du Michigan ou Doug Jones en Alabama. Et surtout, les Démocrates doivent comprendre qu'il leur faut enfin être aussi stratégiques et disciplinés que les Républicains s'ils veulent gagner et faire avancer leurs programmes. Ils devraient, comme les Républicains ont su le faire en 2016, mettre

1. « In God's country, Evangelicals view Trump as their protector. Will they stand by him in 2020? » *Washington Post*, 14 août 2019.

la Cour suprême et la nomination des juges fédéraux au cœur de leur campagne.

La tâche des Démocrates est délicate car seuls les candidats les plus à gauche sont susceptibles de mobiliser les électeurs démocrates lors des primaires. Mais certains thèmes trop radicaux risquent d'effrayer les indépendants et les modérés lors de l'élection générale. En tout état de cause, l'hystérisation de l'anti-trumpisme et la tendance de la gauche radicale à s'enfermer dans un monde idéologique parallèle ciblant des catégories identitaires ne peuvent que faciliter la réélection de Trump. De surcroît, la victoire d'un Président démocrate ne suffira pas si elle n'est pas suivie de réformes en profondeur qui répondent aux insatisfactions et aux attentes des électeurs à droite comme à gauche. Car certes D. Trump a été élu en 2016 avec 85 % des voix des évangéliques qui vont à nouveau voter pour lui mais aussi par une vague populiste.

2018 a été un tournant en raison de l'attitude des citoyens et des électeurs qui se sont réapproprié le droit de vote et ont confirmé la grande résilience du système politique états-unien. 2020 se jouera sur la façon dont la procédure de mise en accusation est menée, ouvertement partisane et donc contre-productive ou au contraire axée de façon stratégique et professionnelle sur la sécurité nationale et la primauté du droit. Parce qu'une procédure de mise en accusation aura été entamée et quelle que soit son issue, elle aura rappelé que la démocratie n'est pas uniquement une série d'institutions et de principes partagés. C'est aussi une culture de respect des règles. C'est particulièrement vrai des « freins et contrepoids » qui ne sont efficaces que si les acteurs s'y conforment. Richard Nixon, malgré tous ses défauts, avait immédiatement obéi à la Cour suprême et remis les enregistrements, sachant que ce geste entraînerait une inéluctable mise en accusation. Or le Président Trump a jusqu'ici refusé de communiquer les documents réclamés par les commissions du Congrès. Quelle que soit l'issue de la procédure de mise en accusation, c'est un élément que les électeurs soucieux des valeurs de l'Amérique devraient avoir en tête au moment de voter en 2020.

Bibliographie

Eric Alterman, *What Liberal Media? The Truth about Bias and the News*, Basic Books, 2003.

Jean Baudrillard, *Amérique,* Livre de poche, 1986.

Pierre Birnbaum, *La structure du pouvoir aux États-Unis*, Presses universitaires de France, 1971.

Steven Brill, *Tailspin, The People and Forces behind America's Fifty –Year Fall and Those Fighting to Reverse It*, Knopf, 2018.

François Vergniolle de Chantal, *L'impossible Présidence impériale : Le contrôle législatif aux États-Unis*, Ed. CNRS, 2016.

Laurent Cohen Tanugi, *Le droit sans l'État*, PUF 1985, réédition Quadrige, 1992.

Catherine Collomp, *Entre classe et Nation : Mouvement ouvrier et immigration aux Etats-Unis -1880-1920*, Belin, 1998.

Corrado Anthony, Thomas E. Mann, Travel Potter (eds.), *Inside the Campaign Finance Battle*, Brookings Institution Press, 2003.

Ivo Daalder, James Lindsay, *The Empty Throne: America's Abdication of Global Leadership*, Public Affairs, 2018.

Anne Deysine, *Les États-Unis aujourd'hui : Permanence et changements*, La Documentation française, 2006.

Anne Deysine, *La Cour suprême des États-Unis*, Dalloz, 2015.

Larry Diamond, *Ill Winds: Saving Democracy from Russian Rage, Chinese Ambition, and American Complacency*, Penguin Press, 2019.

G. William Domhoff, *Who rules America?*, Englewood Cliffs, Prentice Hall, 1967.

G. William Domhoff, *The Powers that be: Processes of Ruling Class Domination in America*, Random, New York, 1978.

Elizabeth C. Economy, *The Third Revolution, Xi Jinping and the New Chinese State*, Oxford University Press, 2018.

Le Fédéraliste, préface d'André Tunc, Economica, 1988.

Thomas Frank, *How Conservatives won the Heart of America*, Metropolitan Books 2004.

Thomas Frank, *The Wrecking Crew: How Conservatives Ruined Government, Enriched Themselves, and Beggared the Nation,* Paperback, 2009.

Michael Glennon, *National Security and Double Government*, OUP, 2016.

Benjamin Haddad, *Le paradis perdu, l'Amérique de Trump et la fin des illusions européennes,* Grasset, 2019.

Christian Harbulot, *La guerre économique. Surveiller, analyser, protéger, influencer,* VA Presse, 2018.

Rachel Kleinfeld, *A Savage Order, How the world's Deadliest Countries can Forge a Path to Security*, Pantheon books 2018.

Ali Laidi, *Le Droit, nouvelle arme de guerre économique, Comment les États-Unis déstabilisent les entreprises européennes*, Actes Sud, 2019.

Christopher Leonard, *Kochland: The secret History of Koch Industries and Corporate Power in America*, Simon and Schuster, 2019.

Divina Frau Meigs, *Mediamorphoses*, Economica 2001.

Caroline Fredrickson, *The Democracy Fix: How to Win the Fight for Fair Rules, Fair Courts, and Fair Election,* The New Press. 2019.

Antoine Garapon, Iaonnis Papadopoulos, *Juger en Amérique et en France*, Odile Jacob, 2003.

Justin Gest, *The White Working Class, What everyone Needs to Know*, OUP, 2018.

Kristin L. Hoganson, *The Heartland: An American History*, Penguin, 2019.

Dick Howard, *Aux origines de la pensée politique américaine*, Buchet Castel, 2004.

Philip K. Howard, *The Death of Common Sense: How Law is Suffocating America*, Warner Books, 1996.

Aziz Huq, Tom Ginsburg, *How to Save a Constitutional Democracy*, Chicago University Press, 2019.

Denis Lacorne, *De la religion en Amérique*, Gallimard, 2007.

Denis Lacorne, *La crise de l'identité américaine*, coll. Tel, Gallimard, 2003.

Jean-Pierre Lasalle, *La démocratie américaine à l'épreuve*, La Documentation française, 2002.

Jill Lepore, *This America: The Case for the Nation*, Liveright, 2019.

Steven Levitsky, Daniel Ziblatt, *How Democracies Die*, Crown, 2018.

Thomas Mann, Norm Ornstein, *The Broken Branch: How Congress Is Failing America and How to Get It Back on Track*, OUP, 2006 (trad. française : *La mort des démocraties*, Calmann-Levy, 2019).

Elise Marienstras, *Les mythes fondateurs de la nation américaine*, Editions Maspero, 1976.

Liliana Mason, *How Politics Became our Identity*, University of Chicago Press 2018.

Jane Mayer, *Dark Money, The Hidden History of the Billionnaires Behind the Rise of the Radical Right*, Doubleday, 2016.

Henry Louis Mencken, *Comment peut-on être Américain* ? Saint Simon, 2004.

Pierre Melandri, *La politique extérieure des États-Unis de 1945 à nos jours*, PUF, 1995.

Pierre Melandri, Justin Vaïsse, *L'empire du milieu : les États-Unis et le monde depuis la fin de la guerre froide*, Odile Jacob, 2001.

Robert Mickey, *Paths Out of Dixie: The Democratization of Authoritarian Enclaves in America's Deep South, 1944-1972*,

Princeton Studies in American Politics: Historical, International and Comparative Perspectives, Paperback, 2015.

John Micklethwait, Adrian Wooldridge, *The Right Nation: Conservative power in America*, The Penguin Press, 2004.

Gunnar Myrdal, Bok Sissela, *An American Dilemma: The Negro Problem and Modern Democracy,* 1944, Transaction Publishers, réédition 1996.

Isabelle Richet, *La religion aux États Unis*, PUF, 2001.

Emmanuel Todd, *Après l'Empire. Essai sur la décomposition du système américain*, Gallimard, coll. Folio actuel, 2004.

Arthur Schlesinger, *The Imperial Presidency*, Mariner Books, 2004.

Arthur Schlesinger, Rudalevige Andrew, *The New Imperial Presidency, Renewing Presidential Power after Watergate*, University of Michigan Press, 2006.

Paul Schor, *Compter et classer. Histoire des recensements américains*, EHESS, coll. « En temps et lieux », 2009.

Joseph Stieglitz, *Peuple, pouvoirs et profits*, Les liens qui libèrent, 2019.

Cass Sunstein, *#Republic: Divided Democracy in the Age of Social Media*, Princeton University Press, 2016.

Zephyr Teachout, *Corruption in America From Benjamin Franklin's Snuff Box to Citizens United*, Harvard University Press, 2014.

Alexis de Tocqueville, *De la démocratie en Amérique*, Flammarion, 1981.

J.D. Vance, *Hillbilly Elegy, A Memoir of Family and Culture in Crisis*, William Collins, 2016.

Jean-Christian Vinel, *L'empire de l'exécutif américain, 1933-2006*, Atlande, 2008.

George F. Will, *The Conservative Sensibility*, Hachette Books, 2019.

C .Wright Mills, *The Power Elite*, Oxford University Press, New York, 1956, 2000 ; trad. française, *L'Élite du Pouvoir*, Agone, coll. « L'ordre des choses », 2012.

Max Weber, *L'éthique protestante et l'esprit du capitalisme,* 1905, Agora Plon, 1964, Gallimard, 2004.

Alan Wolf, *Does American Democracy Still Work?,* Yale University Press, 2006

Bob Woodward, *Peur, Trump à la Maison Blanche*, Seuil, 2018.

Fareed Zakaria, *The Post-American World*, Norton, 2008.

Elisabeth Zoller *Les grands arrêts de la Cour suprême des États-Unis,* Dalloz, 2010.

National Task Force on Rule of Law and Democracy, Proposals for Reform, Brennan Center for Justice, volumes 1 & 2, 2019 (disponible en ligne).

Sites Internet

The American Civil Liberties Union (ACLU)
https://www.aclu.org

Ambassade des États-Unis (Paris)s
http://www.amb-usa.fr/irc/political/politic.htm

American Enterprise Institute
www.aei.org

Brennan Center for Justice
https://www.brennancenter.org

Brookings Institute
http://brook.edu

California Fair Political Practices Commission (FPPC)
http://ca.gov.fppc

Center for Responsive Politics
http://www.crp.org

Center for Voting and Democracy
http://igc.apc.org

Citizens for Responsibility and Ethics in Washington (CREW)
https://www.citizensforethics.org

Common Cause
http://www.commoncause.org

Federal Election Commission
http://fec.gov

Heritage Foundation
www.heritage.org

Initiative and Referendum Institute
www.iandrinstitute.org

League of Women Voters
http://lwv.org

National Committee for an Effective Congress
http://www.ncec.org

The Progressive Review
www.prorev.com

Project Vote Smart
http://www.vote-smart.org

Public Broadcasting System (PBS)
http://pbs.org/insidepbs.index.html

Supreme Court
https://www.supremecourt.gov

Washington Post
http://washingtonpost.com

USA
AUX ÉDITIONS L'HARMATTAN

Dernières parutions

BARACK OBAMA À LA PRÉSIDENCE DES ETATS-UNIS
Un bilan
Sous la direction de Raphaël Eppreh-Butet
L'élection d'Obama a suscité un espoir extraordinaire aux Etats-Unis et dans le monde. En effet, le nouveau président héritait en 2009 d'une situation politique et économique désastreuse : crise économique, conséquences des guerres en Irak et en Afghanisation, détérioration de l'image des Etats-Unis dans le monde, déficit budgétaire et désengagement du pays du conflit israélo-palestinien... Réélu en 2012, Obama doit composer avec un Congrès à majorité républicaine. Quel bilan peut-on faire de cette présidence ? Cet ouvrage s'articule autour de trois axes : la problématique politique, les questions économiques et la politique étrangère.
(Coll. Penser le temps présent, 248 p., 26 euros)
ISBN : 978-2-343-18264-3, EAN EBOOK : 9782140131738

ECRIVAINS MAROCAINS DU MONDE
Volume 3
Etats-Unis d'Amérique
Najib Redouane, Yvette Bénayoun-Szmidt
Ce troisième volume est réservé à ces onze écrivains vivant sur le continent nord-américain, aux États-Unis : Aziz Abbassi, Anissa Bouziane, Sami Shalom Chetrit, Marcel Crespil, Abdellah Hammoudi, Farah Kinani, Leila Lalami, Anouar Majid, Najib Redouane, Abdelhak Serhane et Nessim Sibony. Dans la lignée des deux volumes précédents, l'ouvrage jette un éclairage particulier sur l'originalité, l'intensité, la profondeur et la diversité de des écrivains marocains dans le monde.
(Coll. Autour des textes maghrébins, 230 p., 24,5 euros)
ISBN : 978-2-343-17369-6, EAN EBOOK : 9782140130021

LES ETATS-UNIS ET LE RWANDA GÉNOCIDAIRE
Comprendre un manquement diplomatique fatal
Titi Pale
Ce livre s'intéresse à la responsabilité de la diplomatie américaine dans le déclenchement de ce déferlement de la violence meurtrière que les annales d'histoire et l'opinion publique internationale connaissent désormais sous le nom du « génocide rwandais » de 1994. L'enquête tente de cerner le spectre et ainsi saisir le fil conducteur de cette déflagration rwandaise. Les manquements américains au Rwanda à la veille du génocide de 1994 ne s'analysent pas sans tenir compte du poids des éléments du contexte géostratégique et géopolitique du moment.
(Coll. Afriques en mutations, 162 p., 17,5 euros)
ISBN : 978-2-343-17734-2, EAN EBOOK : 9782140124846

TAXI 359

Du rêve américain au cauchemar

Roman

Samba Oumar Fall, Papa Waly Ndao

Son avenir, Pape Thiam ne le voyait pas au Sénégal où le chômage constituait un sérieux frein à l'ambition d'une jeunesse obnubilée par une rapide ascension sociale. En émigrant aux États-Unis, il voulait réaliser son rêve, celui de réussir et d'offrir plus de confort à sa famille. Mais quatre jeunes adolescents vont transformer son rêve américain en véritable cauchemar. Ces derniers, après l'avoir piégé, l'entrainent dans un tourbillon qui engage toute sa communauté. Taxi 359 est un cri du coeur pour dénoncer les meurtres injustifiés de Sénégalais à l'étranger alors qu'ils tentent de gagner dignement leur vie...

(Coll. Harmattan Sénégal, 182 p., 18 euros)

ISBN : 978-2-343-17837-0, EAN EBOOK : 9782140125546

LE PYGMÉE CONGOLAIS EXPOSÉ DANS UN ZOO AMÉRICAIN

Sur les traces d'Ota Benga

Nouvelle édition revue et augmentée

Ngimbi Kalumvueziko

Le 16 septembre 2017, une plaque historique en mémoire d'Ota Benga, le Pygmée congolais qui avait été exposé dans une cage avec des singes au Zoo de New York en 1906, a été dévoilée à Lynchburg, dans l'état de Virginia aux États-Unis. Voilà qu'un être humain qui a connu l'extrême déchéance pour avoir été traité comme un animal est honoré et devient le premier Africain reconnu dans l'histoire américaine. Son histoire s'inscrit dans le contexte de la propagation de l'idée de « hiérarchie des races » et est emblématique du phénomène de « zoos humains » en vogue dans le monde occidental au 19e siècle et au début du 20e siècle. Ce livre expose cette curieuse, poignante et très complexe histoire par devoir de mémoire historique et pour en appeler au respect de la dignité humaine.

(Coll. Études africaines, 180 p., 19 euros)

ISBN : 978-2-343-17361-0, EAN EBOOK : 9782140120732

DERRIÈRE LE RIDEAU

Alfred Hitchcock, Saul Bass et la scène de la douche

Joachim Daniel Dupuis

En 1960, avec Psycho, Hitchcock crée la surprise totale. Un meurtre effroyable, une star qui quitte l'écran au premier tiers du film, un cinéma voyeur... Derrière le rideau, il y a la volonté de placer le choc au coeur du film. Hitchcock invente le blockbuster, tant du point de vue publicitaire que filmique. Il construit la machine de guerre du cinéma d'aujourd'hui, avec sa façon de travailler les images et le son. Mais cela, il ne le fait pas seul. Derrière le rideau, il y a aussi le génie de Saul Bass, du storyboard au consultant visuel, l'enfant prodige des génériques de film qui s'essaie à la réalisation.

(Coll. Quelle drôle d'époque !, 216 p., 22 euros)

ISBN : 978-2-343-16977-4, EAN EBOOK : 9782140118449

LE FESTIVAL DU FILM DE TELLURIDE

L'un des meilleurs de la galaxie

Jeffrey Ruoff

Des décennies durant, le Festival du film de Telluride (Etats-Unis) a défini son propre territoire de niche cinéphile grâce à des gestes de programmation forts et une ambition auteuriste. Ces dix dernières années, il a acquis une place nouvelle dans la galaxie des festivals de cinéma. Nick Roddick cite Telluride comme l'un des rares festivals qui comptent dans le monde du cinéma. Dans sa liste figurent également Cannes, Sundance, Rotterdam, Berlin, Venise, Toronto et Busan, tous des « méga-festivals » radicalement plus grands et plus longs...

(Coll. Champs visuels, 176 p., 18,5 euros)

ISBN : 978-2-343-16142-6, EAN EBOOK : 9782140117091

LA RÉPUDIATION DU TRIBALISME SOUS L'ÈRE BARACK HUSSEIN OBAMA

Joseph Diémé

Trois ans après la fin de la présidence d'Obama, il est légitime d'explorer une des empreintes que son passage à la Maison-Blanche a laissée sur l'Histoire des États-Unis. Ancrée dans les deux mandats d'Obama, ce livre est une analyse iconoclaste des moments critiques de sa présidence.

(Coll. Questions contemporaines, 300 p., 30 euros)

ISBN : 978-2-343-16904-0, EAN EBOOK : 9782140115370

JOHN COLTRANE

La décennie fabuleuse

Jean Francheteau

Cet ouvrage est un voyage au long du parcours de John Coltrane, à la découverte de sa personnalité complexe et de son oeuvre musicale et à laquelle on ne cesse de rendre hommage. John Coltrane l'Africain, le Mystique, l'Universel. L'auteur décrit à travers la chronologie des enregistrements de John Coltrane les différentes phases de sa création musicale. Après s'être affranchi de l'ombre tutélaire de Miles Davis, il trouva un son unique et une identité musicale très forte qui suscite encore aujourd'hui émoi et intérêt.

(Coll. Univers musical, 286 p., 29,5 euros)

ISBN : 978-2-343-15554-8, EAN EBOOK : 9782140105616

LE CINÉMA DE WOODY ALLEN

Yannick Rolandeau

Dans un style simple et vif, l'auteur nous immerge au coeur des films de Woody Allen avec un point de vue strictement existentiel. Loin d'être un ouvrage théorique, ce livre revisite la filmographie du célèbre cinéaste new-yorkais avec l'ambition de lui rendre sa réelle ampleur. Avec un grand luxe de détails, l'auteur indique comment le cinéaste interroge toutes les illusions qu'entretient soigneusement l'être humain sur lui-même et sur le monde (sur son identité, sur l'amour, sur la rationalité...) et parvient à en saisir les subtilités en s'appuyant concrètement sur de nombreuses scènes et des dialogues-clefs.

(392 p., 30 euros)

ISBN : 978-2-343-15905-8, EAN EBOOK : 9782140104275

ARCHIE SHEPP ET PHAROAH SANDERS

Deux héritiers de John Coltrane

Roland Guillon

L'auteur relate les trajectoires de deux saxophonistes qui ont incarné, dans le sillage de John Coltrane, un renouveau du jazz. Celui-ci est fondé sur une double démarche : un ressourcement aux fondements de la musique noire américaine, en même temps qu'une ouverture à d'autres cultures (caribéennes, africaines ou orientales).

(Coll. Univers musical, 86 p., 12 euros)

ISBN : 978-2-343-16041-2, EAN EBOOK : 9782140104220

VIE ET MORT DU PETIT QUÉBEC DE LA FLORIDE

Floribec en textes

Rémy Tremblay

Qui sont ces hivernants et touristes québécois ? Pourquoi se regroupent-ils ? Pourquoi faire communauté touristique ? Les plus aventureux, les immigrants, pourquoi ont-ils choisi ce coin de la Floride en particulier ? Floribec est un noyau d'immigrants et de migrants canadiens-français en terre américaine. Il est né du tourisme, de migrations volontaires, et en dépend toujours, ce qui n'a rien à voir avec les migrations forcées du XVIIIe siècle. Floribec un fort bel exemple de migrations nouvelles, transnationales, non forcées, comme c'est le cas de nombreux Britanniques, Allemands et autres Européens qui fréquentent le sud sur une base annuelle, saisonnière, voire mensuelle pour travailler ou par pur plaisir.

(Coll. Tourisme et migrations, 110 p., 13 euros)

ISBN : 978-2-343-15268-4, EAN EBOOK : 9782140102240

CORRESPONDANCE COMPLÈTE

Emily Dickinson. Traduite de l'américain par Françoise Delphy

Cet ouvrage est un événement éditorial en France. C'est la première fois que l'ensemble des lettres d'Emily Dickinson est publié! Née en 1830 à Amherst où elle y meurt en 1886, Emily Dickinson, est devenue, dans le premier tiers du XXe siècle, un des grands mythes des Lettres américaines et, sans doute, l'un des poètes majeurs de la littérature universelle.

Editions Orizons (Coll. Cardinales, 1514 p., 40 euros)

ISBN : 979-10-309-0135-1, EAN EBOOK : 9782140103537

ANNABELLA, GARDEZ LE SOURIRE ?

Les mille et une vies de la jeune première d'avant-guerre

Eric Antoine Lebon

Préface d'Olivier Barrot

Star du cinéma français des années 30, Annabella (1907-1996) connut une immense popularité. Charmante jeune première, elle illumina les écrans pendant les années de la Grande Dépression. Certains de ses films ("Napoléon" d'Abel Gance, "Le Million" et "Quatorze juillet" de René Clair, "Gardez le sourire" de Paul Fejos, "Hôtel du Nord" de Marcel Carné) ont marqué l'histoire du cinéma. Cette biographie nous livre le portrait d'une femme généreuse et entière, moderne et libre, ainsi que la description nostalgique d'une époque révolue, du Paris des années folles au monde doré d'Hollywood.

(530 p., 37 euros)

ISBN : 978-2-343-10294-8, EAN EBOOK : 9782140099847

Structures éditoriales du groupe L'Harmattan

L'Harmattan Italie
Via degli Artisti, 15
10124 Torino
harmattan.italia@gmail.com

L'Harmattan Hongrie
Kossuth l. u. 14-16.
1053 Budapest
harmattan@harmattan.hu

L'Harmattan Sénégal
10 VDN en face Mermoz
BP 45034 Dakar-Fann
senharmattan@gmail.com

L'Harmattan Cameroun
TSINGA/FECAFOOT
BP 11486 Yaoundé
inkoukam@gmail.com

L'Harmattan Burkina Faso
Achille Somé – tengnule@hotmail.fr

L'Harmattan Guinée
Almamya, rue KA 028 OKB Agency
BP 3470 Conakry
harmattanguinee@yahoo.fr

L'Harmattan RDC
185, avenue Nyangwe
Commune de Lingwala – Kinshasa
matangilamusadila@yahoo.fr

L'Harmattan Congo
67, boulevard Denis-Sassou-N'Guesso
BP 2874 Brazzaville
harmattan.congo@yahoo.fr

L'Harmattan Mali
Sirakoro-Meguetana V31
Bamako
syllaka@yahoo.fr

L'Harmattan Togo
Djidjole – Lomé
Maison Amela
face EPP BATOME
ddamela@aol.com

L'Harmattan Côte d'Ivoire
Résidence Karl – Cité des Arts
Abidjan-Cocody
03 BP 1588 Abidjan
espace_harmattan.ci@hotmail.fr

L'Harmattan Algérie
22, rue Moulay-Mohamed
31000 Oran
info2@harmattan-algerie.com

L'Harmattan Maroc
5, rue Ferrane-Kouicha, Talaâ-Elkbira
Chrableyine, Fès-Médine
30000 Fès
harmattan.maroc@gmail.com

Nos librairies en France

Librairie internationale
16, rue des Écoles – 75005 Paris
librairie.internationale@harmattan.fr
01 40 46 79 11
www.librairieharmattan.com

Librairie l'Espace Harmattan
21 bis, rue des Écoles – 75005 Paris
librairie.espace@harmattan.fr
01 43 29 49 42

Lib. sciences humaines & histoire
21, rue des Écoles – 75005 Paris
librairie.sh@harmattan.fr
01 46 34 13 71
www.librairieharmattansh.com

Lib. Méditerranée & Moyen-Orient
7, rue des Carmes – 75005 Paris
librairie.mediterranee@harmattan.fr
01 43 29 71 15

Librairie Le Lucernaire
53, rue Notre-Dame-des-Champs – 75006 Paris
librairie@lucernaire.fr
01 42 22 67 13

www.ingramcontent.com/pod-product-compliance
Lightning Source LLC
LaVergne TN
LVHW011318061026
849535LV00005B/1606
* 9 7 8 2 3 4 3 1 8 6 1 7 7 *